攻击攻击再攻击

刘亚洲 ★ 著

新华出版社

图书在版编目（CIP）数据

攻击　攻击　再攻击/刘亚洲著. —北京：新华出版社，2011.9

ISBN 978-7-5011-9714-9

Ⅰ．①攻… Ⅱ．①刘… Ⅲ．①战争－世界－文集 Ⅳ．①E1-53

中国版本图书馆CIP数据核字(2011)第184556号

攻击，攻击，再攻击

作　　者：刘亚洲

责任编辑：孟　通　郑建玲

出版发行：新华出版社

网　　址：http://www.xinhuapub.com　http://press.xinhuanet.com

地　　址：北京石景山区京原路8号

邮　　编：100040

经　　销：新华书店

设计统筹：梁泓益

装帧设计：邵士雷

制　　作：北京维诺传媒文化有限公司

印　　刷：北京明恒达印务有限公司

成品尺寸：160mm×230mm　1/16

印　　张：18

字　　数：240千字

版　　次：2011年12月第一版

印　　次：2018 年 5 月北京第 7 次印刷

书　　号：ISBN 978-7-5011-9714-9

定　　价：29.80元

本社购书热线：(010) 63077122　　中国新闻书店电话：(010) 63072012

图书如有印装问题请与出版社联系调换：010－63077101

目录

攻击，攻击，再攻击

80年代是突击队崛起的年代，突击队就是执行特殊突击任务，在敌方猝不及防的情况下迅速决断地完成作战行动的部队。它与快速部署部队在概念上是不同的，前者属于战术性质，后者属于战略性质，但前者所采取的战术行动往往对战略行动产生重大的甚至是关键的影响。因为敌国的首都、指挥系统、核武器设施、交通枢纽，乃至政界、军界的要人，都是突击队突击的目标。这种突击一旦成功，造成的震撼是无法想象的。从最近世界上发生的几场局部战争看，突击队的介入所产生的影响决不仅仅局限在战斗上，而是在战役上，甚至影响到双方的整个战略格局。最先组建和使用突击队的是以色列。以色列突击队已成为许多国家突击队效尤的偶像。它的宗旨是——攻击，攻击，再攻击！

处在这个十分不安宁的世界里，我们对它不能不有所了解。

1

1976年6月27日上午8时

特拉维夫本古里安国际机场候机大厦里的扩音器响了："各位旅客请注意，由特拉维夫飞往巴黎的139次班机就要起飞了，请旅客们……"

航班自动显示牌哗哗地响过一阵后，出现了下面这些字：

法兰西航空公司
139次班机

起点：特拉维夫
终点：巴黎
经停：雅典
机型：A300B（空中公共汽车）

　　登机的旅客鱼贯地从显示牌下走过，几乎没人望它一眼。他们绝对不会想到，几小时后，这些字将出现在世界各大报第一版最醒目的位置上。
　　登机口戒备森严。电子安全检查门像一头张开大口的巨兽，将旅客一个个吞噬进去。保安人员斜挎着冲锋枪，向每一个人投去审视的目光。
　　几次中东战争，以色列获胜。阿拉伯人输掉了战争，也输掉了家园，只剩下一颗复仇的心。军队对军队的战争结束了，平民对平民的战争却开始了。恐怖活动像飓风一样刮遍了世界每一个角落——因为每一个角落都有犹太人。
　　检查门上的红灯突然亮了，并发出一种刺耳的嘧嘧声。安全人员冲进门内，将一个中年男子推搡出来。几支冲锋枪立即堵住他的胸膛。
　　他被领进一间有特殊检查设备的小屋。
　　"脱光衣服！"安全人员喝道。
　　中年男子把衣服一件件剥去，只剩下一件裤衩。
　　"这个也脱吗？"
　　"脱！"
　　检查器仍在不安地响着。
　　"身体内有金属，对不对？"安全人员问。
　　"对。"
　　"在哪个部位？"
　　"臀部。"
　　"是什么？"
　　"炮弹片。是强渡苏伊士运河时，埃及人给我留下的纪念。"
　　安全人员恍然：原来是老兵！
　　"敬礼！"
　　连体内的金属都能检查出来，防卫之严，可以想见。

2

在现代科学技术面前一切都是赤裸的。

直到最后一个旅客走进机舱，安全人员才松了口气。一个小头目拿起报话机与塔台通话："检查完毕，一共250名旅客，其中以色列人104名，可以起飞。"

"空中公共汽车"两台巨大的发动机开始轰鸣。

2

同日　上午8时40分

法兰西航空公司的139次班机开始平飞的时候，机长巴科打电话要后舱的空中小姐送一杯咖啡来。他随便向舷窗外望望，突然，脸色变了。

"你快看。"他对副驾驶说，声音有些颤抖。

副驾驶扭过头去，一声惊呼。

在"空中公共汽车"右侧，有一架美制C-130"大力神"运输机与它并排而行。两机之间的距离是那样近，机翼几乎贴在一起。"大力神"全身漆满迷彩，机徽是一颗六角大卫星。一看就知道是以色列的军用机。

"我身上一下冒出了冷汗。"事后，巴科回忆说，"飞行这行当我已干了30年了，可从未见过这样令人心惊肉跳的情景：两架大型运输机翅膀挨翅膀飞行，战斗机这样做都不容易，何况大肚皮的飞机！"

巴科死死握住驾驶盘，缓缓朝左转向，与"大力神"拉开一段距离。

谁知，"大力神"也徐徐左转，又贴上来，仿佛想与"空中公共汽车"调情。

讨厌，缠住了！

由于紧张，也由于有一点愤懑，巴科的脸扭歪了。这架以色列军用机是从哪儿钻出来的？又要到哪儿去？为什么非要依偎在我的身边？我不是它的"情人"！

耳机里传来特拉维夫塔台调度的声音："139，139，注意高度，保持航向。"

巴科叫起来："我右面有一架你们的军用飞机，不知是从哪里来的，一

个劲逼我，马上就要撞上我了！"

"不会的，"调度的声音沉着而自信。"绝对不会。"

"这么说，你知道这架飞机的来历了？告诉我，是怎么回事？"

调度冷冷地回答："这与你没关系，少管闲事。"

"犹太佬！"

接下来的这一段飞行，被巴科称为"剃刀边缘"，"大力神"真的宛如一把闪亮的剃刀，在他的喉头上晃来晃去，略一失手，这条命就不属于自己了！他一面祈祷，一面使出浑身解数操纵飞机。

30分钟后，一座淡青色的城市呈现在弧形的地平线上，那是一个阿拉伯国家的首都。飞机将在这个城市上空折向地中海，直飞雅典。

"大力神"的左机翼高高地仰了起来，巴科先一惊，又一喜。这是飞机在空中转弯的征兆。它要走了。

果然，"大力神"斜侧着身子向右下方飘去，越飘越远，越飘越远，居高临下望去，它像一只断了线的风筝。

副驾驶嘟囔了一句："以色列人到这里来干什么？"

巴科沉思片刻，忽然眼睛一亮："啊，我明白了！"

3

同日　上午9时10分

约尼·内塔尼亚胡中校不等"大力神"完全停稳就从舱门里跳了出来。他倒提着乌兹冲锋枪，钢盔斜扣在头上，上面插着一朵小白花。此刻，他正嚼着口香糖。

紧跟着他，几十名身穿土黄色迷彩服的以色列士兵呼啦啦地跳了出来。

内塔尼亚胡看了一下表。

"限定时间20分钟，动手！"

十步开外，耸立着一块牌子，上面写着："国际机场停机坪重地，未经许可不许进入。"

内塔尼亚胡笑着把一梭子子弹统统倾泻到那块牌子上。

士兵们冲进停机坪。

几分钟后，爆炸声相继响起来。这个国家航空公司的客机在浓烟与烈火中一架一架地升天，却永远不会回来了。

内塔尼亚胡中校指挥的这次袭击是一次报复行动。三天前，一架以色列航空公司的波音707客机在特拉维夫机场被炸，一个自称为"阿拉伯革命军团"的组织声称对这次爆炸负责。"军团"未必真的有，即使有也只是少数人，但"阿拉伯"是一个世界。以色列人很高兴。既然你们愿意负责，那就请负责到底吧。以色列内阁决定任选一个阿拉伯国家的机场作为报复目标。

"要是没有武装的以色列航空公司的飞机受到袭击的威胁的话，"以色列总理拉宾蛮横地说，"那么，在世界任何地方的任何一架阿拉伯飞机都甭想有什么安全。"

距以色列最近的这个国家不幸被选中。

为了隐蔽、突然、迅速地抵达目标，内塔尼亚胡和他的士兵们乘坐的"大力神"运输机紧贴着"空中公共汽车"飞行，这样，在这个国家的雷达上就只显示出一架大型客机的反射脉冲。

袭击完全成功。这个国家的人无论如何也想不到以色列会在光天化日之下攻击他们的国际机场，事先又没有发现任何迹象。当爆炸声在停机坪那边连续作响时，一位值班的民航人员还以为是隔壁的电视机里在播放战争影片，问同事："片名叫什么？"

停机坪的飞机全部炸毁以后，内塔尼亚胡发现候机大厦前还有一架这个国家航空公司的康维尔-990客机。

"到那边去！"

以色列士兵立即将那架飞机包围起来，并在几个要害部位安装了炸药。两名会讲英语和阿拉伯语的士兵登上飞机，命令旅客和机组人员离开。

两分钟后，一位士兵向内塔尼亚胡报告："旅客已全部撤离，机组人员也撤离了，但机长执意不走。"

"你没告诉他我们要炸飞机么？"

"他表示与飞机共存亡。"

内塔尼亚胡亲自登机，劝说。

机长端坐着一动不动，凛然道："要么你们放弃炸机企图，要么我与飞机同归于尽。"

"说实话，我并不想杀死你。"

"我也说句实话：我真想杀死你！"

"你是军人？"

"曾经是。"

内塔尼亚胡默默地注视片刻，转身走了，用希伯来语小声对身边的士兵说："男子汉。"

他在舷梯口对士兵喊道："立正！"

他向那位视死如归的机长举手敬礼。

他随即命令："起爆！"

康维尔-990在火光中升天了。

从行动开始到现在才15分钟。内塔尼亚胡向候机大厅走去。

旅客和机场的服务员睁着一双双惊恐的眼睛望着这位不速之客。

他来到酒吧间，对服务员说："给我来一杯马提尼酒，不要加苏打！"

服务员完全呆了，站在柜台后不能动弹。他又大声说了一遍，服务员才按他的吩咐去做。

喝完酒，他把一张十盾的以色列钞票递过去："零头不用找了，算给你的小费。"

服务员哭丧着脸说："这钱在这儿不能用。"

内塔尼亚胡在钞票上签上自己的名字，说："那你们拿它到以色列银行去兑换吧。或者，你们如果有人到以色列来，就用它买酒喝！"

8年前，一位颇有名气的以色列将军在一个国家的机场上做过相同的事。

两位大胆的外国记者走过来。

"请问，您是以色列哪支部队的作战人员？"

"戈兰旅！"

这是以色列突击队的代号。

内塔尼亚胡命令士兵们列队走向"大力神"。在别人的国土上，在别国人民的注视下，犹太士兵的"自豪与骄傲"被最充分地调动起来了，他们走得

相当整齐。短皮靴使劲踏击着地面，嚓嚓有声。内塔尼亚胡得意地说："这简直像一次检阅。"

"大力神"返航时，超低空飞越这个城市，3分钟后，从这个城市西区上空掠过。内塔尼亚胡对士兵们说："向右看，手表三点方向，那座大楼就是巴勒斯坦解放组织总部，总有一天，我们会对它实施突击！"

飞出西区，一大片种满油橄榄的原野扑面而来，再往前，绿树如茵。树丛中隐隐可见一些白色的导弹刺向空中。那是叙利亚部队的防区，飞机不能不转向了。

内塔尼亚胡注意到有许多电线从这个城市西区伸出来，通向叙利亚部队的防地，有电源线也有电话线，他心中突然升起一个主意。

"看到那些电线了？"他对驾驶员说。

"看到了。你想做什么？"

"攻击！"

"怎么攻击？"

"切断它们！"

"这是运输机。"

"用飞机翅膀。"

驾驶员脸白了。用飞机机翼去切断电线，真正是闻所未闻！这种大胆得近乎浪漫的主意只有内塔尼亚胡这家伙才能想出来！

"这很危险。不过，是命令吗？"

"是我的命令。现在飞机归我指挥！"

"出了事大家一起完蛋！"

"别吓唬我，我相信你的技术。"

"妈的，那就试试吧！"

"大力神"飞得更低了。强大的冲击波把一片一片的油橄榄连根拔起。它们遍地翻滚，仿佛在痛苦地哀号。电线离地面仅有十五米。"大力神"在距地面约有十六七米处微微倾斜，紧擦着电线呼啸而过。"刷"地一下，机翼将电线齐崭崭地切断。一片火花闪烁。

内塔尼亚胡激动地叫起来："再来一次！"

"大力神"绕了个圈子后又恶狠狠地扑下来。降低，再降低。接近电线！机身倾斜！过！刷！

远处的叙利亚士兵被这个令人毛骨悚然的行动惊呆了。

4

同日 上午10时30分

雅典国际机场候机厅的扩音器响了："由特拉维夫经由雅典飞往巴黎的139次班机就要起飞了……"

在雅典登上这班飞机的有四人，三男一女。他们走向登机口。

与特拉维夫机场相比，雅典的安全检查工作是"小儿科"。没有电子检查门，没有金属探测器，只有一个满脸堆笑的胖警察用手在旅客的箱子上拍打着。后来以色列人称这种检查是"中世纪"的。

10分钟后，从"空中公共汽车"上已经可以窥视爱琴海蓝色的胸膛了。在雅典登机的那个女人拉开了她的旅行包。她是一个美丽的姑娘。一头金色长发如一匹瀑布，不编不夹不束，就这么倾泻至腰间，好一种至死无悔之姿！她身边的一个犹太老太太随便朝她的旅行包送去一瞥，突然，眼球凝固了，随即渐渐泛白，头颓然倒在座椅上，不省人事。

旅行包里有一支乌亮的手提机关枪。

姑娘走向前舱，她抱着机关枪就像抱着一个洋娃娃，给人一种滑稽感，但她的声音是严肃的："我们是革命分子。这架飞机已成为我们的财产。你们的命运从此受我们控制！"

我们？还有谁？被惊得魂飞魄散的旅客向她身后望去。和她一起登机的三个男人这时全站了起来，一个抱着机关枪，另外两个高举着手榴弹，俨然三个金刚。

姑娘来到驾驶舱，用枪口顶住巴科的脑袋："我命令，改变航向！"

此刻，雅典航空管制台正与139班机通话，送话器是开启的。姑娘的声音一点不漏地传到管制台来。

"有人劫机！"

人们呼啦一下涌过来，屏息谛听。

过了好大一阵，巴科的声音才响起来，有些沙哑："去哪里？"

"乌干达。"

5

同日　上午11时10分

薛姆龙将军全副戎装，笔直地站在纳泽里姆空军基地的跑道上。中东6月的骄阳猛烈地晒射着大地。水泥跑道上升腾着一团团热气，远处的飞机、雷达、车辆在热气中不规则地晃动着。

薛姆龙全身都被汗水湿透。戴着白手套的手每个指尖都在滴汗。脚下，汗水已聚成一汪。他纹丝不动。他在等待内塔尼亚胡。

两个半小时前，他就是这样站着目送内塔尼亚胡的"大力神"飞机凌空而去，再也没有动过一下。

"我等着你，"他对内塔尼亚胡说，"等到11点15分。"

按照预定计划，内塔尼亚胡和他的突击队将在11点15分准时返回纳泽里姆空军基地。

"我一分钟也不多等。"薛姆龙声调冷峻。"倘若11点15分你们回不来，那就意味着你们永远回不来了。"

"你说我们会失败？"

"是这个意思。"

"可是，我看见你把军乐队都带来了呀。"

"戈兰旅"的小型军乐队现在队伍整肃地站在跑道头。它是为奏凯旋曲而来。

"军乐队可以为你们奏凯旋曲，也可以为你们奏哀乐！"

"把哀乐留给阿拉伯人吧。"内塔尼亚胡大笑。

11点14分，"大力神"依然不见踪影。跑道上的人们焦急地翘首遥望。薛姆龙却连眼都不抬一下。

11点15分。天空静悄悄。薛姆龙猛然转身，走向自己的吉普车。

登车前，他向军乐队挥手。

"都回去！"

吉普车突突地发动了。忽见一个身穿空军制服的人从塔台那边奔过来，喘吁吁地说："薛姆龙将军，请等一等，他们回来了！你看！"

天际，一只钢铁大鸟正徐徐降落。

机场沸腾了。

薛姆龙却望望手表："我说过我只等到11点15分，现在已经过了两分钟了。开车！"

当吉普车沿着跑道一侧奔驰的时候，"大力神"正好展开双翅扑下来。吉普车被罩在飞机巨大的阴影里。飞机轮胎与地面摩擦发出刺耳的嘶叫声。而这一切，都不能使薛姆龙转过头去望一眼。

作为突击队的最高指挥官，薛姆龙不能容忍任何不执行命令的现象和在命令执行过程中出现的任何懈怠。他一再告诫他的部属："对突击队来说，时间概念是最重要的。要求时间之精确，必须像宇宙航天器在太空对接那样，有时，一秒钟的误差会带来一生的悔恨。"今天，内塔尼亚胡如果铩羽，那自然是另外一回事，但现在看来"大力神"是无恙的，那么，它肚子里的人不论无恙与否，都应当准时而归，为什么迟到了两分钟？

一路上，他始终阴沉着脸。

回到营房后一小时，他知道了内塔尼亚胡指挥飞机用机翼切断叙军电线的情况。

他的脸依然像铅板一样。

6

同日　中午1时

薛姆龙倒背着手站在餐厅门口，用阴郁的目光注视着内塔尼亚胡和他的士兵们渐渐走近。他的体态、神情、目光，酷肖米开朗琪罗雕刻刀下的摩西。

这些突击队员们现在衣着随便，运动衫、球裤、夹克。不像刚刚干过杀人的勾当，倒像一支才参加过比赛的足球队。

薛姆龙的目光阻止了他们的脚步。

"按预定时间，你晚了两分钟，"薛姆龙问内塔尼亚胡，"你上哪里去了？"

"我切断了叙利亚人的电线，那是他们的生命线，24小时之内，他们的导弹是一堆废钢铁。"

"我不问这个，我问你为什么迟到了两分钟？"

"我已经说过了，因为我攻击了敌人。"

"谁允许你这样做的？"

"我自己。"

"你自己？"

"还有以色列。"

"你想过由于耽误两分钟会受到处罚吗？"

"会处罚我？"

"必须处罚！"

"怎么处罚？"

"轻则拘禁，重则降职。"

"既然你要这样干，请便吧。"

内塔尼亚胡一副桀骜的样子。

下午，薛姆龙亲自主持召开作战检讨会，娱乐中心的电影厅里济济一堂。"戈兰旅"全伙在此。

薛姆龙简单总结了作战经过后，话锋一转："这次行动的指挥官内塔尼亚胡中校在任务完成之后，擅自决定用飞机机翼去切断叙利亚人的电线，因此未按预定时间返回，不遵守时间是一种不能容忍的行为。突击队指挥官如果没有时间概念，就等于没有生命！我已报请上级批准，给予内塔尼亚胡中校拘禁一天一夜的处罚！"

全场肃然。

薛姆龙的声音威严极了："念其初犯，这处罚是轻的！"

听者无不凛凛畏惧。真是军纪如铁！按照上级的意志打胜仗者，有功；按照自己的意志打胜仗者，无功，反有罪！

人们又把目光投向内塔尼亚胡。他高昂着头，双眼直视讲台，毫无窘态。

"但是，"薛姆龙突然提高了音量。"事情并没有到此结束。"

大家一惊。哦，还有下文？

"我认为，内塔尼亚胡中校指挥飞机用机翼切断叙军电线的行动是一种壮举，是一种动人心魄的勇敢行为，或者说，是一种气概，一种精神。军人需要这种精神。以色列军人尤其需要这种精神！沙龙将军一再对我们说：'只要战斗取得胜利就行，无所作为就是犯罪。'即使做过了头，也比什么都不做强！"

全体官兵为此话动容。

"我再说一遍，"薛姆龙扫视全场。"即使做过了头，也比什么都不做强！"

大厅里，静得连一根针掉在地上也能听见。

薛姆龙举起一只手来："这是一枚'梅诺纳黑'[1]勋章，目前我们'戈兰旅'仅此一枚，它将授予最勇敢最富创造精神的战士。为了表彰内塔尼亚胡中校的行动，我已报请上级批准，将这枚勋章授予他！"

掌声突然爆发。

"明天，总参谋部还会再送一枚'梅诺纳黑'勋章来，它将授予下一个最勇敢最富创造精神的战士！"

掌声。

"有功必赏，有错必罚，有功又有错，又赏又罚！"

掌声。

"陆军中校约尼·内塔尼亚胡，"薛姆龙叫道，"上台受领勋章！"

内塔尼亚胡雄赳赳地走向讲台。当将军把勋章别在他胸前的时候，他的眼睛潮湿了。

掌声更加热烈。

他走到麦克风前，说："我当之无愧。谢谢大家。"

---

[1] 即六角盾牌，是以色列的国徽。

泪水突然流到他的脸颊上。

散会后，薛姆龙把内塔尼亚胡留下来。

"先去执行对你的处罚。我郑重警告你，"将军的眼睛望着旁边，仿佛有意避开内塔尼亚胡胸前那枚耀眼的勋章。"如果你再违反纪律，处罚将会格外严厉！"

内塔尼亚胡笑了："严厉到什么程度？"

"把你从'戈兰旅'中开除。"

"那不要紧，我会换一个名字重新参加的。"

"我将认出你来，并把你再次驱逐。"

"那就到别的部队。"

"别的部队？我相信你还是连一名班长都当不了。"

内塔尼亚胡脸红了。

"班长。"他讷讷道。

32岁的约尼·内塔尼亚胡在以色列陆军中的经历是非常奇特的。以色列陆军条令规定：任命一名军官之前，必须看他在作战部队是否当过班长。未当过班长的永远不能成为军官。内塔尼亚胡没有当过班长。

他出生在繁华之都的美国纽约。1967年第三次中东战争爆发前夕，作为一个美籍犹太人的儿子，他面临着两种抉择：一、留在天使之国——美国；二、像许多旅居国外的犹太青年一样志愿参加以色列国防军。他挑选了后者。

那一年6月9日下午，"耶路撒冷"旅的三等兵内塔尼亚胡踩着赭红色的泥土冲上戈兰高地以后，焦衣血袖，嘴唇干裂得全是口子。一位美联社记者采访了他。

"你既是美国人，又是犹太人。请告诉我，作为美国人，此刻你最大的愿望是什么？作为犹太人，你最大的愿望又是什么？"

"作为美国人，此刻我最大的愿望是在希尔顿饭店的酒吧里痛饮一瓶可口可乐，当然是冰镇的；作为犹太人，此刻我最大的愿望是当一名国防军的班长。"

班长！士兵的第一阶梯，将帅的摇篮，不要小看班长哟。拿破仑和苏沃

洛夫都把班长看做是军队的灵魂。人类史上第二次世界大战正是第一次世界大战时的一个小班长发动的。

但他没有如愿。

原因是这样的：连长在他的作战行囊里发现了一本《花花公子》。

"你把这种东西揣在怀里打仗吗？"连长指着《花花公子》封面上那个不穿衣服的女人问。

"冲锋时难道我不在前面吗？"内塔尼亚胡反问。

连长无语。不错，冲击戈兰高地时，内塔尼亚胡是最先跳进叙利亚人战壕的几个以色列士兵之一。

"我不喜欢看见这样的照片，"另一个连指挥官踱过来说，"尤其在战场上。"

"可是我喜欢！"内塔尼亚胡说，"在战场上尤其喜欢！"

"为什么？"连长问。

"她多美。上了战场，我也许就永远待在那里了。死前如能再欣赏她几眼，也是莫大的享受。"

坦率得可爱！

战后，裁减兵员，他退役了。他的身份证上这样写着："约尼·内塔尼亚胡，现役转预备役。历任职务：三等兵。"

孤零零的，仅此一个职务，如果这也能算作职务的话。

回到美国后，他考入哈佛大学，攻读物理与哲学，获硕士学位。1974年，第四次中东战争爆发，他又一次志愿入伍，回到以色列。

10月16日黄昏，当薛姆龙将军奉沙龙之命在大苦湖东岸检阅第一批偷渡人员时，在内塔尼亚胡面前站住了，那张年轻的面庞正在落日的余晖里闪闪发光。

"你是……"

"三等兵约尼·内塔尼亚胡！"

永远的三等兵？

"哈佛的硕士。好孩子！"

在埃及的那些日日夜夜里，将军发现这个士兵其实是个很好的将军苗

子，士兵也发现这个将军原是个相当不错的士兵，只是老了一点而已。

在向苏伊士城进击的路上，薛姆龙率先垂范，与尖兵们挤在第一辆装甲车上。内塔尼亚胡的M-16步枪就通过他的肩头指向前方。道路坎坷，装甲车成了蜗牛。内塔尼亚胡对薛姆龙说："我认为，以色列国防军不需要地堡，而需要公路。用几百万美元来修筑公路是值得的，而哪怕花十个以色列盾来修造地堡都是不合算的！"

薛姆龙突然命令驾驶员停车，把内塔尼亚胡的这些话记在笔记本上。

在摧毁了苏伊士运河西岸的萨姆-6防空导弹基地后，内塔尼亚胡又发表了自己的看法："地空导弹是被动式武器，是把资金和人力用在坐等敌机飞临上空的一种武器。以色列永远也不应当把地空导弹当成主要武器。"

薛姆龙又把这些话记了下来。

停火那一日，将军和士兵并排站在通往开罗的公路上，默默遥望那座几千年来犹太人一直想去又一直去不成的东方名城。内塔尼亚胡说："渡河以来，我心里一直萦绕着一个想法：以色列应当成立一支特殊的部队，能够在任何时候、任何地点、任何情况下打击任何敌人。如果把阿拉伯比作一个人的话，这支部队不仅要能从正面打击他，还要能从背后打击他；不仅要打击他的躯体、四肢，还要打击他的心脏，乃至灵魂。要狠狠地打，经常地打，不给他以喘息的机会。买卖的规则是：如果你欠银行一千美元，你在银行手里；如果你欠银行一千万美元，银行在你手里。我们杀死一个阿拉伯人，就等于欠他们一笔钱。冤冤相报，这笔钱是永远也偿还不了的。索性，欠他们一千万，让他们在我们手里！"

薛姆龙叫道："再说一遍！"

战争一结束，薛姆龙就向总参谋部提出了建立突击队的建议并立即获得批准，同时被委任全权组建这支部队。

拟定人员名单时，他第一个写下了内塔尼亚胡的名字。

在他力荐下，内塔尼亚胡被任命为少校，一年后又擢为中校。

内塔尼亚胡在踌躇满志之中又有一丝缺憾。他对于自己始终未当过班长这一点耿耿于怀。

"未当过班长是我的耻辱，"他说，"即使我当了将军，也不能使我忘

记这一点。"

他又说："我能够当好一个将军。我相信我也能够当好一个班长。"

7

同日　下午3时

内塔尼亚胡赤裸着上身坐在拘禁室中央，让一缕从小铁窗里挣扎进来的啬啬的阳光照射自己的胸膛。

他酷爱日光浴。

他将在这里待24小时。

他的勤务兵伊西站在门口。

忠心耿耿的伊西曾要求把他和他的长官关在一起，遭到拒绝，便站在门口。不到内塔尼亚胡走出拘禁室他是不会离去的。

一阵音乐声袅袅飘来。

内塔尼亚胡侧耳静听。

"啊，《哈蒂克瓦赫》！"

"哈蒂克瓦赫"是希伯来语"希望"的意思。这首歌是以色列的国歌。

内塔尼亚胡的神情变了。

"出什么事了？"

除去国庆日，平时播放国歌，必有重大事件发生。6月战争时，以色列空军第一攻击波的飞机就是伴着国歌飞往埃及的；10月战争时，埃及军队突破巴列夫防线后20分钟，《哈蒂克瓦赫》响遍了以色列每一个角落；1972年9月，犹太人的黑九月，11名以色列运动员在慕尼黑奥林匹克运动会上作为人质被枪杀，国歌整整播放了一天，人们见面时，不问候，而随着音乐的旋律唱国歌。

内塔尼亚胡命令伊西：

"去问问是怎么回事。"

渐渐，音乐声越来越响，越响越激，像地中海的早潮，由小而大，由远而近，最后变成一团澎湃的洪流，令大地颤抖了。内塔尼亚胡有些惶惑。磅礴如此，气势非凡如此，是音乐能够达到的境界么？

倘若此刻他来到大街上，一定不会惶惑了：特拉维夫电台一遍遍播放国歌。商店、工厂、企业的扩音器打开了，住宅里的收音机打开了，正在行驶的小汽车里的收音机也打开了。这个行列还在不断扩大着。这是音乐，又不是音乐。

后来内塔尼亚胡对薛姆龙说："我觉得那是一种吼叫。"

伊西回来了："一架民航客机被恐怖分子劫持了，上面有一百多以色列人。"

8

同日　下午3时10分

"空中公共汽车"终于来到了乌干达首都坎帕拉的上空。短短半天，它跋涉三大洲：从亚洲起飞，在欧洲小憩，如今又来到非洲腹地。它像鸟儿一样疲惫了。驾驶它的巴科也疲惫了。

飞机盘旋着寻找机场。

突然，驾驶舱红灯闪烁。

巴科一看仪表，惊黄了脸：汽油告罄！他问副驾驶："你知道恩德培机场的位置吗？"

"老天，我怎会知道！"

乌干达是个谜一样的国家。它被谜一样的总统阿明统治着。

巴科慌了，鼻尖沁汗珠。他知道，发动机在5分钟之内将停止运转。别的飞机失去了动力尚能滑行一段时间，而"空中公共汽车"这个大腹便便的胖子，失去动力便是秤砣！

他睁大眼睛搜索地面。

他无意朝身后投去一瞥，看见那个抱机关枪的金发姑娘却若无其事地站着，脸上平静得像一泓碧水，宛如一尊古希腊的石雕。

"我一下感到了强烈的羞愧。"巴科后来说，"与她相比，我觉得自己很渺小。难怪她敢于劫持飞机。她的勇气是惊人的。"

巴科说："嘿，姑娘，咱们要一块完蛋了。你叫什么名字？"

"霍夫曼。"

"哦，德国人。"

"嗯哼。"

"写遗嘱吧。"

"告诉我，飞机还能维持几分钟？"

"你想干什么？"

"我要把后舱那些犹太佬先杀死！"

"飞机坠毁，大家一起与大地拥抱。让大地给我们的生命划一个相同的句号，不是挺不错吗？"

"不，我要亲手杀死他们！"

"这样做你是为什么呢？"

"'革命'！为'革命'你懂吗？"她用枪口猛戳巴科的脑袋。"你这资产阶级的走狗！"

忽然副驾驶叫起来："飞机……米格机！"

两架乌干达空军的米格战斗机在左前方出现，摇摆机翼。

副驾驶说："要为我们领航！"

霍夫曼微微一笑："是来迎接我们的。"

巴科惊愕地张大了嘴："他们事先知道你们要到这里来？"

霍夫曼豪迈地说："一切进行得如同外科手术般精确！"

9

15分钟后

霍夫曼押着旅客走出机舱。一位男旅客冲她咧嘴笑笑。她用枪托猛击那人腰部。男人倒下了。她抓着那人的头发使他的脸仰起来，左右开弓，几巴掌扇得他嘴角淌血。

"到这里你还敢笑！"她恶狠狠地说。

这是地狱！地狱里小鬼还笑呢。

一位怀孕的妇女蹒跚着走下舷梯，霍夫曼一眨不眨地盯住她。

许多旅客心里打了个寒噤：这未来的妈妈要倒霉了。

孕妇趔趄了一下。霍夫曼过去搀扶她。

众人愣住了。

几个先期抵达乌干达的"革命同志"向霍夫曼跑来。他们都把手指伸成V形。

"欢迎你！"

一个在身上绑满炸药的黑发青年说："还有人来欢迎你呢。"

"谁？"

"你绝对想象不到。"他朝身后一指。

阿明！乌干达总统伊迪·阿明！这位身材魁梧如山的独裁者向前伸着双臂。

"孩子们，欢迎，欢迎。"脸上是慈父般的笑容。

霍夫曼掩面抽泣起来。

10

6月28日　上午9时

集合号声在"戈兰旅"营区震响。

号音尚未消失，全旅官兵已在操场上肃立。薛姆龙背着手，叉开双腿站在阅兵台上，全体官兵站立的姿势和他一样。巴顿式立姿——薛姆龙规定的突击队员式立姿。

今天是政治日。政治日属于教室而不属于操场。政治日是政治教官的节日。政治教官平日是儿子，今天是老子。几乎一整天他们都在讲台上慷慨陈词，重复那些冬天的童话，诸如"犹太人创造世界"，"没有犹太人就没有原子弹——爱因斯坦是犹太人"，甚至"没有犹太人就没有苏联和中国这些大国，因为它们赖以立国的马克思主义也是犹太人创立的"，等等。

薛姆龙在政治日召集全旅，显然他要扮演政治教官的角色。

他将说什么？人人有数。一夜之间，这个小国已被劫机事件搅得天翻地覆。以色列自称是"被抛弃的民族"，它的立国原则是："被抛弃的民族绝不

再抛弃本民族任何一个人"。而今，一百多同胞头上悬着达摩克利斯之剑！

他足有10分钟没开口。

对视。一双眼睛和一千双眼睛对视。气氛沉重。

"我给你们讲个故事。"他缓缓地开了口。

一片火药味中，他的音调、神态显得那样不协调。大家以为他一定会挥舞胳膊激昂陈词，像政治教官那样。今天，他完全有理由比政治教官更政治教官。

"我是从俄国犹太区逃出来的。在一次对犹太人的迫害和屠杀中，我躲在一片瓦砾里。我看见有个30岁的犹太妇女，抱着一个婴孩朝这边跑来。一梭子弹从背后打中了她，她猛地栽倒在地上，躺在离我只有几步远的地方。子弹打得很准，她连哼都没哼一声就死去了，胸口的血像喷泉一样突突地涌出来。过了好大一阵子，突然'哇'地一声，躺在她身边的婴孩发出一阵响亮的啼哭。奇迹出现了。那已死去一会儿的妇女，那妈妈，犹太妈妈，竟然醒了。她奋力挣扎着，终于仰起头来，睁大眼睛寻找，她在寻找她的孩子。她找到了。她无力挪动身躯，只能向心爱的孩子送去一瞥。那是多么凄恻而悲惨的一瞥，含着绝望、祈求、愤懑，甚至有点歉疚。她是不是觉得对不起她的孩子？可谁又对得起她？只一闪，她的眼睛就闭上了，永远地闭上了。可是那一闪的目光，已在我心中摄成一张永不褪色的底片，成为我生命的一部分。"

他停住了。

操场静得像坟墓。

默默地对视。

3分钟后他说："解散。"

没有人动。

他朝站在台下的值星官摆摆下巴。值星官大声发令："解散！"

依然无人动。

他自己转身走了。

没有一个字提到动机，更没有一个字提到犹太人过去是怎样创造世界的，以及现在和将来应该怎样创造世界。他集合全旅难道就为了讲这样一个令人心酸的小故事吗？

他是。

他不是。

队列像凝固了。

11

6月29日　凌晨4时

内塔尼亚胡的勤务兵伊西在朦胧中感到有人轻轻走进房间，他本能地到枕头下摸枪，可是已经迟了。一只有力的手扼住了他的脖子。

"不准动！"

在他的嘴被捂住的同时，眼睛也被一块布蒙住了。

他被架着走出房间，塞进一辆汽车里。汽车疾驰了约半个小时，刹住，他被拖了出来。

一支枪管在他额头上敲着。

"犹太佬，听好了，我们是阿拉伯解放战士，现在你是我们的俘虏。我们需要知道'戈兰旅'的情况！"

一列火车从很近的地方隆隆驰过。伊西虽然看不见，但知道这是在郊外的铁道旁。

他拒绝回答。

啪！他脸上重重挨了一掌。

伊西说："把我眼上的布取下来。"

"做什么？"

"我想看看是谁打的我。"

更重的一下。

"讲！"

他再次拒绝。

一个声音说："在你面前有两种选择：讲出我们所需要的情况，活；不讲，死。你想活还是想死？"

"我什么也不会告诉你们。"

他感到有好几个人向他扑来。

"把他绑到铁道上！"

冰凉的铁轨吻着他的面颊。

大地微微颤抖。火车来了。

"说吧，现在还来得及。我们在几秒钟之内可以把你解下来。"

"不！"

一股强风以排山倒海之势压了过来，像原子弹爆炸后的冲击波。铁道两旁的灌木丛窸窣作响。

"最后三秒！三，二……"

伊西大骂起来。

刹那间，他的叫骂被巨大的声浪淹没了。火车像一匹脱缰的野马，挟着威风，挟着狂怒，呼啸而过。

当一个熟悉的声音在伊西耳边响起来的时候，他觉得自己一定在做梦。

"不愧是我的勤务兵。"

眼睛上的布被取掉了。曙色依稀，他看见内塔尼亚胡站在面前。

他还是不相信自己活着。半分钟前，着实有一列火车碾过大地的胸膛呀。大地仍有余悸，脉搏在突突跳着。他回头，顿时恍然。

四步开外，另一条铁道静静地躺着。火车是从那条轨道上驰过的。

"这是做什么？"伊西问内塔尼亚胡。

"考试。"

"什么考试？"

"意志力的考试。"

"为什么考我？"

"因为我要提拔你做军官。"内塔尼亚胡拍着伊西的肩头，"满分。"

他们乘车沿着铁道奔驰。内塔尼亚胡告诉伊西，前面也在进行着同样的考试。考生是二等兵科恩。

科恩考"砸"了。他的意志是在火车离他只有100米时崩溃的。

上午，内塔尼亚胡把这次"考试"的情况向薛姆龙汇报。

"伊西具有一名以色列军官所应有的忠诚和意志，而科恩只能继续当二

等兵。"

薛姆龙事先知道内塔尼亚胡将对几名优秀士兵进行考核，却没想到他竟采用这种方式。将军震怒了。

"这是你的点子？"

"是的。"

"胡闹！"

"为什么这样说？"

"一个好军官并不一定是不怕死的人。"

"突击队的军官一定要是不怕死的人。"

"有的人意志并不特别坚强，但夹杂在集体中就会勇敢起来。"

"很多情况下，突击队的集体就是自己。"

"我们军队有的是考核士兵是否忠诚的办法。"

"举着火把攀登马萨达要塞[1]？"

以色列军队对于新委任的军官有一种固定的庄严的仪式：谁被提升为少尉，他就必须在夜间攀登通向马萨达要塞的陡崖峭壁，在熊熊的火炬光中宣誓誓死忠于自己的指挥官和以色列。

"这类办法对于突击队军官并不适用，"内塔尼亚胡说，"坦率地说，那座要塞，只要具有肉体上的力量就能上去。而要当一名突击队的指挥官，必须具有灵魂的力量！"

薛姆龙说："科恩是一名好战士。"

"一个好的战士也许永远成不了一个好的军官。"

"你伤了他的自尊心。"

"当我在我手下的人中物色军官时，我并不考虑要不要顾及士兵的自尊心。如果我伤害了士兵的自尊心，我会让他在士兵的地位上得到补救。"

"我还想说的是，你这种办法并不见得有多么高明。"

"什么意思？"

---

[1] 公元69年，犹太人的耶路撒冷被罗马帝国攻占，残存的士兵逃往沙漠中的马萨达要塞，坚守两年之久，最后全部自杀而死。

"它可一不可再。"

"我有的是其他办法，这个办法我绝不会再用了。任何事情只要重复一遍就会变成笑料。"

薛姆龙冷笑："到底是美国人！"

"不，犹太人。美国犹太人。"

这时，门被一个军官推开了。

"将军，请打开收音机，乌干达那边有新情况！"

12

同日　上午11时

乌干达总统伊迪·阿明已经是第三次莅临恩德培机场了。

他是乘丛着一顶中世纪的、很像中国轿子的"抬椅"，出现在现代化的候机大厦里的。那模样真滑稽到家了。

更滑稽的是，抬着"抬椅"的竟是四个白人，金发碧眼的欧罗巴人！

"非洲要翻身，非洲人也要翻身，"阿明曾经说，"而这两个翻身最显著的标志就是骑在白人头上，像过去他们骑在我们黑人头上一样。"

阿明的仆人全是白人。

每次来机场他都要把儿子带上。现在，小阿明穿着和父亲一样的元帅服坐在一顶小"抬椅"上，由两个白人抬着。

阿明视察了机场的防务情况，深为满意。

"现在，恩德培机场是一座堡垒，"他得意地说，"是屹立在反帝反殖最前哨的堡垒。"

他对人质们发表演说，张口第一句话就是："希特勒杀了600万犹太人，做得极对！"

他生平最崇拜的人是希特勒。

他用最尖刻的语言攻击以色列，说它是"帝国主义凶恶的马前卒"，"新殖民主义者的清道夫"。

然而，当阿明侃侃陈词的时候，人质们惊讶地发现，这位传奇般的非洲

领袖胸前竟佩戴着一枚以色列伞兵的徽章。

他注意到人们诧异的神情。

"哦，不要奇怪，"他用肥胖的手轻轻地抚摸着那枚徽章，似很珍爱。"我当年曾在以色列伞兵部队受过训。那是我引为骄傲并感到终生难忘的一段日子。以色列伞兵部队有极强的战斗力，因此才能培养出像我这样的军人！"

这时他是坦诚的。

霍夫曼和她的同伙们由乌干达士兵协助，正在朝候机大厦四周堆放炸药，人质骚动了。

阿明安慰大家："不要慌。不要害怕。你们都是我的客人。我的好客在世界上是出名的。你们来到这里，就像回到你们自己的家里一样。"

他的笑容很亲切。

"咖啡！"他朝身后叫道，"给每个客人送一杯咖啡！"

他刚刚向霍夫曼他们提供了炸药，却又向霍夫曼他们的猎物提供咖啡，真是个奇怪的人！

当他单独与霍夫曼在一起时，他用非常悦耳的声音对这位德国女人说："你看，我亲自往以色列打个电话，把你们的条件给他们讲清楚，好不好？"

"那真是再好也没有了。我不知道怎样感谢你，总统先生。"

"为你这样美丽的小姐效劳，是我的荣幸。"

他脸上隆起的每一块肌肉几乎都是谄媚的。霍夫曼也是白种人呀。

不一会儿，国际长途台接通了以色列的电话。

"总统先生，你要找哪一位讲话？"

"巴列夫将军。"

巴列夫是以色列原总参谋长。这个以修筑了一条现代马其诺防线而又使它变成了一条与马其诺一样无用的摆设而著名于世的人，曾经是阿明在以色列伞兵部队受训时的教官。

"整个以色列，"阿明说，"我只钦佩他一个人，他是个英雄，我也是个英雄。这叫做英雄惜英雄。"

巴列夫的声音从四千公里外的特拉维夫传来："告诉我，恐怖分子有什

么条件？"

"很简单，请你们释放关押在特拉维夫监狱里的40名阿拉伯解放战士。"

"假如我们不答应呢？"

"他们将杀死全部人质。"

"这些恐怖分子！"

"别这样称呼他们，他们都是很优秀的。"

"每一个优秀的恐怖分子就是一个该死的恐怖分子。"

"不要说这么野蛮、这么火药味十足的话，"阿明说，"现在的问题不是战斗，而是和解。"

"你为什么替他们讲话？"

"除了我反对以色列以外，我还感激这几个勇敢的人。他们的行动使我出了名，使我的国家出了名，今天，世界注目的焦点是乌干达！"

他说的是真心话。

139次班机被劫到乌干达的第一天，阿明对他的国民发表讲话，称"这是一件盛事"。

"听说你还派出一支部队保护恐怖分子？"巴列夫问。

"不，不是一支，而是几支，包括陆军和空军。"

"你知道吗？全世界都在反对你。"

"那正是我引为光荣与自豪的。"

话不投机。

"我倒有一个主意。"俄顷，阿明说。

"什么？"

"用钱赎回人质。"

"要多少钱？"

"每个以色列人出100万美元。"

阿明脸上呈现出孩童般的神情。

"荒唐！"

"如果你同意的话，如果你的上司也不反对的话，我将负责去做那几个

人的工作。我同他们的关系可好呢。"

巴列夫没有回答。

像变戏法似的，阿明的面孔蓦地严肃起来："巴列夫将军，我说的一切，仅供你们考虑，但却是有时间限制的。他们规定了一条'死线'，一旦超越'死线'，他们就动手杀死人质！"

一阵沉默后，巴列夫问："告诉我'死线'的日期。"

"7月1日。"

13

6月30日　深夜11时

全体以色列内阁成员默默无言地坐在总理拉宾的官邸里。

6月27日迄今，短短三天，内阁会议已经举行好几次了。没有一次议出结果。

不管部长悄悄对总理说："总理先生，距离'死线'不到一个小时了，既然大家议不出头绪，还得由你拿主意。"

"我在等一个人。"

"谁？"

"总参谋长古尔将军。"

政客们在忙碌，军人们更忙碌。以色列内阁总是视军方的决定而决定。

11点30分。

司法部长说："只有半小时了。"

大家纷纷看表。秒针仿佛从来没有像今天这样满蓄着激情突突地向前跳跃。空气紧张得要爆炸。一片死寂中，可以听见每一个人的心跳声。

总参谋长古尔来了。众人像猎犬一样呼地涌了上去。

拉宾问："有没有采取军事行动的可能性？"

古尔用不容置疑的口气回答："目前而言，绝对没有！"

拉宾摊开双手："那么，谈判吧。"

10分钟后，"以色列建国史上一项最痛苦的决定"出世了：与恐怖分子

27

谈判，并呼吁劫机者把"死线"推迟到7月4日。

内阁成员离开时，拉宾把古尔一个人留了下来。

"现在只有我们两个人。我再问你一遍，有没有采取军事行动的可能性？"

古尔将军脸色异常严峻，从公文包掏出一个蓝色的本子递给总理。

总理翻阅着，不时露出惊诧的神情。

"刚才你为什么不拿出来？"

"我不相信任何人。"

"连我的内阁成员也不相信吗？"

"我牢记着犹太民族的原则：敌人就在你身边！"

14

7月1日　中午12时

薛姆龙和内塔尼亚胡一起走进军官餐厅的时候，一只蟑螂蹦到薛姆龙脚下。

内塔尼亚胡过去踏上了一只脚。

薛姆龙深深注视着那死去的令人厌恶的东西："这世界上对以色列的伤害难道还不够多吗？"

"与蟑螂有什么关系？"

"它也是以色列的。"

内塔尼亚胡不以为然地笑笑。

午餐相当丰盛。内塔尼亚胡吃得津津有味，薛姆龙却没有一点食欲，扒了两口就扔下刀叉。内塔尼亚胡问："你怎么啦？"

薛姆龙声调沉重："不知道那些人质在吃什么？"

服务生在他们面前各放了一瓶可口可乐。可口可乐刚从冰箱里拿出来，凝着一层水雾。薛姆龙将瓶子拿在手中把玩，不喝，却丢出这样一句话："乌干达接近赤道，是世界上最热的地方。"

内塔尼亚胡耸耸肩。

　　午间，电视转播以色列足球队与来访的某国球队比赛的实况，内塔尼亚胡邀薛姆龙一道观看。薛姆龙冷冷地说："现在是什么时候，还有心思看球赛？"

　　内塔尼亚胡被薛姆龙不客气地拒绝激怒了，反问："现在是什么时候，为什么不能看球赛？"

　　薛姆龙紧绷着脸，长久地注视着内塔尼亚胡，无语。

　　他们有不同的个性。

　　他们来自两个世界。

　　有时，他们是互不理解的。

　　薛姆龙痛恨他出生并长大的那个国家。当他还是个孩子时，就曾学着大人的样，跑到移民局去询问移居国外的情况。移民局一位好心的职员把他领到一个地球仪前，挨着个把虐待犹太人的国家数了一遍。他惊讶地发现，这些国家布满了整个地球仪。他天真地问："你难道没有别的地球仪吗？"

　　内塔尼亚胡在纽约的家里也有一个大地球仪。上小学时，他就极其崇拜拿破仑和巴顿。一天，他用沾满泥巴的脚在地球仪上踩满了足迹。

　　"你这是干什么？"爸爸质问。

　　"像拿破仑和巴顿将军一样走遍世界！"

　　爸爸惊讶得说不出话来。

　　薛姆龙离开苏联后，第一站来到波兰，他给他的工厂拍了电报："自由的华沙万岁！薛姆龙。"接着他到了捷克斯洛伐克，又拍了封电报："自由的布拉格万岁！薛姆龙。"最后到了巴黎，他拍了最后一封电报："巴黎万岁！自由的薛姆龙。"

　　内塔尼亚胡对薛姆龙所说的"自由"的概念似懂非懂。他对于"铁幕"或"竹幕"内的一切没有多大兴趣。他认为"自由"就是做自己爱做的事。他总把父母都不欣赏的一位女朋友领回家去，并当着父母的面与女朋友做爱。这就是自由。

　　薛姆龙在战场上很英勇，也很残酷。"复仇！一切都是为了复仇！所有想毁灭犹太民族的人都是我们的仇人。"他对部下说，"如果有一天犹太民族只剩下最后一个人，而这个人只要还剩下一口气，他也应当与敌人战斗

下去！我在苏联时有一个中国邻居。中国人爱吃鳝鱼。一天，他炖了一条鳝鱼请我去吃。我从未见过鳝鱼是怎么个吃法，好奇地打开了锅盖。就在这一瞬间，那条鳝鱼从锅里闪电般地射出，死命地咬住我的手指。我仔细一看，啊，那鳝鱼除了头之外，全身已被煮得稀烂，露着一条细长的白花花的脊骨。它知道自己将死，但死前也要向害它的人复仇！我痛极了，但我也感动极了。这种不屈不挠、拼死复仇的精神，正是我们所需要的！"这大概是以色列将军典型的语言。没有吃过鳝鱼的人可能会轻信，常吃鳝鱼的人却会哈哈大笑；薛姆龙用谎言编织了一个荒唐故事，但他强烈的复仇主义者的心却是真诚的。

内塔尼亚胡在战场上也很英勇，同时也很残酷，但他并不痛恨自己的敌人。

"我英勇战斗是为了塑造自己，是为了当一名真正的军人，这是我的理想。"他说，"每当我想到生活在战壕里的敌人，我都会产生一种复杂的情感。我既不恨他们也不爱他们。当他们奔逃时，我鄙视他们；当他们拼死抵抗，一直射击到最后一颗子弹，至死方休时，我敬重他们；当他们举着双手走进俘房营时，我甚至同情他们。每当我无情地杀死敌人的时候，支配我的只是一种责任感。军人的责任感，以及我的理想。"

薛姆龙对这段话的评价是："胡说八道！"

但那个事实他不能不承认：内塔尼亚胡绝对是一名勇敢的军人。

今天这个世界上的事情是有点奇怪。

15

同日　下午3时

薛姆龙平静地把《以色列时报》7月1日下午版放在桌上，拿起电话："请接总参谋长古尔将军。"

古尔将军接通了。

薛姆龙问："真的要谈判？"

"你说呢？"古尔反问，声调有些诡谲。

薛姆龙笑了："你还记得二次大战前夕那位波兰总理的话吗？"

古尔是波兰裔犹太人。二次大战前夜，波兰要求美国对它实行经济援助。"如果你们不答应我们的条件，"波兰总理对美国总统说，"波兰人会很生气，然后四处屠杀犹太人。"一位部长私下里问总理："假如美国答应了我们的条件呢？"总理说："波兰人会很高兴。他们吃饱了——然后再去屠杀犹太人。"

"我当然不会忘记。"

"那我就不用多讲了。"

他从总参谋长的口气中已经知道了他想知道的。

16

一小时后

内塔尼亚胡骑着自行车在营区里飞驰。自行车尾部夹着一大摞《以色列时报》7月1日下午版。

他在一间士兵宿舍前刹住车，喊道："有今天下午的《以色列时报》吗？全拿出来！"

他又骑向另一间士兵宿舍。

自行车上的报纸渐渐升高。

一位女职员边走边看报纸。内塔尼亚胡把自行车横在她面前："请把这张报纸给我。"

"我正看呢。就在大门外买的，有的是。"

"我要你这张！"内塔尼亚胡拿过报纸，塞过去一张钞票。

女职员惊愕极了。

内塔尼亚胡骑车驰出营门，看见路边站着一个报贩。

"今天的《以色列时报》，我全部买了！"

他把报纸带回宿舍，堆在盥洗池里，用打火机点燃。

火焰熊熊。

他一动不动地立着，看着那一大堆报纸化为灰烬。

他几乎是和薛姆龙在同一时刻看到《以色列时报》的。政府第一次在恐怖分子面前屈下了膝头。他觉得自己的心被人扔进火堆。接着他又看到登在这张报纸头版的一篇题为《哀告劫机者书》的文章。

"作为人质的同胞，"文章写道，"我们现在什么也做不了，只能用真挚的亲情和伟大的人性哀求你们。你们也有父母，你们也有儿女，你们也有妻室……"

"好一个'什么也做不了'！"内塔尼亚胡说，"把我们军人往哪里摆？这个世界上还有以色列军人办不了的事吗？"

他将报纸撕碎。

"耻辱！"

他认为他的士兵不能看这样的文章。

他对伊西说："写这篇文章的家伙不是间谍，就是卖国贼！"又说："以色列有一支强大的军队，军队中有一支无所不能的突击队，突击队中有……我。现在到了该我一显身手的时刻。"

他给总理拉宾写信。

"下命令吧，总理先生，"他写道，"我将率一支奇兵横扫乌干达！"

薛姆龙只敢给他的直接上级打电话，而他的下级内塔尼亚胡却敢给他上级的上级写信。

17

7月2日　上午10时

总参谋长古尔将军笔直地站在拉宾总理办公室中央，通过宽大的长方形办公桌望着在桌子另一端晃动的那颗白发苍苍的头颅。墙壁上挂着的一幅巨大的圣城耶路撒冷全景油画，凝聚着几代犹太人琥珀色的梦。

总理面前摆着前天晚上古尔交给他的那个蓝本子。他像握短剑似的握着一支笔。

"你知道这支笔的重量吗？"总理慢吞吞地说，"它系着一百多名以色列人的命运。"

"不，它系着整个以色列的命运。"

拉宾抬起眼来。片刻后，他又开了口："这个名字是你起的吗？'乌干达慈航计划'，挺富有诗意。"

"一次成功而完美的战役就是一首优秀的诗。"

拉宾用笔在本子上比划着，笔尖几次欲与本子接触，又害怕地躲开了。

"一个神话。一个天方夜谭式的神话，不是吗？"

"完全是。"

是的，完全是。由古尔将军亲自拟定的"乌干达慈航计划"，就是派遣突击队突击恩德培机场、营救人质的作战计划。这个计划实在太大胆了，以至于说它的人想笑，听它的人也想笑，因为近似荒诞。乌干达位于非洲的腰部其至稍稍靠近臀部，距以色列约有4000公里。整个东半球才有几个4000公里呢？中间还隔着埃及、苏丹、索马里、埃塞俄比亚、沙特阿拉伯等国家，而这些国家全是渴望把以色列从地图上永远抹掉的。尤其是，乌干达本身就是一个狂热的反犹国家。以色列的对手绝不是几个恐怖分子，而是一个国家和一支国防军。甚至是几个国家和几支国防军。

"你觉得这神话有趣吗？"拉宾又问。

"非常有趣。"

"你愿意把它讲给人们听吗？"

"应该由你讲，总理阁下。"

"好吧。"

拉宾在蓝本上流利地签了自己的名字。

拉宾把作战计划还给古尔时，神情变得肃穆了："突击队指挥官是谁？"

"总指挥由薛姆龙将军担任，地面突击指挥官由约尼·内塔尼亚胡中校担任。"

"我要亲自见他们。就现在。"

一小时后，薛姆龙和内塔尼亚胡也笔直地站在总理办公室里了。

古尔向他们宣读"乌干达慈航计划"。

拉宾轻轻用手指敲击着桌面。

"我只有一句话要问：你们认为这次突击行动应该失败吗？"他这里用

的是"应该"。也许，失败的阴影太浓？

薛姆龙说："不应该。"

"为什么？"

"以色列经受不起任何一次失败。"他说，顿了顿，"失败的人永远是孤儿。"

"你呢，年轻人？"总理又把脸转向内塔尼亚胡。"你不觉得我们过于冒险了吗？你认为这个行动应该失败吗？"

"不。"

"为什么？"

"因为以色列是超级大国。"

拉宾和古尔交换了一个眼色。

内塔尼亚胡紧接着说："世界上最小的超级大国。"

古尔把他们送出来。

"有一点我要重复说明一下，"古尔说，"根据恩德培机场的情况和空军的运输能力，完成此次突击行动需要166人，这是电子计算机运算后得出的数据，非常精确，多一个不行，少一个也不行。你们回去后按这个数字挑选人员吧。"

"有后备队吗？"薛姆龙问。

"后备队是整个以色列。"

18

一个半小时后

薛姆龙把全旅人员花名册递给内塔尼亚胡："你是地面突击的指挥官，挑选人员是你的权力。"

"计划中把166人分作四个突击组，伊西可以担任一个突击组的组长。"

"完全同意。"

选毕军官，开始挑选士兵。内塔尼亚胡说出的一个名字令薛姆龙吃了一惊。

"科恩。"

那个考"砸"了的二等兵。

"你要他？"

"要。我说过，我会补救他那被伤害了的自尊心的，但必须是在士兵的位置上。"

19

同日　下午3时

古尔将军打来电话，要薛姆龙与内塔尼亚胡立即去见他。他们乘车来到总参谋部，古尔站在门口等候。

"不要下车。"他一挥手，他的座车风一般刮到跟前。"跟我走。"

出城，向西，驰进了沙漠的怀抱。以色列这块贫瘠的土地大都依偎在沙漠的怀里。一小时后，古尔的车停了。

薛姆龙和内塔尼亚胡钻出汽车时惊呆了。

荒凉的沙漠中，一座土木结构的机场赫然呈现在眼前，就像阿拉丁神灯唤来的宫殿。看得出这是模型，但它堪称模型中的皇帝了！它与真实的机场的比例完全一致。

"认真看看吧，这就是你们将去的恩德培机场！"

他们在那些粗糙的、显然是匆匆建成的，但是高大得令人赞叹的模型间浏览。

"多么精确，连窗户都不少一扇！"在"候机大厦"前，古尔说，"摩萨德[1]的杰作！哦，美国人也帮了大忙，他们的间谍卫星现在一天要从恩德培机场上空通过十次。卫星拍摄的照片连草坪上的草是否被践踏过都看得一清二楚！"

远处，装甲车往来驰骋，烟尘冲天。

古尔说："这一带已完全封锁。明天，你们把突击队领到这里来训练。

---

[1]　以色列特工部，是仅次于中央情报局、克格勃的情报组织。

我给你们一整天时间。但要记住，这也是唯一的一天！"

20

7月3日　上午10时

内塔尼亚胡是第32次下达向那座冒名顶替的"候机大厦"实施冲击的命令了。

虽然是演练，他要求突击队员们每一次冲击时都要用最大的声音呐喊。

集体的呐喊就成了吼叫。声浪一次又一次震撼着那座匆匆搭成的"大厦"。

戴着土黄色贝雷帽的突击队员一个个高扬着头，直挺着身子疾跑。躬身奔跑也许对于躲避枪弹有利，但影响速度。在生命与速度之间，突击队选择后者。

攻击波逼近"大厦"时，一个意外情况发生了："大厦"竟摇晃起来，发出一阵咔咔的声响，不好，这家伙先天不足。

哗啦一下，"大厦"左侧开始坍塌。它晃得更厉害了，像醉汉。每一个突击队员都清楚地看见了这幅景象，但没一个放慢脚步。

没有命令，中止进攻就是犯罪。停下是耻辱的，回头是要命的。哪怕前面是刀丛剑林，也只能拼着头颅死命一击！

从他们成为突击队员的那一天起，他们听到的最多的话是这两句："攻击，攻击，再攻击"；"大胆，大胆，再大胆"。

内塔尼亚胡屡屡对他的士兵说："记住，我们是进攻者，掌握着主动权。我们要时时迅速地、无情地，甚至是恶毒地攻击，不是休息，以保持这个巨大无比的主动利益。不论你多么疲劳饥饿，敌人只会比你更疲劳更饥饿。"又说："挖壕就是等死，你将成为敌人炮火的目标。你只有向前推进，才永远不会成为敌人的目标。这样，敌人无法向你瞄准，而随时担心你一步一步接近，要他的命。"

他曾提议，作战时突击队员不要戴钢盔。"钢盔是防卫性质的，与突击队冒险犯难、勇往直前的精神不符。不要考虑如何才能不被敌人打中，而要考

虑如何才能打中敌人！"

薛姆龙严厉驳斥他："只有不被敌人打中，才能打中敌人！"

薛姆龙明令："戈兰旅"人人必备钢盔，连非现役的女职员亦不例外，一旦进入等级战备，除睡觉外，钢盔一刻不许离开脑袋，他曾进入厕所检查正在解手的士兵是否戴着钢盔。

突击队员们冲进了将倾的"大厦"。

就在这时，"大厦"整个地塌了，烟尘顿起。

后面的突击队员仍然大呼大喊着往里冲。

那是一幅可怕的景象。

内塔尼亚胡目击此景，笑着对薛姆龙说："看，这样的军队怎能不打胜仗？"

"大厦"像个巨人似的倒在大地上。巨人的血肉是土坯、树枝和塑料板。大地无动于衷。

给突击队造成的伤害甚微。

21

同日　下午5时

内塔尼亚胡赤裸着上身躺在沙发上，双目紧闭。沙发旁，一架立体声音响系统正放着施特劳期的《皇帝圆舞曲》。

死神与战神已经同时出发了，一小时后到达他身边。营区内空气渐渐凝聚成流质状。

他却在欣赏音乐。

这是他的习惯：每次战斗前，把自己锁在房间里，全身脱得只剩一条裤头，整个地沉浸在音乐中。

他最爱听施特劳斯和贝多芬。

一曲终了，他的心会彻底平静。他在音乐中会见他心目中的英雄，又在音乐中告别他们。他觉得自己被他们领上战场。在那里，他杀人，或被人杀。

敲门声。

"进来。"

伊西拎着一双擦得锃亮的短皮靴走进来。

这也是内塔尼亚胡的习惯：每次他都是穿着锃亮的皮靴踏上战场的。

"打完这一仗后，"内塔尼亚胡说，"你就不用再给我擦皮靴了。"声调有些伤感。

伊西将提升为军官。

伊西说："我愿意永远为你擦皮靴！"

22

同日　黄昏

西奈半岛最南端的沙姆沙伊赫机场现在成了以色列的君士坦丁堡。十字军式的远征将从这里出发。

纯粹的远征。洲际的远征。4000公里如果仅仅是一个地理的概念，并不可怕，可怕的是在这4000公里的距离上布满了荆棘，每一个敌对国家都是一个沉睡的巨人波吕裴摩斯，若惊动了，大祸一定临头！

"这5个国家是5颗炸弹，"古尔对薛姆龙说，"一触即发，惊动了它们，你知道意味着什么吗？"

"意味着突击行动的失败。"

"不，意味着第五次中东战争的爆发。"

事后，古尔对别人说："其实，当时在我心中已开始制定战争应急计划了。因为我们的突击队从这些国家的领空穿过而不被发现的可能性微乎其微。"

不错。今天，高度精密的雷达连空中一只气球都不会放过，不要说一个机群了。

"十字军"是庞大的：3架C－130"大力神"运输机，负责运送突击队抵达恩德培机场；波音707两架，一架作为薛姆龙的空中指挥所，另一架作为临时野战医院，配备医生33名，机上有两间设备齐全的手术室；F－4鬼怪式喷气战斗机8架，在运输机出动初期担任空中掩护；空中加油机3架，专门为战斗机

空中加油；另一架C-130"大力神"飞机将作为空中通讯指挥枢纽，随时保证突击队与大本营的通讯联络。

如果是检阅，这机群够威够武够帅也够傲了，但作为一支奔袭突击机群，不免过于笨重。

笨重的却是必需的。一切都经过电子计算机运算。

突击队员登机。

"我觉得他们踏上的是一条不归路。"一位空军地勤人员后来回忆自己的心情时这样说。当时，他站在机翼下默默注视着突击队员那一张张涂满油彩的面孔，"不要说他们在途中就有可能被人家揍下来，即使到了那个国家，这一百多人又能做些什么呢？那绝对是到魔鬼的山洞里去跳舞呀。"

飞机起飞了。当飞机不屈地昂着头，一架接一架地离开地面时，前来送行的人们一齐挥动帽子。很多人忍不住落泪了。这一别，谁知道是否永诀？

"那情景犹如日本人送他们的神风特工队出击一样。"一位将军说。

神风特工队，自杀的同义语。这也许是一次集体的自杀？

落日正缓缓向着红海海面坠下。它仿佛被朗蒂岛上峻峭的山峰刺破了，在流血，天边一片嫣红。飞机渐渐溶入血色之中。

沙姆沙伊赫塔台一位飞行管制官说："它们全被鲜血吞没了。"

23

19点30分

内塔尼亚胡透过舷窗望着被夕阳染红的海水风驰电掣般地向自己扑来，兴奋得叫起来："刺激！"

机群自沙姆沙伊赫起飞后，刚飞过朗蒂海峡就降低高度。狭长的红海被两块神秘而荒凉的沙漠拥抱着，西边是埃及，东边是沙特阿拉伯。犹太人的这两个宿敌每一分钟都用警惕的目光监视着以色列南部唯一的出海口。有形和无形的眼睛织成了无数张网。按预定方案，机群在整个飞行过程中将超低空飞行，离地面的高度不能超过15米。15米以上，便是雷达的王国！

15米，一棵大树的高度！其艰难，其危险，可想象，又不可想象！

这将需要多么高超的技术！仅仅技术高超够吗？这将需要怎样非凡的毅力！仅仅毅力非凡够吗？

飞机扑向大海的怀抱，像要揽起海的女儿，却在快要触摸到她那隆起的胸膛时又向上一仰。蜻蜓点水。动作优雅。

怒海澎湃。突击队员们望着那小山一般的浪头，目瞪口呆。他们从未见过如此壮阔的情景。

夜幕轻轻低垂。内塔尼亚胡感到遗憾：不能欣赏那充满激情的景象了。

他找到无线电通讯员。

"特拉维夫现在有一场足球赛，你能否打听到以色列队是赢了还是输了？"

24

23点整

机舱里铃声大作。红灯一闪一闪地发出刺目的光芒。

战斗警报！突击队员们一跃而起。

机舱中部停放着五辆装甲运兵车和一辆吉普，内塔尼亚胡箭步跨到吉普上。

扩声器响了："我们现在在恩德培机场上空，准备强行着陆。"

内塔尼亚胡看表，23点。再过10分钟即可落地，与计划中规定的时间完全相符。4000公里属于历史了。

"1分钟的误差都是不允许的。"古尔说，"23点整，摩萨德在乌干达的特工人员将准时切断机场与外界的一切通讯联系。还有几名黑人谍报员将装扮成乌干达高级官员，直接驱车到候机大厦前，接应你们。巴列夫将军也将在那一刻打电话给阿明总统，分散他的注意力。"

内塔尼亚胡说："简直像间谍电影一样！"

这时候，恩德培机场的航空管制塔发现了这群不速之客。

"Where from？And where to？"（哪里来？哪里去？）

以色列飞行员用事先准备好的谎言回答："这里是东非航空公司。我们

从以色列运来了劫机者要求释放的巴勒斯坦人。"

管制塔里一片欢呼。以色列人第一次屈服了，有一次就会有一百次。这个胜利是要被平分的。是阿明造就了那几个英雄。那几个英雄也造就了阿明。

"立即打电话通知元首！"

电话打不出去。

他们仍孜孜不倦地拨号。他们在梦中。胜利的梦其实离他们相当遥远，而另一个梦却逼迫了——以色列人从4000公里之外突击一个国家，一个首都，一个机场，一个武装了的机场，一个堆满炸药的机场！

不错，这是梦。这是世界上最大的不可能。

"突击队就是要把一切不可能变成可能。"内塔尼亚胡说："在把不可能变成可能时，我们也许会失败，但那不要紧，这种努力和行动的本身就是胜利，将给敌人造成莫大的震撼。突击队不仅仅是军队的一个编制，而是一种概念和一种象征——勇敢战斗的象征。"

可以感觉到飞机在急速下降，耳朵被挤迫得生疼。

轰隆一声巨响，又一颠。接地！

内塔尼亚胡命令："发动！"

装甲运兵车和吉普同时启动。

飞机滑跑。突击队员聚齐在后舱门前，准备冲击。内塔尼亚胡突然转向无线电通讯员：

"知道特拉维夫足球赛的结果吗？"

"以色列队输了。0：3。"

飞机刹车，那饱含痛苦的嘶叫声真令人感到大地仿佛被飞机轮胎磨破了一大块皮。

装甲运兵车突突突地吼叫起来，犹如将向猎物扑去的豹子。

内塔尼亚胡愤愤地叫道："替我拍个电报，告诉那支失败的球队，它给我们丢尽了脸！"

后舱门打开了。飞机仍在滑跑。恩德培机场的灯光流星般地掠过。

"非洲！"内塔尼亚胡讷讷道，眼睛竟潮湿了。

飞机停稳，但发动机没有停车。突击行动全过程中，发动机不准熄火，

41

以便随时升空。内塔尼亚胡的吉普车第一个从舱门里窜出来，像一颗破膛而出的炮弹。装甲运兵车没有及时跟上。

内塔尼亚胡拍着司机的钢盔："不要等！对准候机大厦，冲！"

吉普车似离弦之箭。

后面的车辆与人员像决堤的洪水一般从飞机里喷涌而出，四溅蔓延。

四个突击组的任务分配如下：第一突击组35人，由内塔尼亚胡兼任组长，分乘三辆吉普车突击候机大厦，抢救人质；第二突击组30人，乘一辆装甲运兵车突击塔台和军用停机坪。恩德培机场的米格机是对方手中一张致命的王牌。不仅要将这些飞机摧毁，而且要全摧毁。如果还剩一架米格机，这架米格机便有可能在突击队返航时起飞追击；第三突击组35人，负责夺取机场的加油设备并为自己的飞机加油，同时伺机夺取法航的"空中公共汽车"；第四突击组有两个任务：一是随时准备增援第一突击组，二是在重要道路设伏，阻击乌干达的援军。

帷幄之中运筹，任何细节都没有漏过。

在以色列突击队第一架飞机着陆的同时，一辆豪华型"本茨"轿车开到候机大厦前停住了。乌干达哨兵连忙上去拉开车门，忽然他呻吟了一声。

阿明总统坐在车里。

"立正！"一瞬间，大厦前20多名乌干达士兵变成了木偶。

阿明吃力地从车里钻出来，向士兵们微笑额首。他身后紧跟三名黑人卫兵。

远处传来飞机降落的轰鸣声。

一名乌干达军官忽然有个小小的发现，总统瘦了些，也矮了些。瘦，完全可以理解。总统有200个老婆嘛。可是，矮，又作何解释？

这些天，总统不时光顾此地，但每次来都事先通知，今天却飘然而至，是否有重大事件发生？

又有汽车向这边驰来。军官根据经验判断，汽车是全速。他转过头去。

一声枪响使他的头又回转来。他看到的情景使他魂飞魄散。

总统手里出现了一把勃朗宁手枪，枪口在冒烟。一个士兵捂着肚子跪在

他面前，脸贴着地，像在吻他的脚。

军官一切都明白了。

这也是摩萨德的杰作。摩萨德制定了一个奇得有些离谱的方案：乔装阿明进入机场，迎接突击队。他们从间谍中挑选了一个身材魁梧的黑人，用一天时间给他化妆。现代化妆术是可以创造奇迹的——乌干达出现了第二个总统。

恰在这时，内塔尼亚胡的吉普车赶到了。

准时！"宇宙航天器在太空对接"。

一支机枪从"本茨"轿车里伸出来。火舌像出笼的毒蛇一样四处乱窜。20多名乌干达士兵连叫都没叫一声就栽倒了。

内塔尼亚胡端着乌兹冲锋枪朝大厦猛冲。他身后，狂飙似的跟着35名突击队员。虽是夜间，但他们轻车熟路！毫无踌躇，32次冲击预演极大地帮助了他们。

内塔尼亚胡大呼："以色列！以色列！"

突击队员也一齐呐喊。

此刻，霍夫曼和她的同伴们都坐在大厦前厅的沙发上打盹。枪声暴起。霍夫曼第一个跳了起来。

"守住前厅！"她说。

劫机者们纷纷去抓武器。

霍夫曼端着机枪走向人质。

她明白自己的死期已到。但她绝不是唯一去叩地狱之门的人。一条命换一百条命，怎么也值了。

人质们恐慌万状。现在这个一步步朝他们走来的人是死神啊。传说中的死神也是女的，但比她丑陋多了。

她是美的。但这一刻，她面色苍白，一双秀丽的眸子里闪着森森杀气。她把枪举起来了。她那白皙而修长的手指扣着扳机，渐渐向后……

一声清亮的啼哭突然响起来，是一个刚满周岁的孩子。他的妈妈由于极度恐怖而把他抱得太紧了。

霍夫曼的手指停住了。

她望着那孩子。她那张冷酷的面孔上掠过一丝不易察觉的痉挛。

她没有开枪。

"那一刻，她在想什么，"一位人质后来说，"永远不会有人知道。我认为，是那婴孩的啼哭惊痛了她的心，女人的心，母亲的心。当一个人生命处于最黯淡的时候，人性的光辉更自然地闪烁。"

人质哈托夫认为这个功劳应当归于他。

"就在那天晚上，我曾问她：'你是德国人，你对希特勒怎么看？'她说：'最坏的法西斯！'于是，我把我的衬衫解开了，指着满身的伤疤对她说：'你看，这是希特勒给我留下的纪念。当年，我在奥斯威辛集中营里生活了四年之久。'她一言不发地走开了。我看见她用手托着腮在沙发上坐了一个钟头。作为一个'革命'者，她的灵魂被我的话震撼了，她一定意识到自己做了和正在做着一件错事。"

霍夫曼只迟疑了几秒钟。

这是改变历史的几秒钟。

以色列突击队涌进大厦。

内塔尼亚胡大喊："卧倒！"他用的是希伯来语，只有犹太人才能听懂。

机关算尽！

哗地一下，人质们全都趴在地上。那情景宛如一片海潮退尽，只剩下几块孤零零的礁石。礁石是霍夫曼和她的伙伴们，以及几个乌干达士兵。有两名人质被吓蒙了，虽然听懂了内塔尼亚胡的呼喊，但四肢不会动弹了。

几十支冲锋枪齐射。子弹像暴雨一样泼过去。凡是站着的人一齐在"雨"中舞蹈。

霍夫曼像被什么人推搡了一下，接着又被推搡了几下，动作猛烈如同抽搐。她倒下了，眼睛睁着。

据事后乌干达人统计。这些被打死的人每人都身中50弹以上。

直到内塔尼亚胡确实弄清劫机者已全部就戮，才命令突击队员把人质领出大厦。

另外两个突击组也相继得手。第二突击组来到米格机停机坪时，乌干达哨兵竟以为是换岗的人。

"我才上岗，你们怎么就……"

一把匕首准确地刺中了他的心脏。

突击队员们向排列得整整齐齐的米格机发射"陶"式导弹。火球滚动。耀眼的白光不时地撕破夜幕，米格机是无奈的，虎落平阳，小狗们竟然成了好汉。

第三突击组占领了塔台，没有发生战斗，因为没有对手。航空管制人员及时地逃走了。即使有对手也不会有战斗，有的只是一场屠杀。突击往往带来屠杀。以色列士兵们把塔台里全部设备都捣毁了。他们捣毁的是机场的眼睛。恩德培机场瞎了。

装甲运兵车和吉普车开始运送人质了。突击队担任警戒。

一个意外情况发生了，一队乌干达士兵向这边跑来。他们从睡梦中惊醒，指挥官竟把他们集合起来列队奔向大厦。他们只当是劫机者在玩火，无论如何也想不到敌人的一支正规军已自天外飞来。那整齐的队列成了以色列人绝好的靶子。第一排子弹扫过去，他们大部分人就捣蒜般地点起头来。

没有还击，也来不及还击，只有后排的一名手持火箭筒的士兵在栽倒之前发射了一枚火箭弹。

站在最前面的内塔尼亚胡被击中了。火箭弹齐崭崭地切断了他的左腿。他大叫一声倒下了。

就在他倒下的同时，第一架满载人质的"大力神"飞机正急切也扑向夜空。从突击队落地到返航的第一架飞机起飞，只有53分钟。

飞机开始悬空，人质们的心落地了。一个女人首先哭了起来。接着，老人也哭了。再接着，是孩子。再接着，是男人。哭声连成一片。

突击队员也个个含着泪水。

内塔尼亚胡被送上第二架飞机。伊西正站在舷梯旁。当他看清这个满身鲜血的人就是自己的长官时，放声大哭。

内塔尼亚胡从昏迷中醒来。

"伊西，哭什么？"

"你的腿……"

内塔尼亚胡艰难地抬起头来。左腿大腿以下一片空荡。血涌如注。

45

伊西哭得更厉害了。

内塔尼亚胡呵斥道："你伤心什么？以后你只要擦一只皮鞋就够了！"忽然他想到伊西将提升为军官，叹了口气："哦，不用了……"他又昏迷过去。

飞机起飞时巨大的颠簸又一次使内塔尼亚胡睁开了眼睛。他脸上没有一丝血色。一夜间的惊涛骇浪使他明显瘦削了。他的眼神已完全失去了平日光彩，瞳孔渐渐放大。他说了这样一句话："我没有债务。我也没有借过别人的东西。"

一位著名的以色列间谍在被阿拉伯人处死前说过这话，以色列人人知道这话。

他闭上了眼睛。再也没有睁开。

他死了。他的嘴唇翕动了好久，只有极微弱的、断断续续的几个单字吃力地蹦出来。伊西把耳朵俯在他嘴边，终于听清楚了那几个字：

"班长……班长……"

25

7月4日　凌晨1时30分

一支由阿明总统亲自率领的装甲部队隆隆地驰进恩德培机场。他们刚好赶上为以色列人送行。最后一架C-130"大力神"飞机唱着歌从他们头上掠过。机翼上的红蓝标志灯不停地眨着眼睛，似在嘲笑他们。

候机大厦里空旷极了。昨天的伊甸园，今天的荒野，夏娃呢？

阿明在候机大厦里徜徉，不得不时时避开遍地的尸体和鲜血。他看见她了。她躺在那里。她脸上依旧挂着一个颤抖的微笑，这微笑属于另一个世界了。

4名在以色列突击队的"屠杀"中侥幸活下来的航管人员被带到阿明面前。阿明根本不正眼看他们，牙缝里挤出几个字："毙了！"

这最后的杀戮使恩德培机场的屠杀变得更加彻底了。

乌干达总参谋长大骂："可诅咒的犹太人！"

阿明说："不，他们是值得赞扬的。你不认为他们干得极其漂亮吗？"

26

7月4日之后

全世界都被恩德培机场事件震动了。许多国家迅速作出了反应。

新西兰总理马尔登说："这是近代史上最勇敢的行动。"

西德总理施密特说："在短短的几十分钟内，连历史也屏息不动了。"

巴勒斯坦解放组织执委会主席阿拉法特说："以色列和劫机者一样，都是恐怖分子。"

尼日利亚总统说："我只有一种感觉：极度震惊。这个事件告诉我，在这个地球上没有一块绝对安全的土地。"

当时的联合国秘书长瓦尔德海姆也有一句评语：这是一种严重侵犯联合国会员国主权的行为。

在这些国家级的领导人中，美国国务卿黑格将军大约是最后一个对此事发表评论的："突击乌干达既是针对恐怖分子的，也是针对一个敌对国家的，这种袭击一旦成功，将是极其致命的，极其可怕的，对敌方产生的影响无法形容，因此，它的意义远不止于营救出被劫持的人质，而是对现代战争提出了新命题。"

27

7月6日　上午10时

薛姆龙又一次站在总理办公室中了。他向总理汇报突击乌干达的经过。总理一直埋头看文件，似乎对这个辉煌的胜利不感兴趣，薛姆龙注意到，总理脸上毫无表情，连每一条皱纹仿佛都凝固了，只是当他说到"突击队只有一名军官阵亡，那就是地面突击指挥官约尼·内塔尼亚胡中校"的时候，总理的手才不易察觉地颤动了一下。

8分钟后，他汇报完了。

突击行动用时90分钟，汇报用时8分钟。准备是两天，2880分钟，真正的准备却是从十月战争之后就开始的，三年，一百五十多万分钟。

"完了？"总理问。

"完了。"

"你可以走了。"

连一句"干得好"都没说。

28

7月10日　上午9时

耶路撒冷旅举行全旅官兵大会。

内塔尼亚胡曾在这个旅当过三等兵。

旅长的声音在全场震响："宣布一项任命。兹任命：约尼·内塔尼亚胡为耶路撒冷旅一团三连十班班长！"

薛姆龙站在会场的一个角落里。

"班长。"他讷讷道，声音有些酸涩。这个有着钢铁般意志的人第一次控制不住自己了，低着头缓缓走开。

他悄悄弹去眼中一滴隐泪。

二马

    十五年后，重来L山。L山青翠依然。硝烟尽散。战场无言。烈士也无言。我扑向L山。这是我生命中的山。我将生命中最有价值的一部分遗留在此，它常将我唤。主峰大改观，正面二百二十六个台阶，象征着主攻方向牺牲的二百二十六名官兵。侧面八十四个台阶，象征着助攻方向牺牲的八十四名官兵。拾阶而上，十五年前那个月黑风高夜轰然涌现：大地发抖。天色血红。炮弹暴雨般泻下。大军似狂飙卷向山头。火光中可见一排排黑影倒下，更密集的黑影嗖嗖向上。最先冲上L山的是副连长张大权，他的肠子被打出来，塞回去继续苦战，直至牺牲。他的雕像今天静静屹立在峰顶，镇南。我们来到烈士陵园。千座坟茔在沉默中爆发。我听得见烈士们的喊杀声。大家都落泪。我寻找墓碑上那一个个熟悉的名字。蓦地，我看到了马占福和马玉龙。"二马！"我叫道。

    马玉龙和马占福是回民。马玉龙是排长，马占福是战士。我第一次听说他俩名字是作战前几天。我到主攻团采访。政委告我："突击连有'二马'，两个回回，大马勇敢，是尖刀排排长；小马胆小，是'夹带人'。""夹带人"是特有名词，即有问题的官兵，平时重点管教，战时被骨干"夹带"，防止畏缩、投敌或自伤。"夹带人"按比例分配，各连必须有。本人不知道，上级掌握。我要求去突击连。团政委简约介绍"二马"情况：马玉龙父母都是"回民支队"的老战士，母亲曾担任过甘肃某县副县长，他自军校毕业，有文化。马占福是西宁农村人，父早亡，家贫，母亲常年在街头要饭。初见马玉龙，就留下极深印象。是个黄昏，我来到突击连驻地。马玉龙正坐在山坡上看

两头牛性交。夕阳将群山涂一层血。两头牛简直沐浴在火焰中。它们热烈相爱，不顾人来。一霎间我与公牛眼睛对视。我从那双眼睛中读懂了全部生命的含意。马玉龙托腮，全神贯注。我蓦地有些感动。这像一幅油画。一战士来叫排长，见此情景，连忙把眼睛捂上，吐口唾沫："呸，畜生就是畜生，大白天乱来！"马玉龙喝道："马占福，你懂个屁！"于是我也认识了马占福。我采访马玉龙，刚坐定，他要上厕所，我也去。一进厕所，我被惊呆。墙上画着一个硕大的"男根"，足有半人高。挺拔伟岸，傲气十足。线条苍劲有力。像大炮，要把天戳个窟窿。男人的雄风被展示得如此轰轰烈烈，头一遭见。我凝视，渐渐就心酸起来。马玉龙说："我画的。"

当夜我宿在突击连。晚饭时，马占福把一听罐头放进口袋里，马玉龙发现，命令全排集合，把马占福狠狠剋了一通，随即令他出列。他的裤袋鼓囊囊。马玉龙把罐头掏出，猛掷在地。马玉龙告我：马占福不止一次干这事。他家穷。他要把这些东西攒起来战后带给母亲。马玉龙说："他是'夹带人'，觉悟太低。他平日从不吃饱饭，问他为什么这样，他说：我娘这么大一口饱饭也没吃过。"睡觉前，忽闻骚动。我出去。战士们都站在空地上围观什么。马玉龙阻止我过去。告我：下午营教导员带一名通讯员来突击连，半路被潜伏的敌军特工队袭击。打死人还不算，敌军把教导员大卸八块。现在教导员被肢解的尸体刚抬回。我的心为这酷烈的暴行而发栗。战士们都流泪。马占福率先哭出声来。哭声响成一片。马玉龙拔出手枪，在空场上来回走动。他眼红红的，乱蓬蓬的头发像狮鬣，他也真令我想起笼中躁动不安的狮子。在他的房屋的门上，一群燕子正筑巢，叽叽喳喳叫不停。马玉龙显然被聒噪得烦，抬手就是一枪。树枝纷落。燕子散去。深夜，我梦正酣，忽然一声枪响，是那么近，犹在耳边。我心哐哐剧跳。一声尖叫撕破寂静："特工队！"屋内顿时陷入可怕的混乱。一个黑影兔子似的冲出门去。急促的脚步声音远去。是马占福。大家都起来，方闹清是一场虚惊。哨兵走火。那声尖叫是某战士条件反射。清点人数，独少了马占福。第二天，马占福被友邻部队送回。昨夜他从梦中惊起，一口气狂奔二十里，鞋也未穿，脚板全是血，浑不觉。马占福回排时，马玉龙噼噼啪啪地鼓掌，一脸鄙夷之色。马占福抬不起头。

进攻L山的前一天，我又来突击连。驻地静如坟墓。战士们出出进进，神

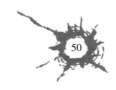

色肃穆得要死。马玉龙说："从前天接到作战命令起，全连没一个笑脸！"我颇感慨。我从师团来，师部团部可没这种气氛。团长摩拳擦掌，说："我的机会来了！"我问这是何意，他答："打一仗升一级！"副师长平日自诩为中国巴顿，出口更是豪迈："士兵就是阿拉伯数字！"我与马玉龙相顾，无语。突然，马玉龙站起来："他妈的，太静了，静得不对劲儿！"他举起一个炮弹壳，猛砸桌子和床。又砸窗户。那些物什哭叫着粉身碎骨。他的举动立即瘟疫般地传遍全连。所有的战士都开始砸东西，摔暖瓶，扔装具。突击连翻江倒海。端的是狂欢，世纪末的。各种声响震耳欲聋，是一曲交响，关于生命的。团政委也来到突击连，这会儿却躲得远远的。誓师大会后，还有最后两项程序：一、官兵们谁欠有债务，写下来，一旦牺牲，这笔钱由组织代为归还。二、写遗嘱。司务长发下去的借款单，收回来后，无一人写一字。连马占福也没写。我问马玉龙："这是真实情况吗？"他说："不是，家里困难的战士多的是，只是大家不乐意欠共产党的钱！"遗嘱多是使用录音机。马玉龙给母亲录的话是："你曾告我，打仗时不要想娘，一想娘，就不勇敢了。儿一定要当英雄。儿从小就好强。到部队后，领导也一再批评我是个人英雄主义。我认为，个人英雄主义也在英雄主义范畴内。"马占福对着录音机啜泣，断断续续地讲了半小时。他口音重，我实在听不懂他讲些什么，但我清清楚楚地听见他每讲一句就要喊一声娘。他一共喊了二十六声娘。就在马占福声泪俱下录音的当儿，马玉龙吩咐一班长打响后一定要盯紧马占福。我猛然感到了一种残酷。我的双眼溢满泪水。临行前，喝壮行酒，又是一团死寂。只有马玉龙屋檐下传来燕子的呢喃。它们又在那儿筑巢呢。马玉龙冷冷地望了一会儿，捡起块石头掷过去。覆巢之下，燕子惊飞。

午夜，突击连秘密运动到山脚下，潜伏。马玉龙命令一班长紧挨着马占福趴在草丛中。凌晨，敌军朝这一地带打炮。一发炮弹击中马占福的隐蔽处。马占福负重伤。在敌人鼻尖下潜伏谁也不能动，只能眼睁睁地望着。马占福痛极了，把一颗手榴弹塞进嘴巴里，死死咬住。他像石头，纹丝不动。他流了那么多血，把趴在周围的战士衣服都浸湿了。发起冲锋时，马玉龙第一个跳起来，命令一班长："带着马占福，上！"马占福仍一动不动。一班长拎他的背带，哎呀，这样轻。马占福竟整个儿被拎起来了，原来他下半身被齐斩斩

地切断。他早已牺牲多时了。马玉龙率尖刀排直插主峰。战斗悲壮到了极点。马玉龙在敌军一处秘密掩体前被机枪打断双腿。全连被火力压制。马玉龙昂起血糊淋漓的头颅，艰难地向掩体爬去。连长惊觉他要干什么，高叫："一排长不要这样！"马王龙在向掩体机枪口扑过去的那一瞬间还来得及回了一下头，向着连长灿烂地一笑。这笑容像一道阳光，劈开了南中国的黑暗。直到今天这阳光依然灿烂。马玉龙身上被机枪洞穿了一百七十个窟窿。战斗结束后，马占福的遗体被抬下来，战士们想取出他嘴里的手榴弹，却怎么也取不出。他咬得是那样紧，以至于它成了他身体的一部分了。按民族风俗，回民是要土葬的，但马占福的遗体太惨烈，只能火化。火葬场拒绝火化，因为手榴弹会在火中爆炸，无奈，用手术刀切开嘴唇，才取出来。当战士把这枚染血的手榴弹放在我手中时，我突然感到一阵揪心裂肺的痛。我看见手榴弹钢铁的弹体上清晰地印着一排牙印。马占福是忍受了多大的痛苦才死去呀。这个总也吃不饱饭的回回是从哪儿来的这么惊人的令人恐怖的力量呢？马玉龙的遗体被抬到他住的屋前。战士们为他换衣。小心翼翼地替他擦拭身体。他的无神的眼睛一直凝视着灰暗的天空。我站在旁边，不忍睹。燕子又一次在屋檐下筑巢。燕雀不谙人间事，欢叫如常。战士用竹竿把刚筑好的窝捅下来。噫！奇怪的事情发生了。只见一只燕子箭一般地从空中俯冲下来，猛撞在屋檐上，发出"砰"的一声响，头溅血，死亡。大家尚惊愕，又有两只燕子用同样的方式撞向大门，俱死。我恍然，燕子三次筑巢不成，以自杀抗争。燕子的悲哀有谁知？人的悲哀又有谁知。最壮观的情景出现了。不知从何方飞来一群燕，在死去的燕子尸体上盘旋，当然也在马玉龙的尸体上盘旋。是那么多，快不见天了。叫声凄越哀惋。羽毛在空中飘浮，洒向人间都是泪呵。

部队给烈士家属拍了电报。马玉龙的母亲和未婚妻赶来了。她们到医院冷藏间看望亲人的遗体。白被单轻轻揭开，烈士面容如生。未婚妻嘤嘤哭泣。马玉龙母亲一滴泪未掉，突然扬起胳膊，"啪"地扇了儿子一个响亮的耳光，大声说："你这个不孝的东西！不是说好了你为我送终么？你怎么走到我前回去了啊！"随即晕厥过去。我被深深地撼动了。这个回族老太太羸弱的身躯内蕴藏着怎样坚强的精神力量呵。当晚，她命未过门的儿媳妇重新找人。好姑

娘，也是不屈的种儿，一句话不说，端起一盆清水，泼在地上，随即扑进母亲怀中大哭。我明白，这是回族风俗，暗喻：女子嫁人犹如泼出去的水，再难收了。马占福的母亲由于在西宁街头要饭，一时难寻，便派两名干部携带马占福的骨灰盒前往西宁。一日，经人指点，他们见到了马占福的母亲。他们的心被揪紧了。这竟是烈士的母亲：衣衫破烂不遮体。花白的头发像草窝。端一只碗，颤巍巍沿街讨饭。衣冠楚楚的人们从她身边过，无一理睬。干部抱着骨灰盒一边落泪一边在心里说："大娘，占福来看你了。"马占福叫了二十六声娘的录音带就在口袋里装着。干部几大放悲声，逃似的跑掉。他们终不忍把噩耗告诉老人。于是，马占福的骨灰一部分葬在了战地陵园，一部分静静地呆在华山脚下，他的团队里。老人是1994年去世的。十年中，她天天盼儿子的信，总盼不到。临终那一天，她嘱咐村里的人，如果儿子来信了，要代送到她墓里。

　　我冲动地想完成此事。我来到"二马"的团队。团政委已是师政委。我把我写的关于"二马"的文章给他看。看毕，他叹口气，说："今天我可以告诉你了，你也许不知道，马玉龙也是'夹带人'，归营里掌握。"我的血流凝固了。他接着说，语调沉痛："这种遗憾，你永远弥补不了了。"

关于格林纳达的对话

　　年轻的我和年轻的妻常常就一些问题展开对话，那对话也是年轻的．因为有争论。即使观点一致，也总有一人故意站在相反的立场上。没有刺激的对话就如同喝凉水一样无味。

　　妻子在美国留学两年，攻读美国与美洲历史。而我，也对那片神奇的土地和发生在那片土地上的神奇的事情有着浓郁兴趣。最近，格林纳达风云激荡。我们都知道二次新对话在所难免，甚至悄悄地作了准备。终于，一天晚上，我对妻子说——

1

　　▲（我的话。下同）两个世纪前，亚细亚某国一位著名的画家向皇帝献了几幅画。有一幅，画的是一颗炸裂的石榴。皇帝在这幅画前伫立良久，说："画得真好，我都忍不住要伸手了。石榴容易引起人们无穷的联想。它咧开的嘴像笑又像哭。火红的心是欢愉还是痛苦？"这大概是迄今为止对石榴最浪漫的评价了。地球上有一颗大石榴，它如今炸裂了，吸引的是全世界的目光。皇帝的见解是精辟的——有人觉得它在哭，有人觉得它在笑。我敢打赌，这颗石榴比画上的要好千万倍，否则，怎么会有那么多人，那么多次地向它伸手呢？

　　●（妻子的话。下同）我知道你指的是什么。你想给我讲故事？还是听我讲吧。有一天，一个白种人像飘零的鲁宾逊一样走上了一个小岛。海滩上正

在举行仪式。半裸体的印第安少女丝毫也没有因为陌生人的到来而感到羞涩，反而舞蹈得更起劲了。男人们站成一个圆圈簇拥着她们。圆圈中有一张石桌，一颗几乎被各式各样羽毛掩盖的头颅在石桌后面转动着，那是酋长。此刻，他脸上显出太阳神般的尊严。白种人从行囊中掏出三把斧头放在石桌上。

酋长抚摸着穿在鼻子上的骨圈，说："唔，真不错。就这些吗？"

白种人又拿出两瓶黄色的白兰地。酋长闻了一下，他的身和心全在这一刻醉了。"是神赐给你们这样迷人的水吗？"他问，吩咐侍卫把它们放在他个人祭神的宫殿里。那是一间任何人也不能涉足的草棚子。但，如果他知道这是巴黎市场上最低劣的一种酒的话，也许就不会这么做了。最后，白种人又掏出四、五颗玻璃球，就是孩子们用来作弹子游戏的那种玻璃球。酋长一脸惊喜。天上有一个太阳，这些玻璃球中也有太阳，每个都有，加起来有好几个呢。"够了！"酋长说，并做了一个手势。鼓声大作，少女们跳得更疯了。男人们则发出有节奏的吼叫。在这种狂欢的气氛中，人类历史上一桩最不公平的买卖做成了。几天以后，一封用火漆和羽毛封口的信向巴黎飞去。我记得信中有这样一段话，大意是：

……在大西洋靠近美洲大陆的地方，呈半月形地排列着一串小岛，最南端的一个叫'格林纳达'。'格林纳达'是西班牙语中'石榴'的意思。这个岛不产石榴，可它的形状酷似石榴，大概是最早发现它的伟大的哥伦布有感而发，才替它取了这样一个美丽的名字吧。岛上居住着加勒比族印第安人。在我上岛之前，他们拥有这个小岛，我拥有几把斧头，两瓶劣质白兰地和几个玻璃球；现在，我拥有这个小岛，而他们拥有斧头、白兰地和玻璃球……

这是1650年的事情。

2

　　▲菲德尔·卡斯特罗不一定知道三百多年前发生在那个岛上的故事，假如知道，他会悲哀的。历史的变化既令人眼花缭乱，又令人感到无可奈何。当年那个用一点不值钱的破烂货就可以买下来的岛屿，今天却让他付出了怎样的代价！你看，这是我从今天的《参考资料》上剪下来的一条消息，是古巴的一

份绝密文件，被美国人公开了。

> 我国在格林纳达人员组成情况：建筑部×××人，公共卫生部××人，教育部××人，农业部××人，交通部××人，国家合作委员会××人，渔业部××人，基础工业部××人，文化部××人，商业部××人，体育文娱委员会××人，中央计划委员会××人，革命武装部×××人……

●老天，一个部也不少！简直可以算是古巴在那里又建立了一个准政府。美国人是有警觉的。我留学时就听他们说过，卡斯特罗脚下有一个古巴。格林纳达是古巴第二。

▲你站在美国人的立场上？那我没别的路可走，只好替古巴人说话了。我记得他曾不止一次说道："革命是没有界限的，革命者的梦更没有界限。"他是在"革命"。

●梦是神奇的。"乞丐在梦中当皇帝，卡斯特罗在梦中拥有全世界。"

▲西方记者的这个评价不免刻薄了点，但卡斯特罗的梦确实是伟大的。早在60年代初期，他就宣布："古巴是要为整个世界做事的。"当时。西方把它看作梦呓。加勒比海上一个弹丸小国，既贫穷又落后，却口出此言，好一派堂·吉诃德式的气魄！一位美国参议员说："20年内，卡斯特罗甚至不可能让他的人民填饱肚子。"

●他们都对了。今天，古巴人民的肚子确实填得不是十分饱；今天，卡斯特罗也已经走向世界。古巴士兵在安哥拉和埃塞俄比亚的善战早为全球公认，可我认为最令卡斯特罗得意的却是在那个状似石榴的小岛上的成功。

▲言过其实了吧？

●一点也不。格林纳达扼加勒比海出入大西洋的门户，西与巴拿马运河遥遥相对，地理位置十分险要。在战略家眼中，它的名字与直布罗陀、马六甲、福克兰、迪戈加西亚具有同等分量。更重要的是，卡斯特罗在别的地方只能当兄弟和朋友，在格林纳达却当爸爸。你不要笑，事实的确如此嘛。1979年，激进的左派组织"新宝石运动"发动政变成功，像个初恋的情人一

般急急投入了古巴的怀抱。"新宝石运动"领导人毕晓普的话热得可以烫死人："对于亲爱的古巴兄弟，格林纳达的大门始终是敞开的。"这是致命的"敞开"啊，再加上阿谀的"始终"，哈瓦那海滩上的潮水铺天盖地而来，格林纳达霎时间被淹没了。这样的场景，人们在南也门和阿富汗已经见过。鲁巴伊和阿明在另一个世界里向毕晓普招手呢。卡斯特罗是挥舞着情人的红手帕走进格林纳达的，可是他发现迎上来的是一个那么屡弱的女孩子，于是他就做了她的爸爸。

▲卡斯特罗得到了他想得到的，同时也在付出他必须付出的——人力、物力、财力，以及他本人那在80年代明显衰退了的精力。

●得到时他是得意的，付出时他有些痛苦，因为他付出的正是自己国家所最需要的，一如是一个负了伤的人却还要抽血给他人。有人恨他给得太多。光是替格林纳达修建珍珠机场一个项目，就意味着向那个岛国每个居民提供500美元的援助。可是古巴自己呢？人民像大旱望雨一样盼着几十万套住房。物价已上涨到历史最高点。

▲你是站在别的国家的立场上看古巴，而卡斯特罗则不会这样。70年代初期，卡斯特罗已经豪迈地向世界宣布："古巴正在建设共产主义。"他肯定以为已经受了他的思想洗礼10年的人们，其思想觉悟之高，一定高过喜马拉雅山。譬如，据说卡斯特罗就提出，把适当提高物价作为政府号召人民开展"减肥运动"的一个步骤来抓。

●哦，谢谢你，帮我解开了一个谜团。去年我曾到古巴旅游，举目所及，全是细棍一样的瘦子。我直纳闷，难道是因为古巴太热，胖子都不愿上街吗？经你一点，我才恍然。原来是，卡斯特罗好细腰，人民爱减肥。

▲其实，大多数古巴人忧虑的是美国。格林纳达离美国近在咫尺，美国是绝不允许在它的后院再出现一个古巴式的政权的。古巴是一个醒了的梦，尼加拉瓜也是，格林纳达是一个半醒的梦。它要么醒来，要么破碎。美国的态度越来越咄咄逼人，曾直截了当地警告卡斯特罗：你运进格林纳达的武器，装备全世界的游击队也绰绰有余！美国人甚至准确无误地指出了武器库的位置。

●这要归功于天眼，天上的眼睛。据说美国的间谍卫星连地面上一个士

兵是否刮过胡子都能看清楚，这也许是言过其实的。但要把一个大武器库藏起来却是困难的。这是个无从躲藏、无所遁形的时代，我们越来越赤裸了。

▲至少有两个以上的领导人劝卡斯特罗在那个岛上要谨慎从事，其中有一个就说过类似的话。岂料这竟大大激发了他的意志和勇气。"当年我们7条步枪闹起义的时候，几乎也是赤裸的！"又是一句历史的名言，掷地有声！他对别人说，他不怕任何人，尤其不怕美国人。"美国有着世界上最强大的四肢，却有着世界上最软弱的意志。"那只老虎不是纸糊的，而是画的。"别担心美国人会干预我们在格林纳达的革命，"他告诫他的孩子们，"那不可能。美国人没有这个胆量，也没有那个力量。20年前，拉丁美洲只有古巴，他们尚不敢碰我们一下，今天不仅有古巴，而且有尼加拉瓜、格林纳达。萨尔瓦多境内正在进行决战。古巴已不是20年前的古巴，美国也不是20年前的美国。卡斯特罗比当年的卡斯特罗更卡斯特罗，而里根，还不如肯尼迪的一根小拇指头。"他不止一次用揶揄的口气问人们："你们知道里根是个什么人吗？"回答是："演二流电影的二流演员。""不，"他笑了，漂亮的大胡子颤抖着。"让我悄悄告诉你，那是美国历史上唯一一个离过婚的总统。"他瞧不起他，真心实意地瞧不起。一个大半辈子从事一种被人看轻的事业的人却当了总统，那真比无赖当了元帅还令人感到滑稽。这种事，只有在美国那个乌七八糟的国家才能发生。这样的总统，除了一天到晚把苍老的面孔涂抹得红红的，在摄影机前勉强地做作地微笑外，又能有什么作为？他难道不为他那种微笑心酸吗？

●被人攻击是痛苦的，攻击别人也痛苦。一个人如果常常把另一个人挂在嘴上进行攻击的话，不是恨他，就是嫉妒他，或者是怕他，而这一切，都会使自己痛苦。

▲最近卡斯特罗的确是痛苦的，一点不错，是因为美国引起的。他为格林纳达付出了那么多，换来的却是毕晓普对古巴的日趋冷漠。他不知道这是为什么。更令他不能容忍的是，前不久那家伙居然到美国蹓了一蹓！去时不请示，回来不报告，他莫非还想上天摘月亮不成？古巴是一团火，美国是一摊臭水。水火不相容。你不在火中燃烧，就在水中溺死。前者永生，后者遗恨，或者遗臭，绝不可能有中间道路可走！

一天晚上，卡斯特罗把一张白纸摊放在胸前，拿起笔来。那是一支能够震动世界的笔啊。南亚的丛林，阿拉伯的沙漠，非洲的山谷，处处可以感觉到这支笔的存在。一点墨迹，便是一场战争；轻轻一画，便在地球上的某一处刮起一股狂风。他首先写下"格林纳达"这个名字。那个小岛在这支强有力的笔下只有发抖的份。他久久凝视着它，笔尖点在白纸上，那不是笔，是一杆锋利的长枪；那也不是纸，是一个国家的胸膛。长枪刺进了胸膛，胸膛流血了，好烫啊。

●你的饱含诗意的描绘让我发冷。我又一次感到了这个世界的残酷，多数人的命运总是操纵在少数人手里，而这偏偏是最合理的。他究竟写了什么？

▲"当格林纳达局势失去控制时，古巴人接管该岛。"

●又一个先知式的断言。强人都是先知。他们不仅左右人民，而且左右明天，古巴人民倘若知道这一点，会作何感想？

▲这对他们来讲是一个坟墓式的秘密，因为它未必是永远的。第二天，又有一大批"借调干部"前往格林纳达……

●"借调干部"，一个多么冠冕堂皇的称号。这些天，我也屡屡接触这个词。从语态上看，它应当出自格林纳达政府之口，可人们却是从哈瓦那的辞海中找到它的。即使格林纳达人创造了它，也是20世纪的天方夜谭了。一个主权国家居然要从另一个国家"借调干部"？

▲资本可以输出，干部又为什么不呢？卡斯特罗在接见这批干部时，有一句话被他反反复复强调了十几遍："你们到格林纳达是革命去的！"清晨，公鸡叫了。古巴的鸡叫历来被当做战斗的号角。卡斯特罗亲自到港口送那些"借调干部"起程。他身穿草绿色军装，与即将出征的人一一握手，然后举起拳头做切·格瓦拉式的宣誓。人们用同样的手势回答他，并高唱革命进行曲："……在你们前进时高举着的红旗上，有我一滴血……"可歌可泣的史诗般的气氛笼罩着港口。卡斯特罗豪迈地对随从们说："在这些人当中，有多少未来的卡斯特罗？有多少未来的切·格瓦拉？"

●他看到的是战士，我看到的是烈士，而且是遥远的烈士。活人从这里离开，活人从这里归来，只是数目大大地打了折扣。死去的人将永远躺在他们

死去的地方，唯有一缕望乡的孤魂在空中哭泣："不得归！不得归！"卡斯特罗从不允许把在国外战死的人的尸体运送回国。他不愿意让人民看见他的牺牲品。许多可怜的母亲，直到死神叩门的时候还以为他的儿子在国外"革命"。殊不知，她给予的那个肉体早已腐烂、成灰。事实难道是这么残酷吗？

▲人们三番五次地把这件事情讲给卡斯特罗听。他是痛苦的。至少他说他是痛苦的。每到这种时刻，那张美男子的面孔都会苍白，眼里的光芒在告诉人们，他的心已被撕成片片。这是真的，如果不是，他就是一个绝顶出色的演员。接着，他开始给人们讲他的那个故事。他是怀着极大的真诚去讲它的。这种真诚感动了别人，更感动了他自己。

"革命需要牺牲。革命必须牺牲。你们知道这件事吗？切·格瓦拉有一条心爱的小狗，那是天使一般的动物。一次，敌人将我们包围了。夜间，我们悄悄地突围。快要接近敌人时，小狗突然狂叫起来，怎么制止都不行。格瓦拉声色俱厉地命令：'掐住小狗的脖子，掐死它！狗叫声必须制止！'战士们都没有动。他们都晓得那条狗是格瓦拉的另一条生命。他睡觉时甚至都搂着它呢。他只好亲自用绳子勒住小狗的脖子。起先，小狗快活地摇尾巴，但后来绳子勒紧了，小狗的喉咙里发出了嘶嘶的哀声，全身颤抖。格瓦拉的身子也在颤抖，手却没有松开。狗的眼睛里含着泪，他的主人，不，他的朋友眼睛里也含着泪。那最后的相互凝视几乎使地球停止了旋转。我不知道这一切拖延了多久，但大家都觉得简直长得没完没了。终于，小狗作了最后一次挣扎，便再也没有声音了。它长眠在一堆树枝上。它长眠在我们心里。我现在不能看见狗，尤其不能看见狗的眼睛。一看见它们，我就在冥冥中感觉到那条被勒死的小狗对我们的责备……"

卡斯特罗讲完这个故事，动情了。他坐在沙发上久久地垂着头。那颗坚强的头颅为谁而垂？当年，巴蒂斯塔的法庭宣判他死刑时，这颗头颅没有垂下；美国雇佣军在猪湾登陆时，这颗头颅没有垂下；震惊世界的导弹危机中，它也没有垂下。今天它垂下了。人性在这低垂的瞬间复苏了。他身边的那些人忽然发现，充满传奇色彩的领袖原来也是一个人。他的头发和胡子从来没有像现在这么蓬乱，还有白丝飘零。都说他的肩膀能担起日月，为什么竟如此瘦削？比一般人的还瘦削？

●卡斯特罗老了。"革命"老了；革命本不会老，但是卡斯特罗的"革命"会老。不仅我感到了这一点，一些古巴人也感到了。我知道至少有一位古巴姑娘是有这种想法的。她在这次格林纳达事件中是一个有名的人物。

3

●轮船在大海的胸膛上划出白色的伤痕。人们站在船舷望着越来越远的祖国，每一颗心上也有别离的伤痕。在许多张被加勒比海的海风吹得黧黑的面孔中，有一张白得惊人的美丽面孔。那是苏菲娅，船上唯一的女性。在那些黑塔般的肉体中，她宛如一朵娇滴滴的白莲花。黑与白，强与弱，对比如此强烈，竟使人从心底泛起一股柔楚。她身边的那些男人既令人憎恨，又令人担心，是不是也有一点令人嫉妒呢？这是男人是雄狮啊。可是，奇异的景象出现了：她轻轻挥了一下手，说了句什么，男人们全都离开船舷，慢吞吞地走回舱去。他们仍是狮子，却是马戏团的狮子了。原来，她是这批"借调干部"的指挥官。

刚刚毕业于马列学院的苏菲娅是个有头脑的姑娘。她在古巴认识了"革命"，又在"革命"中认识了古巴。卡斯特罗所描绘的社会太完美了，而太完美的东西在人间是不容易有的。那个社会在卡斯特罗的想象中诞生，在儿孙们的想象中死亡。啊，永恒的想象！她觉得：卡斯特罗的"共产主义"如果意味着坐公共汽车不买票，看电影看戏免费，那是滑稽的；如果意味着住房里既无卫生设备又无自来水，冰淇淋和鸡蛋只有过节才敞开供应，那就是可悲了。她是自愿申请到国外去的，当然是去革命。"国内没有革命，只有腐败和权力。"权力那玩意太吸引人了，它能吸引封建社会的人，也能吸引资本主义社会的人，却不懂，怎么连进入"共产主义"阶段的古巴人也能吸引？权力带来腐败，绝对的权力带来绝对的腐败。还是到国外去吧。她要去寻找，寻找诗意，寻找她的太阳，寻找一个发光的新生命。

当她的双脚踏上石榴岛的时候，一阵浓烈的肉豆蔻香味扑面而来。这香味曾经为迷失方向的古代航海家指点迷津，今天它是不是能为苏菲娅指点些什么呢？

▲至少可以告诉她，她现在身在异乡。

●你恰恰错了。那时她有一千种一万种感受，就是没有你说的那种。她离开了古巴，却来到了不是古巴的古巴。这个岛上的一切都带着哈瓦那的强烈印记。一个胖胖的少校去接她。在首都圣乔治郊外，少校骄傲地朝公路旁挥了挥手，说："以这条路为中心，左右的树木和茅草都是我们的，可以随便摘采。"苏菲娅被惊呆了。这像是主人在自己厨房里说的话，而不像是在一个外国的首都：少校的神情直令苏菲娅厌恶，一如是偷了人家老婆还不够，又冲进人家的卧室说：这张床是我的。

古巴人在这里受到普遍的尊重，但最尊重他们的还是他们自己。他们一点也瞧不起把他们请到这里来的主人。他们自己住，自己吃，甚至连抽水马桶也从古巴带来。卡斯特罗总是说："你们要同人民打成一片。"当苏菲娅看到一位军官把格林纳达人递给他的一碗水倒进自己随身带着的碗里，把人家的碗扔在地上的时候，她觉得这句话简直是冬天的童话。她悄悄看了看那军官的碗，好家伙，原来是来自欧洲的礼物！碗底镌刻着一行小字："保加利亚人民捐给亲爱的古巴阶级兄弟。"在格林纳达的每一个古巴人都使用这样的碗。让所谓的"打成一片"见鬼去吧，这是骗别人还是骗自己？哦，我们也有"打成一片"的时候，真的有，我们多情的骑士们常常把格林纳达的姑娘压在草地上，让她们的脸久久地朝着碧蓝的天空。那不是"打成一片"么？"征服世界的人首先要会征服女人"，这是谁的话？多么有理！你又笑了，可这不是该笑的时候。

▲你难道看不见我的笑中含着辛酸吗？

●还有更大的辛酸在后头。当天晚上，苏菲娅在古巴驻格林纳达大使家里作客。刚吃毕晚饭，大使说："对不起，我要开会去了。"苏菲娅问："什么会？""政府内阁会议。这种会我是必须要参加的。"苏菲娅沉默了，可是心里却掀起了波澜。一个外国大使，竟实际成了内阁的一员，这真是童话中的童话了。内阁是人民选举的，一个外国大使进入内阁，他得了几张选票呢？大使走后，苏菲娅问大使馆其他官员："这是国内的指示，还是他们的请求？"她得到了这样的回答："是菲德尔·卡斯特罗同志的指示！"

苏菲娅就下榻在大使馆。那些天，有一种异样的气氛笼罩着大使馆。电台彻夜工作。古巴的军人们在后门出出进进，格林纳达一些显贵们在前门出出

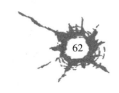

进进。苏菲娅预感到在不久的将来可能会出事。她对了。一天夜里，大使馆举行晚宴，喝得醉醺醺的大使和另一个官员在阳台上谈话，被她无意中听到了。大使说：

"毕晓普该死了。"

"什么时候死？"

"今年死。"

"今年几月死？"

"今年今月死。"

"今年今月几日死？"

"今年今月今日死！"

▲这真是历史性的对话，足以叫人记一辈子。在这个世界里，有多少人的生命是像这样在别人谈笑间被取走的？

●在那一刻，苏菲娅简直不相信自己的耳朵。杀只鸡仿佛也比这要费点劲啊。毕晓普？她见过他，那是一个温和的善良的人。那天他到大使馆来，出门时被一个衣衫褴褛的乞丐拦住了。卫士们企图拖走这个胆敢阻拦总理的家伙，可是他制止了他们。并掏出一把钱来递给那个乞丐。他甚至用手抚摸着乞丐肮脏的肩头，脸色很痛苦。他对人们说："国家里有乞丐，是我这个当总理的人的罪过。"他有一颗柔弱的心。也许正是这颗柔弱的心害了他。柔弱的心对于慈善家来说是金，对于作家来说是银，对于政治家来说是石头——不，是土坷垃。他请进来了古巴人，当他发现他们并不是天使时，却没有勇气把他们请出去。他只是不再对他们微笑了。对此，卡斯特罗是不能容忍的，他只能容忍微笑，而且是阿谀的。

▲其实，很多人都说，毕晓普对古巴和卡斯特罗像狗一样忠诚，他只是想把自己的外交搞得更灵活一点罢了。

●那就更容易解释了，他对他们像狗一样忠诚。而他们也把他像狗一样地杀了。这种事难道还少吗？你想想。不要光想古巴。

▲我不敢想。

●当时，苏菲娅不相信她听到的一切是真的，实则是不敢相信。卡斯特罗喋喋不休谈论的"国际主义"难道就是这种货色吗？如果这就是革命的话，

她宁愿被人革去自己的命而不愿意去革人家的命。她希望这是一个幻梦，可它偏偏是一个无情的现实。

就在她听见这些话的第二天，1983年10月19日，格林纳达发生了政变，毕晓普被政变军队逮捕，十几分钟后就被枪杀了。一切进行得如同外科手术般精确。这是一幕喜剧，又是一幕悲剧。有些人未出场便被确定要死去，有些人则被安排接受人们的欢呼。这幕剧里的演员是疯子，他们在舞台上认真表演着彩排过的悲欢离合；观看这幕剧的观众——它的名字叫世界——是傻子，它看得目瞪口呆；这幕剧的编剧和导演当然是骗子了，他的任务不是感动自己，而是感动观众。他成功了。他赚取了观众大把的眼泪和惊愕，还有许多很"实惠"的东西，尔后偷偷地笑了。当然，这不是最后的笑，因而也不是最好的。

苏菲娅怀着一颗破碎的心走向海滩。她听见了一个凄凉的歌声："被猎的兔每一声叫／就撕掉脑里一根神经／云雀被伤在翅膀上／一个天使止住了歌唱。"是格林纳达的老百姓在唱。这时候他们唱这样的歌给谁听呢？"被猎的兔"，何其生动而形象的比喻！那不正是一只被猎的兔子吗？谁是猎人？大使？不，他充其量是一只猎犬，猎人是那个住在哈瓦那的大胡子。

格林纳达的黄昏是美丽的。她站在海边。满天夕阳如火。火中的水，水中的火，像一片血的汪洋。她的理想和希望淹没在血中。古巴式的革命被溺死了。

4

▲无独有偶，几乎在这同一时刻里，另一个人也想到了血。白发苍苍的威勒先生站在佛罗里达的一个军港外，含泪注视着"关岛"号航空母舰驶进大海的怀抱。他的儿子在那艘舰上。"一艘航空母舰的血该是多少人的血？是多少母亲的儿子的血？"他在日记中写道，"这个世界上的血迹已经太多，多得连再多一滴也不能容下了。"以"关岛"号航母为主体的美国特遣舰队是驶向另一个半球去的。黎巴嫩是今天的凡尔登。阿拉伯人在那里流血，犹太人在那里流血，法国人在那里流血，美国人也在那里流血。有人害怕流血，有人希望流血。

全世界都注视着这支强大的舰队，注视着这支舰队要去的地方，而派出这支舰队要人却注视着另一个东西——那颗石榴。那石榴真好，惹得又一个人向它伸手了。毕晓普死后，格林纳达局势动荡，古巴有人在笑，美国也有人开始笑了。他们谁笑得比较好一点呢？有人提醒卡斯特罗注意美国，他却说："里根最多只能瞪瞪眼罢了！"不错，里根是瞪眼了，可是在瞪眼之后他又动手了。

●卡斯特罗并不真正了解他最强的也是最近的对手，这是一个悲剧。仅仅轻视对手是不够的。轻视对手等于轻视自己。固然，里根有很多被人轻视之处，譬如，他看报纸时首先要看他喜爱的漫画连环画；在回答记者问话时，他竟忘记了法国总统的名字；在他的椭圆形办公室里办公时，他总爱把办公桌最下面的抽屉拔出来，把脚放上去，还摇晃，那动作委实不雅观呢；即使是在最肃穆的会议上，他也能够毫无顾忌地把他爱吃的胶质软糖撒在桌上，一粒粒丢进嘴里。这是一个孩子，还是一个总统？这是那个社会堕落的象征呢，还是朝气勃勃的体现？这样的人在古巴、在苏联，能当上车间主任就不错了。可是，美国人民偏偏选了这样一个人来体现他们的意志！这一切，在古巴是被轻视的，在苏联更是被轻视的，但，被一个社会轻视的东西说不定在另一个社会里恰恰是受重视和欣赏的呢。

卡斯特罗牢牢记住了这些令人可笑的小故事，却忘记了一个大故事：里根是一个鹰派人物，他的成功是美国社会的产物。共和党提名让他当总统候选人，而且当选了，说明他们需要他，如果不，美国第40任总统也许就是卡特、爱德华·肯尼迪，或是其他什么宠儿了。当他在电视里激昂地说"我们要重新受到尊重"的时候，有多少美国人的眼睛潮湿了。美国需要重温旧梦，而里根就是拨转时针的人。他可能永远也当不了一流电影演员，但未必当不了好总统，当然是美国的。

里根早就注意到那颗正在渐渐变红的石榴了。石榴离他那么近，怎么能让别人轻易摘取？他有一条名叫萨姆的狗，狗鼻子里有一根豪猪刺，萨姆痛苦得天天哀鸣。古巴是一根豪猪刺，尼加拉瓜也是，格林纳达正在变成豪猪刺。上帝，那我可怎么活！这三个国家的地理位置形同一个三角，有人用"拉美铁三角"来描绘它们，够贴切的，但不尽准确，因为格林纳达那一角

还停留在矿石阶段，尚未变成铁。卡斯特罗正在拼命冶炼它。那些武器，那些派遣人员，那些经济援助，是风，是火，风风火火，炉膛正旺！还有那个尚未竣工的珍珠机场。"那是一个近四千米长的机场，"里根说，"我不明白在那个弹丸之地修这样长的机场派什么用场。那小岛一共有几个四千米？更令人忧虑的是，格林纳达根本没有空军，但这机场显然是为空军修筑的，那么，是为谁的空军？"

几年来，格林纳达是里根心上的一颗瘤子，不割掉它，他是不会睡安稳觉的，但他找不到手术刀。当今世界，战争借口往往比战争本身还重要，特别是对美国这样的国家而言。毕晓普被杀，格林纳达一片风雨飘摇，里根笑了，手里出现了一柄锋利的手术刀。

▲里根的借口是"保护侨民"，可那里的美国人不但没有受到威胁，反而被古巴军队保护起来了呀。

●卡斯特罗的做法多么像一个孩子啊。你从这个举动中难道看不出他内心的虚弱、不安和恐惧吗？我扇了你一耳光，却赶紧讨好般地抚摸你的脸颊，是不是为了更重更漂亮地再扇一下呢？

里根却不是孩子。确切地说，美国不是孩子。山姆大叔决定动手了。你别小看那个爱吃糖豆、爱看连环画的总统。在这样严峻的时刻里他仿佛一下子成熟了。他亲自作出了入侵的决定，迅速得近乎草率。他工作起来历来是迅速的，每次召开"工作班子会议"，舒尔茨、温伯格、布什等决定美国命运的人都是自始至终待在他的办公桌前。有人攻击他童心未泯，想省出时间去玩，可真的能省出时间去玩又有什么不好？你能吗？可是这一次入侵行动实在至关重要，是不是决定得仓促了一些呢？军方高级领导人表示忧虑："我们甚至没有格林纳达地图。"里根说："那是个旅游胜地，有张导游图就行了。"后来，美军果然是靠导游图攻占格林纳达的。另一位高级助手说："世界上最强大的国家对世界上最弱小的国家动用武力，可能会招致严苛的政治反应。"里根用坚定的口气说："我知道后果如何。我个人愿意承担任何后果！"更有人警告他："那是一个小岛。却是一个大丛林。"后面的话不说自明了：美国人对于丛林是有着痛苦记忆的，而对手又是打遍天下的古巴人，万一久攻不下，"第二个越南"的苦果谁来吞食？有几个总统就是在越南问题上栽了跟头的。里根

说："里根就是里根！"潜台词也不用说了：我不是肯尼迪，不是约翰逊，更不是"种花生"的卡特。10月24日深夜，开往黎巴嫩的特遣舰队突然锋芒一转，直指格林纳达。

▲10月23日，也是深夜，卡斯特罗床头的电话急促地响起来。不祥的铃声带来了不祥的消息。一个与美国关系密切的东加勒比国家的领导人向他透露：美国即将进攻石榴岛。

●有感于古巴的威胁日益逼人，有几个加勒比国家曾主动要求美国出兵。向古巴通风报信的正是这几个国家中的一个。当这样一个小国的领导人是多么难而又可悲啊。他恨卡斯特罗，却又不能不巴结他；邀请别人来打他，却事先叫他做好准备。这是一个强者的世界，生活在夹缝中的弱者，战战兢兢，冷冷清清，凄凄惨惨戚戚，害怕失去什么，也不敢得到什么。

▲卡斯特罗大吃一惊，像是看见太阳从西边冒出来。美国佬不是纸的吗？怎么玩起真格的来了？后来有人说，整整一夜，他的脸上没有一点血色。拿起笔签署一个文件时，手竟哆嗦得写不下去。这当然不是害怕，而是激动，如果这种说法是真的话。第二天凌晨，他亲自给里根发了一封紧急电授。电报中，他愤怒地谴责格林纳达的军事政变，指出毕晓普的被杀是残忍的，不能接受的。他希望与华盛顿保持不断的接触，并以最大的努力避免误解和冲突。

●我想冷笑，竟真的忍不住笑了出来。"英雄"也有气短的时候，我还以为那是一个顶天立地的男子汉呢。做出这种事他该是多么痛苦，我甚至都要同情他了。他亲自致电那个被他糟蹋得一塌糊涂的人，已是一耻，又指着鼻子骂自己，耻辱就更大了，可他全都吞了下去，是含着泪水吞的吧？他好苦啊。在这封电报中，我只看到了两个字：卑躬。

▲美国人的复电来了，同意卡斯特罗的建议。

●在拟复电的同时，特遣舰队像狂风一般地席卷了东加勒比。猛虎大摇大摆蹒跚而来，它的钢爪已经在咚咚地敲门了，在这种时刻你丢给它一块骨头，它根本不屑一顾了。它需要的是房中的东西。

▲其实，当美国的复电飞到哈瓦那的时候，美国突击队员的皮靴已经踏上石榴岛90分钟了。卡斯特罗气得大骂美国佬："杨基（Yankee）骗我！"

●没有人骗他，他自己骗自己。他拾起一块砖头去砸别人，却失手砸了

自己的头。

　　▲武装部队首脑、他的弟弟劳尔·卡斯特罗来请示他：是否需要派人增援格林纳达？他叹了一口气，说："不，没有必要。美国人太强大了。"

　　●哦，这位大人物方寸已乱，要不他就是另有图谋。二十多年来，从他嘴里吐出来的全是"强大的古巴"，怎么今天把这个鼓舞人心的形容词送给了仇敌？

　　▲劳尔问他："我们能做些什么？"他说："我们除了把古巴变成美国征服不了的堡垒以外，没有别的选择。"劳尔又问："那些在石榴岛上的人呢？"他用双手撕扯着头发说："那是一个又小又狭窄的岛，实际上不可能有退路。"

　　●他不是孟豪森，撕扯着自己的头发就能够把自己从沼泽里拔出来。曾经赋予他力量的雄心现在赋予他的是折磨了。以前，美国只存在于他的想象中，可今天他突然发现美国已从想象中走出来，活生生地出现在他面前。他一直俯视那个人，现在却被那人所俯视。他惶惑了，是不是也退缩了呢？20年前，一个说句话就能令世界爆炸的人在他的土地上退缩过，那一幕莫非就要颠倒重演？他对弟弟说的那些话，一定像刀子一样割他的心吧？那份凄凉，那份无奈，一点不漏地让我体会到了，还体会到了一种不驯服。他怎能驯服？

5

　　▲1983年10月25日的黎明到来得似乎比平日要早些。圣凯瑟琳峰刚刚在晨光中显露出身姿，一抹鲜红已经涂到了海平线上。苏菲娅站在珍珠机场外的海滩上，冷静地看着十余艘美国军舰像鲨鱼似的一点点逼近。她甚至觉得吹拂而来的海风也挟着血腥味。她在等待战斗，怀疑"革命"并不等于她已经站在了它的反面。她的太阳坠落了，可她并不拥抱月亮。

　　敌人来自海上，这里将爆发一场登陆与反登陆的战斗。她希望这里变成硫磺岛，美国人则期待着新的诺曼底。滩头，生命的滩头，你是胜利之门的锁匙！敌我都会为你而拼命。她把战斗力最强的一个连部署在滩头，美国人抢滩时，一定予以当头棒喝！

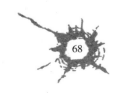

太阳完全从水里钻了出来，一抖身子，抖落了水珠，金光一片，好一个灿烂世界！在这个富有诗意的时刻，美军发动了进攻，那进攻也是"富有诗意"的：没有激烈的炮火，没有炒豆般的枪声，也没有那种原始的呐喊："冲啊——杀啊——"人往往在这声声呐喊中改变了自己的面目。海面上平静得近似清冷，但空中是喧嚣的。近百架直升飞机从不同的高度向这里飞来，发动机的轰鸣声演奏了一首战争交响曲。那电影般的场面真叫人难忘啊。那是蝗虫群吗？蝗虫群没有这般威风；那是海鸟群吗？海鸟群没有这般肃杀。哦，它们来自太阳，难道是阿波罗的战车？不，阿波罗的战车是美的和热的，它们则是凶狠的和冷的。

完全与苏菲娅预料的相反，美军根本没有攻击滩头，海面上甚至连一艘登陆艇的影子也见不到。他们难道不登陆了吗？

●他们当然要登陆，而且已经开始了。不过，这是80年代的登陆，完全异于以往。抢滩作战不用登陆艇来完成了，而改用机动速度更快的直升飞机。泥泞滩头上的反复争夺与冲杀属于昨天了，今天要在空中见分晓？

▲当前面几架直升机尖啸着从苏菲娅头顶掠过时，她意识到发生了什么。滩头即使是马其诺防线，这会儿也变成一件摆设了。堡垒的后面往往是软弱的。她指挥部队迅速向珍珠机场撤退，那里也有他们坚固的阵地。这时美军直升机开始着陆了。空中仍有36架装配着空对地火箭的直升机担任掩护，穿梭往来，将白云撕成片片。它们可以迅速摧毁任何一个用传统炮兵无法予以压制的目标。尽管如此，撤退仍是有条不紊的。

"滩头"刚刚失守，珍珠机场上空就出现了3架"大力神"运输机。苏菲娅知道这种飞机是专门运送陆军的，攻击机场的任务将由它们完成。她笑了。她蔑视美国兵，特别蔑视美国步兵。卡斯特罗说：美国的海军和空军有最先进的装备，虽不可怕，但挺麻烦，可美国陆军靠什么呢？被遗弃的陆军啊，最后结束战斗永远只能靠你的脚与手！卡斯特罗成功地让美国大兵的形象在古巴人民心中生了根：挽着袖子，那是煞有介事；嚼着口香糖，那是镇静自己；穿着防弹衣，那是怕死。地球上还有谁比他们更不堪一击？

"大力神"在500米的空中盘旋着。苏菲娅又一次鄙夷地撇了撇嘴。那是一个荒谬的高度。难道是伞兵跳伞？太低了，简直不可思议，不待伞开

人就摔成肉饼了。也许是侦察？它挺着个大肚子到这种地方来，是看别人还是叫别人看它？正当她暗自揣测的当口，突然一个小黑点从飞机肚子里抛了出来，紧接着，第二个，第三个，第四个……刹那间，蓝天中已是密麻麻一片。她无法相信眼前的情景是真的。那是伞兵，真是伞兵呀。500米，对于伞兵来说是危险的超低空，没有精确的技术和非凡的胆略，那便是用生命赌博。她后来说，当时她心里嘀咕着：这些家伙原来也不怕死。卡斯特罗不是说他们个个都怕死吗？

●每一个社会都有伟人，每一支军队都有勇夫。敌人如果都像卡斯特罗描绘的那么愚蠢，卡斯特罗还有必要给里根发出那样的几乎近于高挂免战牌的电报吗？拿破仑说他最大的悲哀是没有对手，就证明了他认为敌人都比他强，没有旗鼓相当的敌人，胜利不会快乐。

▲还是让我们回到石榴岛上来吧。伞兵们被大地的引力吸着，闪电般地坠下。他们全都是自己拉伞，一簇簇彩色的花朵开放在机场近空。苏菲娅命令开火，轻重武器一齐怒吼起来。空中出现了一道火网，但那是迟到的火网。伞兵们跳伞高度低，下降速度快，竟没有一个人被火网罩住，只有后面几个人的伞上弹孔累累，像马蜂窝一样。

又有一架"大力神"晃晃悠悠地来了。又是一个500米，它想再风光一回！苏菲娅大怒。那使你们骄傲的故事可一不可再。她命令所有的武器都瞄准"大力神"的肚子。这一次，要掐断你们的"花"！可是，更惊人的事情发生了。"大力神"在空中转了两圈后，突然一个猛子扎了下来。啊，原来它竟要与大地接吻！跑道上硝烟弥漫，不时地有嗖嗖叫着的炮弹和曳光弹掠过，再者，那是一条未完成的跑道，"大力神"，你不想要命啦？

如注的弹雨封锁着跑道，"大力神"却若无其事地降临人间了。它一头冲进弹雨，又一下冲了出来。轮胎与跑道剧烈摩擦发出刺耳的嗞嗞声，像冷笑。飞机尚未停稳，就有两个人跳了出来。立即，他们的身影被一排机枪子弹切断了（后来苏菲娅知道其中有一个是"近战突击队"的指挥官），但后面的人仍然不顾一切地跃出飞机，向这里猛扑。苏菲娅清楚地看见那一张张绘着油彩的脸上挂着疯狂的表情。这时，一丝痛苦噬着她的心：卡斯特罗欺骗了我们。

●战斗是残酷的，但美军的攻势锐不可当。在格林纳达的古巴人大都是训练有素的正规军，甚至有一支御林军式的"卡斯特罗部队"，这支部队中许多人曾经在安哥拉和埃塞俄比亚用鲜血书写光荣的履历，可是，他们发现，今天要重演当年的胜利实在太困难了。他们面对的再也不是窝窝囊囊的装备极差的敌人和尚未开化的氏族部落人，而是拥有世界最先进技术和武器的美国人。他们一直被教育不要害怕那些家伙，但仅仅不害怕就能克敌制胜么？

▲苏菲娅，当然还有其他在格林纳达的指挥官，一直用电台与哈瓦那保持着密切联系。卡斯特罗几乎每一分钟都向有关方面下达指示，无非是两点：一、坚决地勇敢地抵抗美国人的入侵；二、不派增援部队。

●卡斯特罗有一句名言："勇敢，勇敢，更勇敢。"这种精神是划时代的。每时每刻，他都忠于这种精神。只是，他应当看到，现在已经不是他7条步枪打天下的时候了。那个年代，7条步枪加上勇敢精神，他可以走向世界。今天，让他将7条步枪乘以100倍、1000倍，看他能解决问题否？在他的"勇敢"的命令下，古巴士兵血流成河。他们的死的确也是勇敢的，萨林斯角的古巴守军全部战死。珍珠机场上最后一个据点被攻克时，美国兵发现了6具古巴人的尸体，他们至死都紧紧地集体地搂着古巴国旗。

苏菲娅终于认识到继续抵抗是徒劳的。尤其是当她看到同胞们的死变得愈来愈没有价值的时候。她直接向卡斯特罗拍发了急电："请即派飞机来，以便我部撤出重围。"

▲卡斯特罗的回电简短而有力："所请不准，必须坚守阵地。"

●坚守阵地？说得轻巧，你怎么不来试一试？为了胜利，可以坚守。如果没有胜利，又为什么而坚守呢？为坚守而坚守么？她愤怒了，第二份电报越过海洋向祖国飞去。电文是："请准予放下武器，中止抵抗。"

▲卡斯特罗的复电是："所请不准，为保卫革命的光荣，坚决抵抗到底！"

●苏菲娅忽然意识到卡斯特罗所希望的是什么。绝望的抵抗只能带来死亡，而他们只有去拥抱死亡，才能给他带来安慰。卡斯特罗的革命，目的竟在这里么？她终于认清了那个殿堂，但，是在它已经成为废墟时才认清的。她感到冷。心上的火已完全熄灭，因此才这样。激情消失后，凡夫是感到困倦；软

弱者是悔恨；勇者是死。她是勇者。她想死。她不战斗了，等待着美军来取走她的生命，但她却做了俘虏。

▲其余的古巴人仍在战斗。卡斯特罗的指示源源不断地通过电波传达给他们。只要他们觉得卡斯特罗同他们在一起，他们就有了无穷的勇气。一个指令还在被执行着，他们就开始等待，不，盼望另一个指令，像海上的夜空忠诚地等待旭日重升一样。

●卡斯特罗是同他们在一起，至少他的精神和他的命令同他们在一起，可是他们吃了败仗。他的对手与他的做法完全相反，却取得了胜利。里根总统在做出入侵格林纳达的决定后，去睡觉了，走进卧室前，郑重地对助手叮嘱道："今晚军队就会在格林纳达登陆，但不管顺利与否，都没必要叫醒我。即便是明天、后天，或是其他关键的几天，也没必要让我每分钟都看战报。"白宫发言人曾向世界宣布了一个惊人的消息："信不信由你，里根总统每天得到的有关格林纳达的情况与普通大众一样多。"也许不要怀疑这条消息的真实性，据说，里根甚至根本不听他的工作班子为他作关于格岛局势的报告。军队得手后，一位高级人士曾建议他给入侵部队司令麦克唐纳打个电话表示祝贺，遭到他断然拒绝。他说："直到他们把事情干完，我不会打扰他们。"当然，他不懂战争，但他不装懂，这不可悲，可悲的是不懂装懂。政治家就是政治家，军队就是军队，一泾一渭，分明得不能再分明了嘛！

军队把在格林纳达的事情全部干完之后，里根才听取汇报。在这种时刻，他对于军事问题依然是冷漠的。他最详细地询问的是美国士兵的伤亡情况。汇报结束后，他只说了这样一句话："死伤人数很少，这很好，但即使是一个，也是悲惨的代价。"这就未免是惺惺之态了。里根果真爱惜人的生命，就不该作出入侵别国的决策。因为伤亡早就包含在他的决策之中。至于格林纳达的无辜百姓死伤多少，美国总统是不大关心的。

▲代价是悲惨的，却比里根认为的要大。军事上，美国得到了那样多；道义上，又失去了那样多。军事上的得到将来还会失去，而道义上的失去将永远不会再来。

●卡斯特罗也付出了代价：他不得不接收落在美军手中的古巴人，活着的和死去的。这是一场世界知晓的战争，再对古巴人民说只有生者，没有死

者，恐怕连幼儿园的孩子也要摇头了。对他而言，这是一次失败，可他巧妙地利用了这次失败，又获得了小小的成功。烈士棺木运回古巴的那些日子是悲壮的，激昂的，《为祖国而死等于活着》的歌声在每一个角落震响。民族主义情绪达到了不可遏止的地步。他要求古巴人民在这些天放弃休息，"志愿"工作，不领加班费，用他们的无偿劳动来向在格林纳达死伤的同胞致敬。于是，全国的工人和农民都这样做了。人民未必出于自愿，但献身是他们的天职。他们占有精神，国家占有财富，卡斯特罗占有他们和国家。只是有一个人他已经无法占有了。

▲苏菲娅！她怎样了？

●她没有回国。她将在另一个新地方寻找她的诗意，她的太阳，她的生命。

海水下面是泥土
——李大维讲的故事

我在《当代》发表的《黄植诚少校》，全国有近百家报刊、电台转载转播。

李大维自台湾归来不久，《当代》编辑部刘茵同志就来找我。

"亚洲，再来一篇怎么样？"

故事是不能重复的，无论多美丽。同是台湾青年，同是飞行员，又同是驾机起义，美丽则美丽，会新鲜吗？我说："我怕写不出新意。"

"会有新意的。你注意到了吗？"

"什么？"

"眼睛，他的眼睛。"

电视里，报纸上，那双深邃而略含忧郁的眼睛早为大家所熟悉。

"他的眼睛告诉我，"她说，"他有自己的故事，而且一定生动。他的故事不会和别人一样。去找他吧。"

我去了，把来意告诉大维。他笑了，说：

"写我干什么？我给你讲一个我所知道的故事吧。那才生动呢。"

"什么故事？"

"关于一个台湾青年。"

"叫什么名字？"

"真名字就不说了吧，他有一个绰号：少校。我们都这样叫他。"

"少校？"我一惊。

74

"那是张学良给他起的。"

"张学良？"

"他俩有一段交往，还挺深呢。我看过他写给张学良的信。让我从这封信说起吧。"

他的故事不仅美丽，而且是全新的。于是，我又写了一个"少校"。

一、给张学良的信

张伯伯：

永别了。

是的，永别了。在你面前，爸爸说"再见"，你说"再见"，我也说"再见"。其实，我在骗你，爸爸在骗你，而你，也在骗我们。这里的"再见"是一个多么虚伪的字眼，又是一个多么残酷的字眼。我们都心照不宣，什么"再见"，另一个世界里"再见"吧，或者，梦里"再见"吧。

将近半个世纪了，你的同龄人演出了人生舞台上的一幕幕悲喜剧：胜利，失败；权力失而复得，得而复失；悲壮的死，怯懦的生；有人死了却活着，有人活着却死了，几多悲欢，几多离合，好不绚丽多彩！可是你，拥有的却是一座巴士底，现代的巴士底，永恒的巴士底！

人民的意志被强奸的时代一去不复返了（一去不复返？一个大大的问号罩着它），然而，你的意志却被强奸着。原谅我使用这么丑恶的词。丑恶的却是惊心动魄的，有人会为它汗颜。张伯伯，你失去了一个人最不应当失去的，你得到的是你最不愿意得到的。在你的前半生中，你安排中国的命运，至少是半个中国的命运，而你的后半生却要由别人来替你安排。你只能在想象中见你想见的人，而想见你的人也只能在想象中见你。

因此，我说"永别"。

爸爸是"保护"你的警备司令部保安处长。你说你的岁月是"流水"，你身边也流水般地走过了多少保安处长。你的时光是流水吗？为什么对他们那么吝啬？他们与你相伴，少则一天，多则一年，唯独我爸爸，在他们中夺得了金牌——六年。只有一点，我知道爸爸与他的前任们是相同的：他们在你面前

都是昙花，都只能一现而已。奈何！

这几天，爸爸心情不好，走路老低着头，像遗失了钱包。我却像遗失了整个世界。爸爸不愿意离开你，可是他只敢叹气。我也不愿意离开你，但我蔑视叹气。英雄是不叹气的，你就从不叹气。我想哭。我历来认为属于我的东西中，眼泪最昂贵。我愿把它献给你！我只把它献给你！

你是有魅力的。你的风采折服过中国，世界也曾在你面前震颤。无论是谁看你一眼之后，就再也无法把你忘掉。而我，同你一起生活了四年，后两年我去台北上了军校，但几个假期都回到了你身边，更何况，这是我走向成熟的两年。岁月如歌。孩提的岁月是牧歌，成熟的岁月是《离骚》。那种对比颇有山中一日，世上千年的味道。因此，这几个假期是最后的，也是最好的。

人的生命是一根蜡烛。我的生命之烛燃得最亮的时候，就是这几年。与你相处的一幕幕，虽逝去，却难忘！

我刚来的时候，就发生了那个著名的"鸟笼事件"。是的，他们把它称为"事件"，独独瞒你一人。

你捉了一只鸟，又买了一个笼子，把鸟放进笼里，然后派人送到老头子那里。呵，笼中鸟，你不是在暗喻自己吗？小鸟是痛苦的，它要挣脱囚笼。你也是痛苦的，你也要挣脱囚笼啊！在那一刻，我只感到了这个世界的无情。小鸟是你的猎物，你是老头子的猎物。原谅我这么说，当时我就是这么想的。我憎恨猎取，同情被猎。

老头子收下了你的鸟和笼子，又派人送来了一个更大的笼子。

他说：

"你再捉鸟吧，我有的是笼子。"

"我有的是笼子"，好钢口！今天，这已成为他的一句名言。囚笼有两种：一种在栅栏之内，一种在栅栏之外。绝大部分人生活在后一种囚笼内，生活在大千世界乃至宇宙之中，你却生活在前一种囚笼内。你是真正的不幸者。

当你接过那个更大更沉重的鸟笼时，脸上平静得没有一点表情，只说了一句：

"可惜了一只鸟儿！"

你见到我爸爸时，又说：

"我不好。我害自己还不够，又害了一只鸟儿！"

我突然理解了你。你的猎取是无奈的，甚至是痛楚的。你为了自由，才使一只小鸟儿失去自由。但你们都没有自由。你同情失去自由的小鸟儿，我同情失去自由的你。

自由，闪光的字眼，美丽的字眼，骗人的字眼，极富诱惑、极富煽动的字眼，它引了多少人为之折腰！那些天，我重新认识了它。

从那时起，我对自由产生了一种近乎狂热的恋情。也许有一天我会像你一样失去它，因此我现在才要加倍欣赏它，享用它。我有一个习惯就是在那时养成的：无论多冷的夜晚，睡觉时也要把所有的窗子打开。紧闭的房子不也是囚笼吗？我需要呼吸自由的空气，即使在睡梦中也需要。

后来的几天，你是在反躬自责吧？我看见你钓鱼时，每钓一条，随即又放回身后的山洞里去，如此反复。我还看见，有一位警卫人员捕捉了一只鸟，你用钱将鸟买下，在手中抚弄良久，然后放了。小鸟扑簌簌地飞向蓝天。你的双目凝望着，你的双手僵凝地伸展着，像要拥抱蓝天。

这情景，将我的心碰撞得痛楚极了。我更加同情你。你也向往天空，那是一个多么自由自在的去处！可是你没有天空，你将永远没有天空。此后，你绝口不谈"西安事变"和一切政治问题，潜心研究明史，研读《圣经》，听京剧。你对兰花还格外偏爱，你说过："兰是花中的君子，其香也淡，其姿也雅。正因为如此，我觉得兰的境界幽远，不但我喜欢，内人也喜欢。"你养了那么多兰花，足有二百多盆。购兰花、养兰花、放兰花……张伯伯：你，一位叱咤风云的名将，就是这样打发日子！在那以后不久，老头子撒手人世了。人们都以为，他的死，是你的解脱。在我们这个世界上，死亡是消除隔阂最好的办法。死亡甚至会引来仇敌的赞美。不幸，这想法过于简单和天真了。老头子在临终前同他的儿子（那个即将成为另一个老头子的人）谈到了你，只说了四个字：

"不可放虎！"

最初听到这句话时，我竟激动得不能自持。张伯伯，你不感到骄傲吗？我若是你，我会笑，会满足。他把你比作一只虎。一个人在被囚禁了近半个世纪之后仍被别人看成虎，那是怎样一只虎呵。五十年，好长好长的岁月，你老

了，瘦了，可你依然八面威风！你是被囚禁者，神经并不脆弱，倒是囚禁你的人神经是脆弱的，他至死不敢放你！在这一刻，我心中突然涌上来一个奇想：你不是他的猎物，他反而是你的猎物！

我们的接触渐渐多了起来。新竹山中是荒凉的，山间小路上，常常只有我们两个人的身影。当然，还有一些身影隐没在树丛中。大人们不敢接近你，我敢。孩子是天使，禁地对天使不设防。我们相处得非常融洽。那时，我爸爸的军衔是少校。一天，我穿爸爸军装照相，恰被你看到，你笑了："嗬，又多了一个少校！"从那以后，你说戏谑地称呼我"少校"了。渐渐地，大家都这样叫我，我的名字反而没人叫了。

有一天，我问你：

"张伯伯，你几乎被关了一辈子，究竟是什么道理？"悄悄看了你一眼，我又问，"你甘心吗？"

你说：

"甘心。君叫臣死，臣不得不死，就是这个道理。"

你笑了。我实在无法形容那是一种怎样的笑，有些阴沉，有些嘲讽，还有些辛酸。说话时，你显得多么轻松；笑时，你又显得多么沉重。后来我才明白，你用一句轻松的话勾勒出了一个多么沉重的故事！这故事太沉重，也太快，快得一千零一夜也道不尽。谁是君？谁是臣？莫非还有一个王朝？真是童话呵，不过，它是一个在冬天里讲的童话，让我心里发冷。

我说：

"这种事，在别的地方不会发生吧？"

你没回答我，却说了这样一句话：

"这里是被遗忘的角落。"

"这里？"

你指指脚下：

"这块土地！"

你脸上浮现出一种愤慨的表情，让我吃了一惊。你恨这块土地吧？你恨，我觉得。它毁了你，亏待了你。

"这块土地太古老，"你接着，"古老得使它的人民认为生活在回忆里

才是合理的、骄傲的，于是，重复便成了他们的专利。今天是昨天的重复，明天是今天的重复。"

我必须承认，当时我完全不理解你的话，今天也不完全理解，但我愿意理解，我所遇到的一切也帮助我理解。这是一块神奇的土地，每个人都用自己的标准评价它。你的评价最神奇。

很快地，我发现我对你有一点误解。我以为你恨这块土地，可是我错了。你爱它深深地爱它，恰恰是由于你太爱它了，你才会在爱过它之后又恨它，恨过它之后反而更爱它。这是一种多么复杂的情感。

那天，我写了一首关于你的诗，拿给你看。开头是这样的："伯伯/你是军人/永远的军人/可是你已经打完了属于你的那份战争……"

你的眉头忽然一拧：

"不对！"

我愕然。我实在有些糊涂了。你说：

"他们走了，又来了。这一回，他们不是用三八枪打开我们的大门，而是用丰田小汽车、索尼录音机、三洋电视机，还有他们的歌！时代换了，武器换了……"

我想笑，但笑不出来。我不敢苟同你的看法，但我理解你和你那一代。

你又说：

"看见他们踏上这块土地，我就想发怒，想喊叫……"

也许你的观点是荒谬的，可是我感觉到了一颗发烫的赤子之心。是的，感觉到，因为我的心也热了起来。

你不再睬我了，用眼睛死死地盯住前方，好长时间不眨一下。我诧异了，问：

"你怎么啦？"

"你看。你看到了吗？"

"看什么？"

"我们这块土地，是亚洲的心脏，亚洲的胸膛。你看，异族的长矛刺进了它。它流血了，流了好多血。我们的血是烫人的。"

这惊心动魄的情景我看不到，你看得到。但我从这些话中看到了民族

魂。你最有权利说这样的话。家仇，国仇，还有因这两种仇而派生出来的你个人五十年的耻辱，你是历史长河中伤心的过渡人。

张伯伯，五十年呵，你觉得伤心吗？我都替你伤心了。"伤心复伤心"。每当我看见你一个人蹒跚而孤零地踯躅在山间小道时，鼻子就忍不住发酸。

一次，伴你散步时，我说：

"张伯伯，我真可怜你。如果你不被……"

谁知你的面孔马上变得严峻了，甚至含着一点轻蔑，训斥道：

"这是什么话！"

我不知所措，不敢吱声。我们默默而行，良久，你才说：

"我不要听这样的话。我，可以被人恨，可以被人爱，就是不可以被人怜！"

我心中一震。

小路上出现了一群鸡。

"你看，"你说，"领头的那只鸡。"

那是一只雄健而美丽的公鸡，昂首阔步，鲜红的冠子仿佛在滴血。

"多傲啊，"你说，"每只公鸡几乎都在刚刚长成之后就被割杀，可它们的眼睛中却没有任何一点历来命运的阴影。鸡尚且如此，何况男子汉大丈夫？"

我凝视着你的眼睛，那是双与世隔绝的眼睛，久违了太阳，却没有一丝一毫的阴影。再仔细看看，岂止是没有阴影？那里面燃烧着火，燃烧着太阳的光焰！

我最强烈地感觉到这一点是在那一个黄昏。那天，你的十几个部下来看望你。他们都是东北军的将领。东北军，一个被遗忘了的名字，一首悲愤的歌。它最先投入那场民族的战争，却最先从战争的舞台上消失。白山黑水，它的家乡，竟成了它的朱仙镇。令人可憎的金牌，何止十二道，把它调到另一个战场。空怀壮志，纵有宝刀，却斩不得楼兰！近代中国史悲剧迭出，它演了一出悲剧。

面对旧部，你无言。整整一下午，我清楚地记得你只开了三次口。自你

身陷"图圄"以后，他们是第一次见你。我期待着暴风雨。谁知你只淡淡丢出这样一句话来：

"日子是无声的，所以言辞显得笨拙了。山居是无人的，所以礼仪也疏忽了。来，无妨，去，亦无妨。"

我不理解这些话，但我发现那些人是理解的。

你领着他们参观你的居所。一路无言。当来到你潜心钻研《明史》的书房时，你站住了。几千册有关明朝的书籍在书架上望着你，沉默着。一个王朝沉默着。历史沉默着。你和你的旧部也是历史，你们也沉默？

你忽然转过身来，说：

"学良是东北父老的不肖子孙！"

哦，你在对历史发言？

人们骚动了。有人高声道：

"不，少帅，你是东北的骄傲！"

少帅！这名字好响亮！拥有这名字已经够骄傲了。

人们对这句话报以掌声。屋里的气氛陡然变得热烈起来，可是你又沉默了。

黄昏时，要分手了。那些人情绪十分激动。他们都是垂暮之人，这是他们五十年来第一次与你相会，也将是最后一次。踏着夕阳归去，便是人在天涯。别时难，相见更难！

他们都哭了，像孩子一样地哭了。

你不为所动，依旧不发一言。在那一刻，我觉得你是残忍的，但我马上意识到这不是你的过失。悲惨世界是残忍的。

你们一起来到院子里。你不愿再送，挥了挥手。你不能够挥走你的子弟兵。在你行将转身时，一声声令人心碎的呼唤留住了你。"少帅！少帅……"

你望着他们，他们望着你。含泪的目光像一张网罩着你。你的目光是冰凉的，可我还是从中看到了痛苦，看到了挣扎。你要挣出这张网。

哭声变大了。我觉得似乎只有从女人身上才听到过那种发自生命深处的痛哭。

起风了。枫叶纷纷落下。猩红的枫树也在落泪？不仅有泪，还有血啊。

有一个人哭得几乎控制不住自己，要跪在你面前。你大喝一声：

"起来！"

那人如受电击。大家也怔住了。

你又缓缓道：

"男儿膝下有黄金。"

你再次挥手，又引起哭声。忽然，你厉声道：

"成三列纵列，列队！"

大家茫然。我也怀疑自己耳朵出了毛病。

你重复了一遍。

他们毕竟是军人，军人对于命令是敏感的。尽管他们不胜惊诧，还是在你面前排成了三列纵队。

你用炯炯的目光逼视着他们。当年，你身披猩红大氅，腰佩短剑，勋章与日月争辉的时候，也是用这种目光逼视他们的吧？这目光让人感到尊严，感到力量，感到一种决胜千里的气势。懦夫也会在它的逼视下勇敢起来。我看到，旧日的将军们停止了流泪，开始抖擞精神。一颗颗头颅扬向夕阳天。晚风揉乱了他们的白发。

"向后转！"你发令。你声音苍哑，绝不雄壮，可正是这种苍哑，令人感动。我觉得那是一种超级的雄壮。你青春已逝，我看到了比青春更骄傲的东西。

将军们挺起了久久不曾挺起的胸膛。这些胸膛曾经面对过异族的刺刀。今天，前面也有刺刀？

"开步——走！"

没有了屈辱和悲愤，只有盖世的风流！霎时间，空间变小了，人生短促了，距离消失了，这儿不再是新竹的山坳，纵然山清水秀，却那般纤细、柔弱；这儿是沈阳的北大营，有些肃杀，却有一种粗犷的美！你的眼睛虚眯起来。你在检阅。受阅人是老迈的，但精神却年轻。你露出了庄严的笑。我知道，在你眼中，这三列纵队是你的八千江东弟子和旌旗十万！

他们走了。你一直目送他们，直到那些身影完全消失，才转过身来。这时候，你落泪了。

我也落泪了。

这一幕永远留在我的记忆里。

那天夜里，我睡不着，又悄悄来到院子里。夜是冷的，可是我不觉得冷，因为这是一块发烫的土地。白天，这里曾经燃烧过烈火。热气灼着我，我的身心也在燃烧。你是虎，这里是平川，但你英雄本色犹在。大将军横刀立马，气盖万夫之敌！你永远不会被犬欺。做人要做你这样的人。

我一直在那里站着，想着，直到晨光把天肚剖开。

张伯伯，在即将与你告别的时候，我想对你说的话有很多，但最想说的已经说了，暂时打住吧。爸爸催我多次了，我的手也发酸了，说一句俗气的套话：草草不恭。我还会再提笔的。

您的"少校"

二、爸爸

少校说：

"孩子心中的王国总是被两个偶像统治着，爸爸是国王，妈妈是王后。我只有国王，因为我从小没有妈妈。爸爸既是我的爸爸，又是我的妈妈。有人说，男孩子多半是恋母的，我则恋父。"

妈妈刚生下他就出走了，走得是那样彻底，家中甚至连一张照片也没有留下。他只能在想象中勾勒她的形象。"上帝不能到每个家庭，所以创造了母亲。"这是人们最爱说的一句话。这句话把母亲比作上帝。每当他听见它时，总会感到茫然：他没有见过上帝，也永远不会见，他也没有见过母亲。上帝和母亲一样遥远，一样陌生。他只熟悉爸爸。

从少校记事的时候起，耳边就老是响着爸爸为他唱的儿歌：

> 爸爸的头，
> 像地球，
> 有山，有水，有河流……

他太熟悉那颗"地球"了。爸爸高高的鼻子，在他眼中是大山！爸爸的眼睛，是无垠的湖。渐渐，他意识到，自己的头也是地球。一天，他偶尔和爸爸一同站在镜前，呵，那是两颗多么相像的地球！

他和爸爸不光是形似，甚至"心似"！他有一个毛病，每当累极了的时候，右手食指就会不停地抖动。一次，爸爸带他去爬山，他们一口气冲上山顶。大山睡在了他们脚下，他们睡在它头上——累坏了。这时，他的右手食指剧烈抖动起来。他把手伸向爸爸：

"你瞧！"

爸爸微笑着，慢慢伸出自己的右手：

"你瞧！"

蓦地，他的心不跳了。爸爸右手的食指也在抖动，和他的一模一样。

一大一小两只手平端在空中，快要接触。这是第几类接触？都说第三类接触是心灵的接触，那这一定是第三类了。这一刻，他想，我是爸爸生命的延续，我的血管里流着爸爸的血。

爸爸不仅给了他肉体的生命，更重要的是，给了他精神的生命。有几件事是他永生难忘的。

爸爸常给他讲《三国演义》中关云长的故事。孩提时，那是他第一个偶像。有人讲关云长，讲尽了骄傲的千里走单骑，战官渡，水淹七军，单刀赴会。爸爸也讲这些，但他最爱讲的却是别人最不爱讲的——走麦城。麦城，耻辱的城，那是关云长的滑铁卢呵。爸爸并不这么认为。

"没有麦城，就没有关云长。"他说，"他在麦城完成了自己的塑造。尤其是在麦城空中的呼喊：'还我头来！'喊出了一种千古的英气。他并不是珍惜自己的头颅，而是壮志未酬，心有不了的遗恨！这是多么伟大的人格！"

爸爸曾在戴笠手下供职。抗日战争时，他曾是军统派往河内刺杀汪精卫的特别行动组的成员。来台后，他转入警界，负责城市治安。他是蹚过大海的人，如今却来小河沟了。光听听他的名字，就足以使那些太保们不敢闭着眼睛睡觉。他的辖地是城市西区，他最爱说的话是："西线无战事！"

他调到张学良将军处后，西线不太平了。他的继任捕了几个人，但为此付出了最高代价：一夜，在自己家里，被太保们捅了十三刀。

葬礼上，同事们都哭了，爸爸却一滴眼泪未掉，冷冷地说了一句："还我头来！"

不知怎的，少校觉得声音是从空中传来的。关云长的声音？

那些日子，天一黑爸爸就换了便服出去，整夜整夜不归。

"爸，你在做什么呢？"一次，他问。

爸爸沉吟片刻后，说：

"寻人。"

"谁？"

爸爸伸出小拇指晃了晃。

他恍然。

一个星期六的晚上，爸爸叫着他的小名说：

"阿宇，今晚陪我出去一下。"

他有些不情愿。那一阵，卡通片《霹雳神童》风靡台湾，对于刚刚十六岁的他，很有吸引力呢。

"爸爸，去哪里呀？"

"我找到他们了。"

哦，去抓人。

"你干公事，我去合适吗？"

"就我们两个人，别人不知道。"

他吃惊地睁大了眼睛。

"爸，你究竟要干什么？"

爸爸解开西服，一柄乌亮的左轮手枪在胸前一闪。

动枪的干活！果然去抓太保！少校想，竟要带我！我不是警察，我只是警察的儿子！

足有十几秒钟，他站在那里一动不动。倏地，又一个想法跃入他脑中：爸爸也许要我当他的帮手？这想法突然使少校勇气倍增。我已经是一个男子汉了，就应当像男子汉般地行事。在爸爸需要我助他一臂之力时，我能有别的选择么？

"走，爸爸！"

　　汽车疾驰在浓重的夜色里。车灯把黑暗分割成块块。他心里像揣着一头小鹿。拿破仑说他第一次上战场时只有一种感觉：想找个厕所。我为什么也有同感？难道我也在奔赴战场？我只在电影中见过太保：又长又乱的头发，似在冷酷地嘲笑什么。一副墨镜，遮断了人生。三句两句话不投机，便呼啦啦亮出家伙，捅倒对方，或被对方捅倒。胜者在血泊中洗手。

　　他似乎真的看到了鲜血，打了个冷战。爸爸察觉了，问：

　　"有些紧张，对吗？"

　　他以问代答：

　　"就我们两个人？"

　　"嗯。"

　　"那他们有多少人？"

　　"一窝。"

　　一窝是多少？含糊的概念。不过从爸爸自信的口吻来看，他们人不会太多。

　　汽车在一幢平房前停住了。看外表，这是极普通的住宅。一片漆黑。爸爸从后备箱里拖出一个鼓囊囊的麻袋背上。金属碰撞声频传。进门后，有楼梯通向地下。爸爸在前，他在后，三拐两拐，灯光一明，又一个铁门耸立跟前。一个大汉站在门边。爸爸向他咕哝了一句什么，他拉开了门。

　　呵，别有洞天！这里隐藏着一个世界。少校的脸色苍白了。不错，这里是一窝，好大的一窝！门左侧竟有一个管弦乐队！乐曲的旋律是疯狂的。人们在跳舞，也是疯狂的。在这里，人已经没有了人形。

　　爸爸对少校说：

　　"你站在这儿，不管发生什么事，都不要动。"不要动？那你带我上这儿来仅仅是开眼界吗？爸爸走到乐队前面，喝道：

　　"音乐停止！"

　　整个乐队都愣住了，音乐也愣住了。

　　爸爸大步穿过纷乱的人群，登上乐台，放下麻袋，俯视全场，又一喝：

　　"李震宇在此！"

　　威风凛凛的一喝，直叫少校全身热血沸腾。这一刻的爸爸，好帅呀。他

那本来就高大魁梧的身子，站在乐台上，像在人群中蓦地耸起的一座昆仑。昆仑不仅巍峨，更有一种气势。小山在这种气势面前，只有俯首的份。那些男男女女，不是小山，充其量只能算作丘陵而已。

死一般寂静。爸爸扬起手来。

"男的，站到我左手；女的，站到我右手。"

人们动了，却像木偶。

太保，你们自称是仅次于上帝的人，可你们的威风哪里去了？在台湾，婴孩听见你们的名字，也不敢啼哭，现在，你们却被另一个名字夺去了胆。

望着爸爸，少校眼圈热了。爸，你竟有这么响亮的一个名字，做到家了！一个名字就可以叫别人发抖的事，我还是第一次得见。这真是难忘的一刻。如果我能有这一刻，我情愿用死去换。

爸爸打开麻袋，一片晶亮。原来满满一袋都是手铐！爸爸把许多男人都铐了起来。

少校去帮，他叫少校走开。少校又一次感到奇怪：叫我来究竟做什么？

爸爸去打电话。片刻后，警车呼啸而来。警察们涌进楼门时，爸爸领着少校出去。一个警长对爸爸说：

"好家伙，你真做得出来！"

爸爸说：

"例行公事。"语气淡淡的。

第二天，少校问爸爸：

"你到底为什么带我到那种地方去？"

爸爸说：

"让你懂得怎样做一个男人。"

这句话，他咀嚼了好几天。后来，爸爸又对少校说：

"男人的魅力就在于高傲尊大。"

少校忽有所得：这话，是否是此行的真谛？他又记起来，爸爸曾对别人说过这样的话："对孩子，我进行的是雄性的教育。"

这是序曲，后面的段落更精彩呢。

那是少校十八岁生日刚过不久的一天，是个阴霾的星期日。吃过午饭，

爸爸对他说：

"随我到海上兜一圈去。"

新竹靠海。爸爸常驾艇出海。但，今天爸爸的要求却令他大惑：预报说"安迪亚娜"也要来了，她的长发已经在轻拂新竹的山峰。出海干什么？

来到海边，少校第一个感觉是，大海病了。它躺在那里，焦躁不安地翻滚着，它的胸膛在剧烈起伏。爸爸驾艇驶上了它的胸膛。

半小时后，他们远离了海岸。新竹的山在天边留下了一个铅色的剪影。"安迪亚娜"已经来了。一个那么美丽的名字带来的却是阴沉沉的云，恶狠狠的风。

爸爸驾艇绕圈。

少校明白了爸爸的心意：他又要做一次骄傲的男人，让我见识一下风浪。

你见过台风折磨大海的景象吗？可谓奇观！少校只有一种感受：海站起来了。海多么广大。海站起来，天地间就只有他的影子了。接着，他又产生了另一种感受：海不仅站起来，而且在跳探戈。下雨了。千万条雨丝像皮鞭，抽打着海。那是痛苦的探戈。

就在这时，爸爸说：

"脱衣服，跳到海里去！"

少校这一刹那不相信自己的耳朵。

"做什么？"

"游回去。"

一股冷风飕飕地涌进少校心里。要我横渡这一片怒海？哦，原来你不是叫我见识风波，而是要我拥抱它。不是你要做骄傲的男人，而是要你的儿子做。

一座山突然在艇前冒出来——那是浪。少校生平第一次看见如此大浪。他略一迟疑，爸爸喝道：

"快下去！"

爸爸，一动不动地坐在驾驶盘后，目光严厉。他一定以为少校害怕了。他的目光和语气刺伤了少校的自尊心。他一咬牙，把衣服脱光。用力过猛，衬

衣破了。

"好一个男子汉！"爸爸说，"以百米的雄姿，冲上岸去！"

少校扑向大海。奇怪的是，这一刻他体会到了自杀者投水时的心情。

海水变稠了，像油，而且是沸腾的油。每一个向他打来的浪都像是山上崩下来的石头，带着一股疯狂。他向岸边游去，不，确切地说，是挣扎而去。

海是狂怒的。海明威总爱把大海女性化，一辈子对海使用阴性称呼。少校爱他笔下的海，可他的海与现在的海相距多么遥远！

爸爸驾着小艇走了。他觉得自己成了被遗弃的人。世上只剩下他和他的敌人，唯有一搏！

小时候，他最敬佩古罗马角斗士。他不止一次试着猜想他们走向狮、虎，或是和他们相同的人搏斗时的心境。贪生反而不生，不怕死反而不死。此刻他也是角斗士。

搏斗是惊心动魄的。巨浪忽而把他埋进深渊，忽而把他推向山顶。在山顶只有一瞬，那情景真是奇特，万顷波涛尽收眼底。他成了大将，伫马高处，遥望千骑卷平冈。从浪尖上栽下来时，恍如飞机失事，身朝下坠，心往上提，简直要从口里飞出。他的力气渐渐耗尽了。一次，他刚从浪里钻出来，又有一个更大的浪打来，他被深深地埋葬，钻了几次都出不来。好黑呀，这是坟墓吗？他看见死神。死神是女的。她对他笑。他心里大叫：

"走开，你！"

她消失了，身后显出一片天。海的手又一次把他托上峰巅。他的眼睛突然潮了。海岸，生命的岸，离他只有几十米。咫尺天涯！那么近，又那么远，远得像另一个星球，不可及呵。爸爸站在沙滩上。

"爸，"他暗暗说，"如果我死了，我会恨你的。"但他马上对自己生出了深切的痛恨。我不能死。十八岁的我，连谈到这个字都是耻辱的。死亡最公平，它既飞进皇帝的殿堂，也飞进乞丐的茅屋，但现在飞到我头上来，我拒绝！死，我终要属于你，但不是今天！此刻不可死！你若找我，那就对不起，我愿用全部力量与你比试。你笑着来，我准叫你哭着去，恨着去！

勇气大增，手脚也像突然被上紧了发条。搏斗，不屈的搏斗。为了生存而搏斗，是痛苦的，也是幸福的。

他不知道自己是怎样爬上沙滩的。沙滩是含着亲情的。很久以前,《海的女儿》就告诉他,沙滩温柔乡。沙滩上有海的女儿梦幻般的爱和为爱滴下的血呵。他把脸埋在沙里,吻着它,比往常有一千倍的亲切感。怒海抛在身后,搏斗在须臾间成了历史。可现在他反而隐隐有些后怕。刚才他是在地狱里走了一遭呀。但经历过那种恐怖后,他从此可以嘲笑死亡了。

三、浴室

当她终于走到少校面前,拦住他的时候,他向她投去含着敌意的目光。

爸爸调到台北后,在警总阳明山分部任职。星期天少校有家可归了。这是一个星期天的上午,少校在回家途中走进一个商店,遇上了一件意外的事情。

刚进商店他就注意到她了。她很美。这个念头使他难堪。她足有四十多岁了,或者更大一些,他却觉得她很美。一个女人到了这种年纪还让别人感到美,那她年轻时该是美得令人动心吧。不过,更吸引他的,是从她身上显露出来的那种雍容高贵的气质。她和顾客们一样地浏览,问价,购物,但在一样中,却有不一样。

他们擦肩而过,她望着少校。少校走了几步后,下意识地回了一下头,怪呀,她也在瞧他。

他上了楼。皮货柜台前有一面大镜子,他朝里一望,怔住了:她竟跟在后面!

也许是偶然?少校故意绕了几个圈子,回首,她在!

少校屏住呼吸。怎么?我身上有奇怪的东西么?若没有,准是她心里有。一个男人被一个比自己年龄大一倍的女人盯上,虽算不上是坏事,也绝非好事。

他走出商店,也带出了她。

现在,他们面对面站着。

女人那双美丽的眼睛里流露出一种深深的忧郁和悲哀。那目光似曾相识。少校心一动。那女人的眼睛和神态令他想起一尊古希腊雕塑:一个女神得

罪了宙斯，宙斯为了惩罚她，射死了她的三个儿子。女神也是母亲。她护着最小也是最后一个儿子时，就是用这种目光望着宙斯的。这目光蕴含着一种永恒的母爱。到底怎么回事？

"对不起，您是不是姓李？"

少校一惊，没有回答。不用回答，这一惊本身就是回答。

"你爸爸，叫李震宇？"

"你是谁？"

"孩子！我的孩子！"

最熟悉的字眼，听起来竟万分陌生。哦，原来前面加了一个所有格：我的。我是你的？

"你到底是谁？"

"我是你妈妈！"

雷声。

妈妈？远方的梦，模糊又模糊。妈妈？陌生的词，久违了。

他命令自己镇静。

"我从没见过你。"

"我也从没见过你，但我认出来了，一眼就认出来了。你和他，一模一样。"

她的神情和语调都在说：不是谎言。少校深情地望着她。不错，这女人脸上真有自己的影子。

"孩子，我真的是你妈妈呀！"

"真的，这是真的。"

是真的，又怎样？他反而冷静了。在这最应该焕发激情的时刻，激情却逃跑了。他谴责自己刚才的一些想法。

"孩子，跟我回家去吧。"

家？你的，还是我的？他眼前闪过爸爸的面容。他没动。

"走呀。"

他心里突然撩起另一个冲动。"你为什么要离开爸爸？"

不凡！第一次见妈妈，就提出这样的问题，好大勇气！

妈妈脸色苍白了。

沉默。

"你真想知道？"妈妈声音里包含痛苦。"到家去，我慢慢给你说。"

这是一个夏日，很热。妈妈的故事却是冷的，像才从冰箱里拿出来。

妈妈刚刚走进婚姻的芳草地就遇见了一个敌人，这敌人说出来准叫你惊死了，竟是她的婆婆！

妈妈的婆婆，少校的奶奶，一个隔代人。少校来到这个世界的前几天，她从这个世界上离去了。从此，她在墙上，在镜框里，默默地对少校微笑。吃饭时，爸爸总要先盛一碗敬她老人家。逢年过节，爸爸守着遗像，想与老人分享欢乐。爸爸的眼睛成了不涸的泉。一句话，每每重复：

"妈，天上好吗？为什么过年也不回来看看？"

爸爸是大孝子。妈妈说，他们结婚时，爸爸这样说：

"你对我好不好不要紧，但必须对老人好！"

奶奶年轻守寡，全部的爱，女人的和母亲的，聚成光环罩在爸爸头上。

这要求，有点自我牺牲的味道，但并不高。爱你，当然也爱你的一切。

每天，妈妈对奶奶做出动人的笑脸。奶奶却没有笑脸。自从妈妈过门的那一天起，冬天便降临到奶奶脸上。

每天深夜，妈妈都听到隔墙传来奶奶的啜泣声。

妈妈想，该哭的是我而不是她。我哭我娘，她哭谁？

后来才知道，奶奶在哭爸爸！

奶奶觉得自己是最大的输家。她得到了媳妇，却失去了儿子。其实这是一种千古不变的交换，也是一种接力：一个女人把儿子交给另一个女人。可这是怎样一个儿子呵！在这个世界上，她只有儿子。儿子是她的幸福，她的希望，她的全部。

一些怪事发生了。

妈妈爸爸上街时，偶一回头，忽发现奶奶远远跟着，还躲躲闪闪。妈妈的脸变了色。跟踪呵？为哪桩？索性招呼过来一起走！

一起走，多扭！无言，倒也罢了，谁知奶奶还有一张不饶人的嘴：

"大白天的，凑那么近，还拉手，招人笑哩。"

妈妈生气了。是她去拉爸爸手的。管得宽，偏拉！但更令她生气的还在后头：爸爸竟挣脱了她的手。

泪水一下浮上妈妈的眼眶。

一天，爸爸妈妈在房间里谈话，门外有响动，妈妈拉开门，心跳停止了：奶奶在那里，耳朵贴着门！

妈妈脸红了，奶奶反而是冷静的。"你们怎有那么多话谈。"

怎么这么问？新婚夫妻之间的话，用箩筐也提不完。一夜，爸爸妈妈在熄了灯的房间里谈话。

门被悄悄推开了一道缝，一只手伸进来，叭一下拉亮了电灯，随手门又被关上。

门外突然响起奶奶的哭声。妈妈也哭了。

这些小故事一再重复着，像秋天的雨，飘洒在心头，叫人感到冷。

爸爸始终与奶奶站在同一地平线上。"听妈的"，他的口头禅，往往是这些故事的结束语。他不在奶奶面前说半个"不"字，也不允许妈妈说。

那件事情发生后，妈妈夜里要将门上锁，爸爸坚决不让。

"你锁谁？"

妈妈的泪水猛地迸涌出来。

"锁两条命！"

"小声点，叫妈听见！"

"我就要叫她听见！"

"闭嘴！"

"不！"

奶奶在外面大哭起来。爸爸气极，打了妈妈一巴掌。

"又招惹老人家！"

如果这一巴掌仅仅掴在脸上，妈妈是承受得起的，但它是着着实实掴在心版上，心流泪了，淌血了。妈妈决定告别了。

少校降生前不久，奶奶先告别了。她的离去并没能挽留住妈妈。还在月子里，妈妈已把行装收拾好。

爸爸沉痛地说：

"别走好吗？过去，我对不起你……"

对不起？爱情就是从来不说对不起，若到了非说不可的地步，爱在哪里？糊涂的男人呵，你的所作所为伤了妻子，也伤了自己。

妈妈还是走了。

少校坐在那里，汗水把全身衣裳都湿透了。

天热，空气在燃烧，他心里也在燃烧。

妈妈的故事是真实的。声音虽然轻柔，但每一个字都重得让人掂不起。只有来自灵魂深处的字句才会这样重吧。

生活中，不了解真情是悲哀的，但有时，了解真情反而更悲哀。

他明白这是真的，但宁愿它是假的。他心情很复杂。爸爸从未对他说过妈妈为什么出走，但他一直觉得妈妈是不可原谅的，因为爸爸太伟大。故事中的爸爸与现实中的爸爸，无论如何也不能吻合。英武的爸爸，是顶天立地的大树，每一片叶子都完美得令人赞叹。这故事，好狠呵，竟要砍伐我梦中的树。

有一刻，他想把耳朵掩起来，又想逃走，而这些念头都让他感到羞耻。

"孩子，看你热成这样，"妈妈说，"用凉水冲个澡吧。"

水？正需要，浇我心头的火！

妈妈去布置了，少校坐在客厅里。他眼睛开始接触四周景物。他竟一惊，这是一间超豪华的客厅。地毯厚得令人难以想象，踩上去就像踩上一个人的肚皮，心里发痒。各式各样台北最时髦的家具昂首望着你。落地窗占据了整整两面墙壁。他的好友王雁的爸爸是陆军上将，家里客厅也不过如此。妈妈现在是哪个阶层？

妈妈领他来到浴室，他眼花了。这是浴室吗？叫它水晶宫更贴切。四面全是镜子。他知道这是美国人的发明。有人说这是艺术，却是富人扔钱的艺术。妈妈，你也是贵妇人吧？

"孩子，你洗吧。"

约莫快洗完的时候，门那边突然传来一阵响动。他一望，神情变了。门锁在动！

他想去抓衣服，可还没来得及挪动脚步，门已经开了。天哪，妈妈走进

来！如果不是步履有些踉跄，她的出现就像幽灵似的。

少校慌了。现在的他是裸体的呵。

他想逃跑。他甚至扭转了身子。他哆嗦了一下。四面皆镜，四面楚歌，逃到哪里去？以前，他曾在镜前欣赏自己的身体。他高大壮硕，每一块肌肉上都溢着阳刚之美，但此刻他觉得自己是丑陋的。

妈妈向他走来，不，确切地说，是扑来。他闪开，妈妈扑空了，脸在挂衣服的钢架上重重磕了一下。妈妈叹息着，捂住半张脸。那模样陡然令少校生出一股怜惜之情。

"孩子，我的孩子，别……别……"

妈妈伸出手要抓他，那手颤抖得多么厉害呀，叫人心里怕怕的。又一次，它们抓到的只是空气。妈妈流泪了。

"孩子，我求求你，过来嘛……"

动情的声音，叫他心软了。既然不再怀疑这是自己的妈妈，就不要再躲了吧。况且，在这个小天地里，你能躲得过一个心里燃烧着烈火、一个无所畏惧的母亲吗？她是无所畏惧的。她的举动说明了这一点。妈妈的故事，已将少校的心撞痛，而现在妈妈的神情，更像一只无形的手把他的意志撕成片片。

妈妈，我很坏，对吗？我也和爸爸一样伤你的心吧？

妈妈又一次扑过来，少校不再躲闪，两只胳膊被妈妈抓住了。他倒抽了一口气。这一瞬的感觉那样神奇，如被电流击中，全身轰地一下起了火，这是一团亲情的火呵。

妈妈说："孩子，我要检查一下你身上。"

原来她为此而来！

妈妈声音很低，但每一个字都在少校心腔里鸣响：

"你右肩上有一颗痣……呵，找到了，它好像长大了……你背上那块胎记呢？……还是以前的样子……刚生下来时，你两腿的膝盖骨一大一小，明显极了，现在好些吧？让我摸摸……"

少校一动不动地站着，听凭妈妈摆布。现在，他从灵魂到肉体，都对妈妈不设防了。妈妈，你一片苦心可鉴！孩子是妈妈眼睛里的一块天，是妈妈瞳孔里的一座山，不管是婴儿还是成人，都是一个高高大大的存在。你曾失去

它，又找回了它。你想检查它是否真正属于你。

少校忽地产生一个奇想：从妈妈体内来到这个世界上，我是赤裸的，今天我又赤裸着回到她身边。这一刻是不朽的。

妈妈的泪水洒在他身上，一滴滴，好灼人。

"孩子，这二十多年来，妈没有一天不想你……"

妈妈哭出声来。

"妈常常梦到你，每一回，你都哭。你从小特别会哭……你是孝顺的，因为你一出生就哭，哭得好响，你一定是感到了妈妈的疼痛。"妈妈有些语无伦次了。"我走的那天，你哭得真厉害，把妈妈心哭碎了。那天晚上下大雨，我和来接我的人走了一夜，天亮时，我哭喊着要回去，因为心爱的宝宝该喂奶了。没奶吃，你会饿坏的。那些日子，我的奶胀得生疼，一个劲儿朝外滋。一滋我就掉泪，宝宝再也吃不着了呵……"

少校鼻子发酸。他似乎看到妈妈叙述的情景。母亲的乳汁，白色的血液！

"孩子，这些年，你是怎样过的？"

爸爸的面孔蓦地浮现在心头。

他无语。

"孩子，告诉我。"

告诉你什么？告诉你爸爸怎样把我拉扯大吗？妈妈，小时候我不曾在你温暖的乳房前多待片刻，却从爸爸强有力的臂弯里开始触摸世界。你的乳汁是一种食粮，爸爸的爱心是另一种食粮。我是吃着爸爸的生命，一寸寸，一尺尺，成长起来的。

他有些茫然。今天的事，回去怎样向爸爸讲？他眼里闪过一丝阴影。

终于，他未发一言。

妈妈留他吃午饭，他执意要走。今天他有重要约会。妈妈千叮万嘱，要他再来。他答应了。出门时，一辆黑色的"凯迪拉克"轿车在门外停住，从车内走下来一个穿着将军制服的人。军人本能使他想并拢双脚，却听妈妈说："回来啦？"语气淡然，却很亲切，是妻子对丈夫的标准致词，少校不禁肃然，原来将军是这里的主人！

将军走近了，少校定睛一望，心里暗叫"哎呀"。他认识这将军！那是陆军中赫赫有名的"五大将领"中的一员，官拜一级中将，现任中部军区司令，曾多次到军校视察。

"妈妈，"少校暗暗说，"你果然是贵妇人。"

四、含笑

少校站在剑潭公园门口，等待他的女朋友含笑。

含笑，好美的名字，何况它属于一个女孩，更有一股青春气息。

约定见面的时间快到了，少校有些紧张。相识一年多来，他们约会的次数要用两位数表示了，但每次他都很激动。

星期天，剑潭公园门口是情侣们的领地。看，这里有多少位焦躁不安的男士，春风又送来多少艳丽的小姐。

他无法把握自己在这些男士中是不是出类拔萃者，但含笑若站在小姐们中间，可以把她们统统比得钻到地下去。这样想着，他笑了。

看别的情人相见是不愉快的。没有欣赏，只有挑剔。一位小姐看见自己的男朋友后，夸张地大叫："Oh dear！"众目睽睽之下，像颗炮弹似的把自己抛入情人的怀抱。少校想，做作！给别人看的。又有一位小姐明明看见了等她的人，却故意不过来，低头站在马路对面，惹得那男士以百米冲刺的速度横穿马路。这也是做作。

别人的都不好，只有自己的女友好。含笑和她们不一样。

每次约会，含笑总是静悄悄地、像云一样飘到少校身后，轻轻叫一声："嗨！"亲切得很，绝对不会使你受到惊吓。一回首，她抿嘴在笑。

她从未唤过他的名字。

小姐们不时从少校面前走过，个个浓妆艳抹，打扮得花儿一样，不过在少校眼里是塑料花。

含笑从不过分打扮自己。夏日里，她总爱穿一件白色的连衣裙，脚上是一双白凉鞋，瀑布似的披肩发也用一条白带扎起来。一片白，那是令人遐想的颜色呵。她很美。姐姐曾说："你若化妆，就更好看！"她说："化妆其实是

让别人看的。我不想叫别人注意我。"

可她做不到这一点。一张美丽的女孩子的面孔，无论在哪里都会引来女人的忌恨，男人的妄想。大台北，十里红尘，打扮得活像洋娃娃的女孩不少见，倒是天生丽质是少见的。她不想叫人注意却偏偏更加惹人注意。上个星期天，少校遇到的事，使他又喜又恼。他和含笑从荣民医院门口经过，一个男人正打电话，看见含笑时竟愣住了，眼睛再未从她身上离开。"生了，生了！"他语不连贯，显然在向亲人通报他当爸爸的喜讯。"我儿子给我生了一个老婆！"

这件事，倘若叫别的姑娘碰上，准乐得三天合不拢嘴。含笑却脸色发白，嘴唇微微发颤。

"你怎么了？"

"我怕。"

怕那双不会转动的眼睛吗？呵，不必。你应该骄傲。

你不。你和别人不一样。

少校又笑了。

他正是被含笑身上这些"不一样"深深吸引着。他记得最清楚的是他们的初识。

去年暑假，少校参加了军校和台北一些大学共同组织的阿里山夏令营。上山后，男生住帐篷，女生住在一幢二层的小旅社里。一天中午，大家正午睡，小旅社突然失了火。那天偏偏山风肆虐，一霎间，小楼上火苗乱窜。

男生们几分钟内就涌到楼前。一楼已被烟火笼罩，冲不进去。二楼的窗户被打开了，露出来一张张失色的花容。

一架梯子伸到窗前，姑娘们一拥而上。

丑呵！那些平时叽叽喳喳的、总是斜着眼瞅人的女孩子，这一刻变成了阳光下的雪，崩溃了。她们一个个简直是从梯子上滚下的。好在男生们这时正怀着诗一般的情怀——女人受到危害时，正是男人显示自己魅力的好时机，不曾过多留意。

最后出现在梯子上的是一个穿白色连衣裙的姑娘。

所有的目光都投向她。

突然，一阵大风呼啸而过，她的裙子飘起来了。目光更加凝聚。

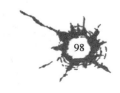

那姑娘不动，双手把裙子拉好盖住膝。

有人高叫：

"快下来！快点！"

她没动，使劲按住裙子。她遮住的是春天。

火焰像一头巨兽，从后面缓缓逼来，窗户是它的大口，火就是舌头，一伸一吐。

少校被眼前这幅情景感动了。他从这姑娘脸上看到的是一种倔强，一种信念。女孩子是要防卫自己的春天的。但她在这一刻表现出来的精神，却超越了生命。

这姑娘，异乎常人！

白裙子在少校眼里变成了一朵在风中摇曳的小白花，有点悲凉。他涌上来一种卫护它的愿望。

风小一点后，姑娘下来了。少校走过去。

"小姐，对不起，可以知道你的姓名吗？"

姑娘抬起头来，眼睛里竟有一种深深的恐惧与悲哀，那是一头含泪的小鹿。少校心一动。这目光对男人是富有吸引力的。

"你要做什么？"姑娘问。

"我想认识你。"

她没回答。

少校从别人那里知道了姑娘叫含笑。

在以后的几天里，少校默默地观察这个和她的名字一样美丽的姑娘，宛如打开了一本奇异的书，每页都令人流连。

那天，他们在山顶看落日。夕阳想亲近大地，脸红红地去吻波浪般的山峰，峰峦被染红了。几番推搡，夕阳终于偎进了大地的怀抱。壮哉此景！含笑鼓掌叫道：

"再来一次！再来一次！"

一颗童心！

游姐妹潭时，含笑看见潭边有棵松树，树根让好些大石块给压着。她说：

"树根被石块压着，会很痛苦吧？应该搬开它们。"少校默默地去做了。

又一次，举行篝火野餐，兴尽后，大家躺在草地上休息，一对正在热恋中的男女大学生竟当着众人的面亲热起来，女的躺在男的怀中，接吻声呼呼响，像有人在弹指头。八十年代，爱情已经长大，走出两人世界的樊笼。有人说：世风日下。有人却说：世风日上！

大家都泰然处之，唯独含笑脸色苍白，身子止不住地微微颤抖。当接吻声越来越具侵略性的时候，她用双手捂住耳朵。

少校的心又一次受到撞击。

事后，他问含笑：

"你怎么啦？"

含笑说：

"我好羞。"

姑娘，纯洁如你，有几人？

那些天夜里，少校严重地失眠了。

他知道这是怎么回事。

夏令营结束时，他问含笑：

"我们还能再见面吗？"

等待回答时，他忍受着折磨。

他等来的只是姑娘默默的注视。

他又说：

"我们互相留下地址好吗？"

含笑依旧无言。

回到军校后，他把这段故事讲给好朋友王雁听，王雁大笑道：

"少校，有门儿！"

"你也这样看？"

"按照那姑娘的性情，你提出这两个要求后，她应当像兔子一样躲得远远的。她没有，这说明什么？沉默就是默认。的确有门儿！"

不错，是有门，但看见门是一回事，能否走进去又是一回事。

后来的事实也证明了，这扇爱情之门由关闭到虚掩，由虚掩到敞开，着实叫少校费了心思！

节假日，少校常到含笑的大学去找她。少校在进攻。自从他认识含笑以后，一直在进攻。爱一个人，就要对准目标勇敢地冲锋，即便倒下又何妨？这才是男人的风格。含笑从未拒绝他，也从未邀请他。每次他来，看到的都是一张笑脸，但那仅仅是一张笑脸而已，不冷，也不热。这种笑脸更应该属于商店售货员而不是情人。

少校行动是一首情歌，可他又一直小心翼翼地避免那些拨动心弦的敏感字眼。不成熟的爱是一种伤害，尤其对含笑这样的姑娘。

有一次，他问含笑：

"你对我这个人印象怎样？"

"还不错。"

"什么叫不错？"

"还可以。"

"不肯说个好字么？"

含笑不做声了。

姑娘呵，你简直点水不漏！

一年过去。当暑假重新来临时，少校约含笑去爬阳明山。他打定主意向姑娘倾吐心中的秘密。爬山是有含义的：他的感情始于山，也要成于山。

山顶上，少校用颤抖的声音对含笑说：

"有句话，不管你喜欢不喜欢听我都要说……我爱你！"

终于说出来了，对着青山，蓝天，白云，说出来了。你们替我作证，此话出自灵魂！

含笑深垂着头，一声不吭。

少校也不吭声了，倒不是他失去了重复的勇气，而是维持自尊。那种话，一遍和一百遍一样。现在球在对方。

对方没把球抛回。

沉默持续了半小时。

终于，含笑打破了沉默。她一脸惊慌，嗫嚅道：

"我……我现在就下山好不好？"

苦苦期待，得到的竟是这杯温吞水！成便成，不成便不成，你尽可直

言。我知道你并不想伤害我，可你的不理睬，已是对我最大的伤害！

半晌，含笑又说：

"我走了，呵？"

那脸色，那语调，有乞求的成分，若是平时，准叫少校又爱又怜，现在竟无端地使他痛恨。"走吧。"

一辆下山的巴士停在站里，含笑走过去。少校没动。"不同我一起下山吗？"

"你走你的，我走我的。"

少校冷冷地回答。

含笑在即将登车时停住了，朝他送来深深一瞥。那一瞥真复杂，有些忧愁，有些无助，还有一点渴望，一点激动。

女孩，别做出这种样子，想嘲弄就请嘲弄吧。你伤了人家的心，却还要做出被人家伤了心的模样，叫我看轻你了。

他心中突然升起一团愤怒，猛地转身，沿着盘山公路向山下跑去。

不一会儿，巴士从后面赶了上来。在离少校很近的地方，司机长长地按了喇叭。少校觉得那喇叭声充满了傲慢与轻视，似在说：

"让道。"

少校在让开道路的同时感到了耻辱。连你也这样待我！巴士从他身边大摇大摆地晃到前面去了，屁股扭了扭，扬起一缕尘土。这更极大地激怒了他。

巴士后窗里，是一张熟悉的面孔。

血呼地一下冲到脸上。

"巴士，就因为载着她，你才这么骄傲么？"

一股无法遏止的激情涌来，他仰起头。

"你瞧不起我，我还瞧不起你呢！"

他撩开大步猛追巴士。

山路多弯，巴士不敢开快，而人朝下跑反而借来推力，这就便宜了少校。转瞬间，他追上了巴士，人车并行。

起初，车上旅客未注意到有人向巴士发出了挑战。相持一段后，他们的目光才被他吸引过去。目光多是鄙夷的：这人有精神病吗？要不准是吃饱饭

撑的。

但只过片刻，他们就明白自己错了。那张坚毅的脸，那双炯炯发光的眼睛，那奔跑着的优美姿势，那近似疯狂的速度所表达出来的斯巴达式的雄心，都在说：你们错了。

司机发现了他，加大油门。

他被甩开了。

前面是一处"之"字形转弯，他离开公路，插小道奔向下一段公路。

赶个正着！巴士刚驰过，他便跃上来了！巴士内响起一片惊呼。

后窗上，那张熟悉的面孔抽搐着。

奇景！人车赛跑，相信你一辈子也没见过。这是一种角斗。一方是钢铁的庞然大物，一方是人。那是有着一颗狮子般心脏的人。

突然，少校被一块石头绊倒了。含笑用手捂住嘴。

少校一跃而起，再追。

巴士与他的距离渐渐拉开。

"你往哪里走！"

一声低沉的怒吼，使他的神经骤然昂奋起来。一阵战栗闪电似的掠过全身，新的力量又苏生了。他仰面朝着天空，狂饮阳光。头发竖起，汗水如雨般洒在身后。他已不是在用双腿奔跑了，而是用意志，勇气，尊严……还有生命。他的瞳孔不可思议地放大了，目光里透出一股勃勃的野心。

距离又近了。

巴士上的人们向他挥手。他们已经被他的精神征服了。

更近了！

含笑热泪盈眶。

还有咫尺！

所有的人都屏住了呼吸。

追上了！追上了！

泪水猛地溢了出来，涌到他的脸颊上。

就在这天夜里，含笑浑身战栗着走进了他的怀抱。

一时，他无限心酸。过了好大一会儿，才说：

"你不知道人家有多爱你。"

整整一晚上，含笑只说了一句话。那是快分手时，她俯在少校耳边，急切地，害羞地说：

"我向你保证，向你保证……我是处女。"

少校惊呆了。这话属于六十年代，或者比六十年代更早的年代，今天听来好陌生，好刺耳呵。美国的女孩子曾说要把那两个字从字典里开除，台湾女孩子虽达不到，却也频频对它们进行讨伐。处女怎样？非处女又怎样……

少校凝注着把头伏在他肩上的含笑，心情复杂。姑娘，这又是你的与众不同之处。今天，你还听谁说过"处女宝"这三个字？爱你，便是爱你的一切，那是感情的交融，你却提出这个，以为它是先决条件。

次日，少校约含笑来军校，与他的好朋友王雁相见。王雁在宿舍里见到含笑时，脸色登时变了，眼睛里迸射出火辣辣的光，久久罩着含笑。

"少校，我好忌妒你！"

少校深知王雁脾气，并不在意。

王雁向含笑伸出手去。

"朋友的朋友就是朋友，握手！"

含笑竟不伸手。

"谢谢。"

过分了。固然，她可能不喜欢王雁的目光，但这是我的好朋友呵。

王雁突然收敛了笑容，说：

"不给面子？那好！"

他从墙上取下伞兵匕首，对那只依然伸着的手作出欲砍状。

含笑脸红了，只得去握王雁的手。

事后，少校责怪含笑，含笑说：

"对你们男人，能不碰最好不碰。"

我们男人？打击面那么广！包括我么？

渐渐他知道了，他在这个范畴里。含笑走进了他的怀抱，但这就是他得到的全部了。就连他吻她的时候，她的嘴都闭得紧紧的。这不免令他苦恼。

有一次他说：

"你不能回吻我一下吗？或者张开嘴？你把一条三十八度线守得好牢啊。"

"急什么嘛？等结婚以后好不好？"

这回答，令人欲哭！

一个声音突然在身后响起，打断了他的思绪。

"嗨！"

一回头，她笑眯眯地站在那儿。

五、好友

两个小时后，少校和含笑离开了剑潭公园。

一辆浅蓝色的"凯迪拉克"悄声地从巷子里钻出来，在距他们约有七、八米的地方缓缓行驶。

走了一会儿，少校觉得不对劲。回首，一惊。

"原来是你！"

王雁从车里伸出头来说：

"嘿，这么巧！"

的确巧。早晨离开军校时，王雁说他要去会朋友，怎么到这里来了。莫非也约朋友相会在剑潭？

后来少校才知道，王雁是驾车悄悄跟着含笑，从她家一直跟到这里的。但少校为人坦荡，当时怎能想到这一层。

王雁说：

"到我家去坐坐！"

少校露出勉强的神色。

"打搅了你们，我恨自己，"王雁说，"可谁让我们在这里撞上？那便是缘分，抗不得！非去不可，非去不可！"又转向含笑，"含笑小姐还没到我家去过呢，赏个光吧，这厢有礼了。"

"不给面子？你可记得握手的事？今天我没有匕首，却有一辆汽车！"

大家都笑了。

少校打开车门，一股浓浓的酒气扑鼻而来。

"你不是戒酒了吗？那话可是你讲的：酒最害人，你一喝酒就出事……"

"与其留着害人，倒不如喝光了它，牺牲我自己！"

含笑噗嗤笑出声来。

"别笑，"王雁声调沉重地说："我是在自我牺牲。牺牲很痛苦，唯其痛苦，也才美丽。我追求它。"

喝醉了吧？这番话说得不着边际呀。

轿车飞驰着。

"这个小小的天地，只有三人，也是我在做着牺牲，少校敢说不是？车里坐着一个那么漂亮的小姐，可她属于你，不属于我。你们在饮美酒，我却在喝苦酒。每时每刻，我都要花极大的力气，不，勇气，去杀死那忌妒的细胞。杀不绝呵，它们成千上万！"

少校产生的第一念头是：巧妙的赞扬。第二个念头：是否真醉了？

他只能这样想。倘若他看到王雁刚才在剑潭公园外苦苦等待时曾大口大口喝酒的情景的话，他也许不这么想了。

"果然是写诗的人，这话多富有诗意。"少校说。三雁爱好文学，尤好写诗，有些诗还在报上发表过。"只是你不该说。你的故事更浪漫。"

"浪漫？"王雁一声冷笑。"浪漫已经变成了历史。历史又把浪漫变成了笑料。"

片刻后他问少校：

"我的故事，你给含笑小姐说过吗？"

"没有。"

"有兴趣知道么？"他转向含笑。

含笑点点头。

"好，我领你去看她！"

"看谁？"

"我的情人。初恋的情人。"

含笑一时愣住了。

车在西门町一个超级服装商场外停住了，王雁指指商场门口：

"瞧，她在那儿！"

在他所指的地方，一个少女亭亭玉立。她好美。不管谁见了都不能不看第二眼。"迷你"裙短得快到大腿跟了，不仅"迷你"，甚至把你的魂也摄了去。她正好站成一个显示身材的最佳角度，线条完美极了。

她一动不动。

王雁讲起了他的故事：那时他尚未上军校，一天傍晚，驾车路过这里，忽然目光被马路对面，也就是现在那个少女站的地方，吸引过去。呵，此女只应天上有！

刚刚从男子中学毕业的他，看惯了和尚头，一根女孩子头发就能在他心中搅起波澜，何况这样一个尤物！

他停车，走出来，隔着马路，凝视着那个少女。少女也望着他。

暮烟四合。

起初，他最担心少女离去，他会痛苦的。她离去，他失去了什么？不离去，他又得到了什么？不知道，他只知道要把牢这一刻。他是第一次如此强烈地被一个女性吸引。偏偏那少女始终不动一下，甚至连他坚持不住想动时对方都没有动的意思。他突然受了感动。

十分钟后，下起雨来。他以为见不到她了，没想到她还站在那里。他立即就感受到她的爱了。

雨大了，行人乱跑，唯独他俩继续站着。

终于，他横跨马路。

他的发现令他欲哭：那少女竟是一具模特儿！

在欧美，服装店老板已把模特儿从橱窗里驱逐出来。在人群中微笑要比在橱窗里微笑亲切得多。模特儿制作得和真人一模一样。

"令人痛苦的是，"王雁对含笑说，"我已经知道那是一具模特儿了，可我依然爱她！你会去爱一本书，一幅画，一件衣服，一条裤子，为什么不能爱模特儿？何况她那么美！我一声不吭地站在她面前，泪水模糊了眼睛。我是活的，她却死了。倘若她也是活的，或者我是死的，该多好！咫尺天涯呵，如果不是有人在商场门前避雨，我会去吻她。后来一个男店员出来了，要把她抱回去，我差点大叫：'不许你碰她！'……"

王雁突然不说了，把额头贴在方向盘上，一绺长发耷拉下来。含笑说：

"我不信这是真的。"

"为什么？"

"太浪漫了。"她把"太"字咬得很重。

"还有比这更浪漫的。"少校说，"譬如，第二次。"

王雁的"第二次"是在上军校以后了，因此少校十分清楚。中华电视台办了一个节目《欢乐今宵》，主持人是个姓陈的小姐。不必形容她有多么美了，反正在那些日子里，她给每一个家庭的电视机前都带来一股飓风。

王雁爱上了陈小姐。

《欢乐今宵》安排在星期日。一周七天，有六天他在痛苦的期待中度过。节目未开始，他总早早在电视机前端坐，脸红红的，像幼稚的小青年等待情人一样。

他是真正爱她的。某日，弟弟和他一起看电视。弟弟也被陈小姐的风采迷住了，眼睛里喷出火来。王雁大声说：

"不许你用这种目光看她！"

爱情是排他的。

陈小姐从未走出电视机，可她在王雁家中无处不在：卧房里、汽车里、走廊里，到处是她的照片，甚至浴室里也有。王雁洗澡时，还把装照片的镜框翻过去。

渐渐，他在情感的漩涡里越陷越深。一次，当陈小姐的面孔在荧屏上出现时，他竟去吻她。

潮湿的嘴唇触上荧屏，顿时响起一阵咝咝的声音。有电！他毫不害怕，却快活极了。

终于，有一天，他走进了电视台的大门。当人们把陈小姐指给他看的时候，他的脸变成了一张白纸。陈小姐有那么美丽的面孔，却没有与它相配的身材。她很矮，腿短，上下身比例严重失调。更让他痛苦的是，陈小姐的肚子像皮球般地隆起着，怀孕了。她即将走入妈妈的行列。

事后王雁对少校说，当时他真想冲上去，把陈小姐揪住。

"做什么？"

"我有个奇念头：向她索取赔偿。"

"什么赔偿？"

"失恋费。"

那天夜里，王雁到北投红灯区去了。可他走了一家又一家妓院，竟没有一个妓女中他的意！他流泪了，痛苦地问：

"金钱多少都可以，难道没有不同的酒么？难道没有更美的女人吗？"

少校知道此事后，责备他：

"不可沉溺于女色，更不可放荡。"

他们走进王雁的房间，看见桌子上摆着一个大蛋糕，上面插着三根蜡烛。含笑问：

"你过生日？"

王雁说：

"不是我，是我身上这件衬衫。今天它已经三岁了。"

稀罕！给衣服做生日，真正是闻所未闻！当王雁把西装脱去时更稀罕的事情出现了。他竟穿着一件女人衬衫！

含笑脸红了，甚至轻轻呻吟了一声。

"你怎么……怎么……"

"什么怎么？"王雁冷淡地说，"有什么关系？衣服只问好看不好看，不必管它是男人的还是女人的。"

"算了，"少校说，"把真实原因说出来吧。"

"当然要说！"

这件衬衫是他从西门町超级服装商场买的。那天，它穿在那个没有生命的女人身上。

"你知道这举动叫什么？叫'爱屋及乌'！"他说。

王雁说话时，一直望着含笑。三人坐定后，他的目光仍然没有移开。少校突然有些不舒服。他不自觉地扯起一个话题：

"听说伯母为你介绍了一个女友，见过面了吗？"

"见过了。"

"印象如何？"

"在我妈妈眼里，是朵花。在我眼里，是块土坷垃。"

"你真会损人。"

"不是损人，她不折不扣是块土坷垃！太土，土得掉渣子！"

"不说是个富翁的千金吗？"

"那又怎样？这号人我恰恰最瞧不起！见面时，她老用手在脸上摩挲。原来她想让我注意她的手。她手上有一颗好大的翡翠戒指，我偏装作没看见。她又说：'对不起，我的戒指上有一块污垢，你这儿有法国白兰地吗？我总是用法国白兰地擦戒指，用威士忌擦手镯，用……'我毫不客气地打断了她。我伸出了手。我手上也有一颗宝石戒指。我说：'你瞧，我的戒指上也有一块污垢，我不像你那样烦，只要我发现它脏了，瞧也不瞧，就将它扔了。'说完，我一甩手就把戒指扔到窗外去了。我笑了，她欲哭！"

少校嗔道：

"你好不通情理！初次见面，何必把脸皮撕得那样彻底？"

"我看不惯！"

"你应该学会忍耐。"

"忍耐？我每天都在忍耐，每小时都在忍耐，每分钟都在忍耐。我忍耐得太多，也太久了。否则，我早疯了。"他揪住头发。"忍耐！"声音提高了几倍。短暂的沉默后，他忽然换了一种口吻："我认为我只有在一种情况下才忍无可忍。"

"什么情况？"

"想上厕所时。"

含笑捂住了嘴。

少校又一次觉得王雁醉了，这些话中都有醉意。他隐隐有些后悔和含笑一同到这里来。

含笑指着房间里四个满腾腾的大书柜问：

"你有这么多书，看得完么？"

"看得完怎样？看不完又怎样？有人为思想而读书——这种人少；有人为著作而读书——这种人不多；有人为谈吐而读书——这种人占大多数。"

"你呢？"含笑间，"你为什么读书？"

"了解邪恶。书是邪恶的，邪恶书最邪恶，因为书不能改悔……"

少校说：

"你不是即将要出一本诗集吗？那不也是书么？是不是邪恶的？"

"当然是！所谓诗，其实是人们表达自己内心疯狂的一种形式。我的疯狂正是我的邪恶。别人的邪恶侵蚀了我，我也要用我的邪恶去侵蚀别人……"

少校想岔开话题，却听见含笑说：

"念一首你的诗好么？让我们看看你是怎样疯狂的。"

语气中颇含兴趣。少校眼里闪过一丝阴影。

王雁说：

"好，有一首诗是今天才写的，我念给你听！"

你，不是你们。少校不痛快。

王雁琅琅念起来：

日、月、星、辰、
红、黄、蓝、白、
江、河、湖、海、
大、小、粗、细、
表、里、内、外、
父、母、儿、女、
老、中、青、少、
衣、食、住、行、
功、过、是、非、
喜、忧、哀、乐、
声、色、犬、马、
我、你、他！
世界，
人生，
呵！
哈，
吗？
唉！

最后一个"唉"字，应该是叹息，他却用几乎高了八度的声音喊出来，仿佛是全身力量的凝聚。

含笑笑了。

她的笑显然鼓舞了王雁，他双目熠熠放光，说：

"含笑小姐，就冲着你这一笑，我再即席赋诗一首！为你，更为你的笑！"

"我的笑这么值钱？"

"美人的笑最值钱。但美人是不能随便笑的。晴雯一笑不过撕坏了几把扇子，杨贵妃一笑累死了几匹驮荔枝的马，秋香一笑可就疯魔了一个唐伯虎，褒姒一笑不仅要了周幽王的老命，还断送了西周三百五十年的江山。"

含笑忍俊不禁，又扑哧一声笑了。

王雁伸出两个指头：

"二笑！"

"怎么啦？"

"今天我要叫你三笑！"

王雁低头踱步，似在构思，说：

"这诗的题目叫《情人》……"

少校心里一动。

"献给你们二位。"王雁接着说。

少校陡然生出一丝暖意。

> 情人呵，
> 你是我的太阳。

他忽然顿住，使劲用手劈开胸前的空气。

> 不，你不是太阳，
> 你是我的手电筒！

112

含笑问：

"太阳不很好吗？为什么要是手电筒呢？"

> 太阳普照着所有的人，
> 那不行。
> 我只要你照着我一个。
> 因此，
> 你是我的——
> 手电筒！

含笑又一次笑了。

王雁击掌：

"三笑！"

即将分手时，含笑问王雁：

"你有《苍蝇王》这本书吗？"

"有。"

"能不能借我？"

王雁指着贴在书柜旁的一张纸说：

"你看这个。"

纸上赫然四个大字："朋友须知"，列着许多条款。第一条即：不许向我借任何东西。不许借钱……

有意思！

"不过，你例外。"王雁从柜中抽出书来，递给含笑。

王雁驾车把含笑送到家，然后和少校一道返回军校。正行间，忽见路灯下蜷缩着一个衣衫褴褛的老人。他停车，凝注，掏出钱包掷过去。

少校多次见王雁做这种事。他对此并不赞成。"怜悯实际是对别人的一种蔑视。"他说。"何况，怜悯一个人，还不如怜悯一个社会。"他已几次劝王雁不必做这种绿林式的举动，但今天他一声不吭。

行驶片刻，王雁突然开口：

"少校，你看这雪亮的车灯，它像什么？"

少校一时没反应过来。

"像什么？"

"像利剑，刺破黑暗。黑暗在喊着痛……我和黑暗一样，也在喊着痛。心里在喊。"

少校想：他今天怎么了？

"含笑像什么？"王雁又问。

"像什么？"这一问不是不解，而含着淡淡的敌意。

"像苹果。"

"什么意思？"

"她是一只苹果，就是不知道熟透了没有。这比喻的灵感来自我弟弟。他有一次问我：'我的女友像一只熟透的苹果，可我有时又猜不透她内心在想什么。你说怎么办？'我说：'很简单，你把苹果先吃了再说。'"

少校没吱声。过了好大一会儿，王雁猛丁地又冒出一句话来：

"少校，先斩了吧？"

少校清楚他指的什么。他提什么苹果不苹果也是这个意思。

少校正色道："别胡说！"

"胡说？你不爱她么？"

"当然爱。"

"那你还等什么？"

"如果是你，就一点也不等了吗？"

"不等！见了女人，特别是漂亮女人，我首先想到的就是床。"

"你这家伙，见了青春就想吃！"

"你等吧，等你想吃的时候，也许什么都没有了。"

"至少要等一张结婚证呀。"

王雁大笑："结婚证值几个钱？新台币一元，再加上一生的收入。贱得可怕，贵得可怕！爱情不是结婚证，爱情是洪水，是烈火，是刹那也是永恒！"

"你这是什么话！"

"我的话有些逆耳对不对？那全是忠言呀！你不听，也罢，恐怕将来倒

霉的是你自己。人们说：擒住女人是一种艺术，守住她，则是一种事业。你擒得住女人，能够保证守得住么？八十年代的女人可都像兔子一样不老实呵！"

少校有些不快，说：

"今天咱们难道没别的话可谈吗？为什么光谈女人？"

"这有什么奇怪的，"王雁说，"一个男人想女人，两个男人谈女人，三个男人争女人，四个男人骂女人。这里有两个男人！"

刚刚出了台北，汽车突然抛了锚。这时离规定的归营时间很近了，二人匆匆修理，急乱中却总修不好。少校看看表，叫了声：

"糟糕！"

"怎么啦？"

"要超假了。"

军校纪律很严，有些条令说出来准叫你咋舌。举个最普通的例子：吃饭。吃饭时腰不能弯，板凳只能坐三分之一（学生们私下里称为"啃"），碗不能低过制服上的第一颗扣子，眼珠必须正视前方，吃西瓜要吃到真正见不到一点红色，违者严惩……至于超假归营，那是相当严重的过失了，除了记过，还要体罚。

王雁说：

"怕真的赶不上了。少校，你拦个车先走吧。"

少校说：

"什么话！如果受罚，咱俩一起受！"

等他们修好车，赶到军校时，果然大门已经紧闭。卫兵厉声道：

"归营时间已过，不准进！"

六、军校

他们决定在汽车里过夜。

少校叹气道：

"真背运，还有一个月就毕业了，偏偏在这节骨眼上出了事。"

"怎么？你害怕影响毕业分配？你怕把你分到'西伯利亚'？"

台湾的"西伯利亚"并不遥远，但在军人心理上是遥远的。金门，哪个该死的给它起了个这么美的名字？天苍苍，海茫茫，那孤岛是台湾冷酷的边疆呵。

"金门？我不怕。"

"可是我怕。"

少校问：

"毕业后，你想做什么？"

"向上爬！"

鲜淋淋的，这表白，叫人心跳。

"说具体些呢？"

"留在台北，留在总部，留在权力中心！"

"你这些话，能叫人闻到一股血腥味。"

"也许还叫人感到肤浅，对不对？不过，这世界上根本没有什么深沉的事情，即使有，也是假装的。有一次我对爸爸说：'我暂时不追求权力，因为为时过早，但保留对权力的热爱。'他说：'混账东西，这两个字是你乱说的吗？'我立刻感到了他的虚伪。他是个大官儿，能不懂这两个字吗？我只是把他遮掩心房的帷幕撕破罢了。"

少校笑了：

"听见这些话是痛苦的。现在是什么年代了，都在讲民主……"

"民主？"王雁冷笑，"民主还不是一群会投票的驴！"

妙喻！

少校说：

"这是我的信仰。我为此而快乐。"

"我没有信仰！"

"那就信仰快乐吧。"

"什么叫快乐？什么叫不快乐？疯子快乐不快乐？山精妖怪快乐不快乐？皇帝快乐不快乐？而快乐的皇帝又是不是好皇帝？给我答案！"

"没有。"

"我有！"

王雁突然把车灯打开，两道光柱射向军校门前的照壁，一排大字隐约可见：

"领袖、主义、国家、荣誉、责任。"

"你看，"王雁说，"什么排在第一？"

少校没吭声。

"老头子死后，"王雁接着说，"阿国给军校师生训话时的第一句话你还记得么：领袖过世了，你们都是他留给我的遗产！特别是你们的飞行员！"

少校仍无语。

"天方夜谭啊！"王雁仿佛感慨万端。"中国的天方夜谭！那天，在台北，我看见一群大学生在街头演讲，'自由'长，'自由'短。我差点笑出眼泪，说：'你们得到的只能是奴隶的自由，而这种自由是用铁链子的长短来衡量的。'"

"你又能怎么办？"

"得到权力前，还是得到权力后？"

"就算是后吧。"

"我要以重金聘请数名专家前来治理这块土地，他们是：大禹——任市政局长，专门负责疏通渠道，防止山泥倾泻；秦始皇——任邪书调查官，负责搜查及焚邪书；武则天——任税务官，专门整治偷税漏税的阔佬儿；武松——任廉政专员，专打老虎；慈禧太后——任环境部长，负责设计及开辟公园，供人民享乐。你看怎样？"

少校笑出了眼泪。

三天后，训导处通知少校，他被记大过一次。少校平静地接受了这个现实。可当得知王雁没受任何处分时，他不平静了。

王雁说："想去问为什么吗？"

"坦率说，想。"

"不要去，做糊涂的苍蝇吧。"

"什么？"

"就是运用苍蝇的思维方式。苍蝇在天花板上踱步时，常纳闷：人花了

许多钱，修了如此美丽的天花板，自己却在地板上走……"

少校走开了，心情复杂。朋友，我不会去问，问有何用？不问又何尝不懂！你爸爸被倚为军中长城，我爸爸不过是个作警务的，尚未入流。有名望，哦，又怎样？水总比血淡。

那些天，少校肝火特旺，连续犯纪：吃饭时打碎了碗，两次用"你"称呼教官。军校里，学员绝对没资格使用代名词。"我、你、他"需要被彻底遗忘。对上，呼职务；对同辈，呼姓名而且不能忘记加"同志"；对自己：学员xxx。

校方决定对少校加重处罚。

操场上，两排学员面对面伫立，中间留下可供一人穿行的甬道。

甬道顶端，少校站着。这一刻他觉得自己像古代使者，将穿过敌人刀枪森森的甬道，把战书呈给敌酋。

教官高声发令：

"注——意！解下武装带！"

两排学员全部手握武装带。

甬道末端是王雁。少校望着他。朋友，你心虚了吗？为什么躲到那里？这不禁叫我看轻你了。如果你挺起胸膛，即使不能站在第一个也不要站在末尾，便是好样的。

教官大声呼唤他的名字。

"到！"

"目标正前方，正步——走！"

少校以标准的队列步伐走进甬道。

学员们从两侧用武装带抽他。

没有人认真抽，牛皮武装带更多的是在他头上挥舞。被抽裂的只有空气。他心酸了。我的好心的兄弟们呵，你们是多情的。三年同窗，这一刻才体会到"学友"两字的分量重如山。教官爱说：军人心是铁做的，真的全是吗？蝉不学琴，但蝉琴最为撩人；蝶不学舞，但蝶舞最为动人。

教官察觉了，大怒：

"混蛋！重来！谁不用力，抽谁！"

在教官口令下，少校转身，再次走向甬道。

现在王雁成排头了。他第一个举起武装带，对准少校狠抽，表情是疯狂的也是痛苦的。武装带抽到头上，几绺头发飞了起来。

教官叫道：

"好！照这个样！"

天晕地转。血从额角淌下来。少校心里也叫道：

"好！"

与刚才相比，这回是苦难的历程。武装带雨点般地落在他身上，每一下给他皮肉带来的疼痛都超过了前次的总和。你想象那力量吧。你想象那炼狱般的痛苦吧。当少校再次走出甬道时，脸上是血，军装破了。

"立——定！"

他站住，笔挺，轩昂。

接着，教官命令他背着降落伞包绕操场跑十圈。

他咬着牙跑下来了。

当他回到宿舍门前时，再也坚持不住，倒下了。众人拥上来扶他，他用猛烈的手势阻止。他想爬起来，连着两次都失败了。

大家又要上前，他一一斥开。

他躺着，仰望着天空，久久不动。

回到宿舍后，有人为他打来一盆洗脸水，正要说，王雁进来了递给他一封信。

"你最盼望的。"

含笑的信。虽在一个城市，姑娘每星期都有信来。

他撕开信皮，一张照片掉出来。姑娘在照片上朝他笑，甜甜的，暖暖的。

少校，这刚强的汉子，刚才被打成那样连哼都不哼一下，这时却突然控制不住自己了，连忙把头埋进水中，眼泪涌了出来。

他的头在脸盆里埋了那样久，以至于王雁叫道：

"你想憋死自己？"

他抬起头来，望着王雁，目色沉沉。

“我把你打痛了吗？”王雁问。

他不语。

少校走向王雁，双拳紧握。

王雁纹丝不动。

“打吧！”

> 你若是那含泪的射手，
> 我就是，
> 那一只
> 决心不再躲闪的小鸟。

少校终于没动。

王雁拿起含笑的照片，凝注。

“少校，说一句也许是不该对你说的话，自从认识含笑之后，我变得更珍惜生命了，也变得更不珍惜生命了。”

他把照片翻过来，有字：“今生我属于你，来世我仍然属于你。踮起脚，送你一记亲亲。”

呵，多么纯情的女孩，多么可爱的女孩！“踮起脚，送你一记亲亲。”石头人听见这话，也不能不为之动情。些许温柔，些许情意，尽在此言中。还有点……有点撩人，带着稚情。看着看着，王雁脸颊抽搐起来。

“阿宇，你前辈子积了什么德？”

他突然扔下照片跑出去。

下午，学员进行跳伞理论考核，少校在床上躺着，一个学员进来对他说：

“快去看吧，王雁爬到电视塔上去了！”

军校后面就是有名的阳明山，山顶耸立着一座三百公尺的电视发射塔，加上山本身的高度，足有四百公尺。王雁到那上头去做什么？

电视塔下围着许多人。还有宪兵，白制服刺眼得很。他们的出现使这里气氛紧张。

少校想到塔顶去看看，在入口处被宪兵拦住。

"那人传下话来，谁上去，他就跳下来。"

少校大惊。跳下来？这从何说起！他问唤他来的学员：

"下午你们都干什么了？"

"跳伞理论考核。一交卷子，他就匆匆走了。"

匆匆，去哪里？真要走，怎连一声再见也不说？

少校仰起脸来。电视塔像巨大的铁矛直刺蓝天。看不见王雁。朋友，你也想到天上去吗？

他不顾一切地要冲进塔里。宪兵欲挡，竟被他推了个跟头。

恰在这时，人群中响起一片惊呼。

他向上望去，脸色变了。一个人的身子正从墙身的铁架里钻出来。无疑，是王雁！一霎间，他脑子里变成一片空白。他看不清那张脸，但那张脸就在眼前，甚至从来没有这样清晰过。

可怕的寂静。

有几个妇女悄悄溜走了。她们大概是不敢看下一幕吧。

下一幕，哦，下一幕……

"呵——！"一个女人的尖叫。

王雁跳下来了！脱离塔身时的姿势真优美，像跳水运动员。

"完了！"少校说。可话音未落，形势突变！

王雁滴溜溜打转的身子停顿了一下，一瞬间像在空中凝固了，紧接着，一顶降落伞猛然张开！原来他带着伞！

幕落！不是悲剧。

少校忽然察觉自己全身已被汗水浸湿了。

降落伞冉冉飘向山那边。他跑去。宪兵跟着他。

王雁见了他第一句话竟是：

"如今我才明白，那些跳楼自杀的人，都是先吓死，而后才着地的！"

少校说：

"你究竟想干什么？真想死么？"

"To be or not to be, this is a question."

宪兵们把王雁带走。少校不放心，跟去了。

在宪兵的汽车里，王雁小声对少校说：

"对你说实话，我这个举动是为你鸣不平。咱俩一起超假，为什么只敢处分你？我看不惯！我索性再给他们惹点事，看他们怎么办！"

少校叹了口气：

"还是谨慎些好。"

王雁大声说：

"灾难只有我给他们！我不生事，谁敢生事？"

好一副骑士口吻！

"不过，"片刻后王雁又说："站在塔顶的时候，我真的想到了死。那一刻，我眼前出现了你，还出现了你的朋友。我忽然觉得活着是那样没有意思，因为……"他把后面的话咽回去了。

少校竟没有注意到这句话中应该引起他注意的地方。

在宪兵司令部，王雁受审：

"姓名？"

"不说。"

"年龄？"

"也不说。"

"从哪里来？"

"来自地狱！"

"放老实点！"

王雁若无其事。

> 不要问我从哪里来，
> 我的故乡在荒谬！
> 为什么离开，离开荒谬去流浪？
> 为了逃避税项，
> 为了远离凶恶的妻房，
> 为了相识的新欢，

去流浪。

还有，还有，

为了梦中的摇钱树……

负责审问的宪兵军官怒不可遏：

"铐起来！"

"铐吧。你们怎么给我铐上，还得怎么给我打开。"

果然，半小时后，宪兵军官走进来，亲自为王雁打开手铐，态度变得毕恭毕敬。"对不起，我们不知道。"他反复重复着。你不知道什么？又知道了什么？当然是王雁的爸爸。

王雁哈哈大笑，少校却一点也笑不出。

一个月后的一天深夜。

少校一个人走在台北郊区的公路上。

好黑呵。天空仿佛被一口锅严严实实地扣住，月亮星星统统不见了踪影。王雁总爱说它们钻进被窝做爱了，当真？几盏惨淡的路灯有气无力地亮着，像鬼火，而阳明山就像一个大坟。

刮着小风，有些凉意。

真的是一片坟地，这世界？要不怎么这么静呢？除了他的脚步声，就是他的心跳声了。

在台北，这样的深夜，这样的地方，是属于罪恶的。他为何踽踽独行？

事情要从白天说起。

今天放暑假了，同时宣布了毕业分配方案。少校所在的学员班三十人，只有他一人被分到金门。

他心中掀起波澜。他并不像有些人像害怕死刑一样害怕去金门。如果那里真是"西伯利亚"，他倒乐意做一名勇敢的十二月党人。问题是，将军们也把那里看作流放场所，被流放的当然是帅克那一类不能称作士兵的士兵。他是标准的士兵，是军校中之佼佼者，却被流放！

王雁如愿了，分到陆军总部。凭成绩，他无论如何也迈不进那个门槛

儿，可是，"权力中心"显然向权力屈服了。中心中还有中心。

王雁把少校拉到电话旁。

"给我爸爸打电话，让他过问你的事。"

少校冷笑，含着轻蔑。他觉得自己从未这样蔑视过自己的朋友。

"我不要。"

"我打！"

"不要！"

"没事！"

少校突然掏出一把折叠剪刀，打开。

"你要打，我就剪了电话线！"

王雁一惊：

"你敢？"

喀嚓一声，电话线被腰斩！

少校意识到自己举动过火，转身走了。他心里烦呵。

学员们纷纷离校，大都结伴而行。他躲在宿舍里不肯露面，他怕见他们。

半夜，他悄悄离去。

一片寂静，夜色像铅板，肆无忌惮地压迫着他，令他喘不过气来。他愈益烦闷。

天边阴沉沉，是快下雨了吧？

他忽然羞愧难当。这算什么？为什么选择夜晚，夜晚是小偷的世界，刚才他离开军校时，不也正像一个小偷么？甚至连脚步也是轻轻的，怕惊动谁？是别人还是自己？原来你还是害怕"西伯利亚"的冷酷呀，否则，怎么一瞬间勇气全消？竟连享用白天的勇气也消失了？丧失了勇气的脸孔是丑陋的，你莫非想用夜色遮掩那种无可奈何的丑陋？你不是时时告诫自己：不疲惫的意志是永远向前的吗？今天，你畏缩不前了。你不要抱怨那无罪的鞋子！

他心里阵冷阵热。为什么独自一人？典型的懦夫？你乞求寂静，可寂静却吃了你。寂静是虚假的，因为你心里根本没有寂静。

他羞红了脸。

蓦地，他恨这寂静，恨这夜色，还恨自己。

勇气呢？那是最值钱的呵！你要卖了它？

胸腔内，烈火腾腾。他忽然控制不住自己，竟喊叫起来：

"呵——呵——"

声音大极了，学兽叫，确切说，像狮吼。他不知道自己怎么会发出这种声音。

他持续不停地叫着。

他热血沸腾。

突然，一件奇怪的事情发生了：也许是受了他声音的影响，一阵狗吠声从田野深处传来。这种狗叫声与平时大不相同。平时狗叫声总是短暂的，凄凉的，无奈的，而今天的狗叫声却十分悠长雄壮。起初是一两只，渐渐地，愈来愈多，足有几百只。那是一阵翻江倒海澎湃而来的狂潮呵。世界被淹没了。黑暗在这股狂潮中挣扎。少校不知道哪里来这么多狗，也从未听到过如此富于气魄的狗吠。他深深地激动了。

他用更大的声音喊起来。

天下雨了。

七、给爸爸的信

亲爱的爸爸：

你好。

先让我说一声对不起好吗？我在欺骗你，也许还将欺骗下去。我背上了一个沉重的十字架，将背到哪里才是尽头呢？好几次，我向你微笑，那微笑勉强极了。我想通过微笑来默默向你请罪，岂知反而加重了我的犯罪感。爸，能原谅我吗？不，我宁愿你咒骂我，斥责我！

我没有把遇见妈妈的事告诉你。

妈妈告诉我一个秘密。那秘密残酷极了。妈妈对我是坦白的。绝对的坦白也许是绝对的真实，却不一定是绝对的优美，也不一定是绝对的善良。天底下比谎话更能伤人的就是说实话。

真怪，上国小时，会唱那样多歌，偏偏这一首记得最清。"昨夜秋风乍起

/想起要寄一叶相思/拜托风儿代为传递/敢问天边的白云/是谁砍伐了我梦中的树？/是谁不让我在叶上题诗？"是上帝在冥冥中让我记住这首歌吗？为的是减弱痛苦？否则，待梦中的树长大再让我挥斧，一斧斧砍的是自己的心呵。

爸，第一次回家，我真想向你倾诉，可当我看到你时，又不忍心了。那天你休息，警服也休息了。穿着府绸衬衫的你，完全没有了平日那呼风唤雨的气派。你还拿掉了假牙，嘴巴瘪了，一下变得不像你了，好老好老。就是这样一个老人，那一刻竟坐在桌旁看小人书。你文化低，最爱看这种属于地摊的读物。小时候，我从这些书中得到满足。你一生从中得到满足。

你看得好认真。每翻一页，手指还在舌上沾一下。这一切令我酸楚。

我想起妈妈家里的大书柜。那些书富丽堂皇。虽是默默伫立，却显得无限高贵。它们将会以怎样鄙夷的目光来看待你的宠物呀。

第二次，我把勇气鼓得像帆，却碰到一件事，刺破了帆。有个老板模样的人给你送礼，总是有事相求吧。你把他拦在家门口，不许他越雷池一步。他哀求：

"进屋讲话吧？"

你大声道：

"我怕你踩脏地板。"

"其实也没什么礼物，只是些水果。"

"我李震宇一生从未吃过别人的水果！"

老板悻悻走了，丢下一句骂人话：

"别以为人家真想进你那烂脏小屋。"

你正色道：

"你住大房子，可我瞧不起你！"

我心动了。呵，小屋，你被人家扣了一顶帽子，委屈吗？你小，但并不烂脏。

妈妈的豪华的大房子浮现在眼前。那是宫殿。爸，你的妻已经住进宫殿了，你却一辈子住在小屋里。在新竹，张学良伯伯曾开玩笑说你住的屋子是猪圈。那是新竹的猪圈。现在的是台北的猪圈吗？假如你知道你的妻现在拥有一座宫殿，你那颗男人的心，能不被刺出血么？

老天爷不公平呵。

我常把你和妈妈进行对比。反差太强烈。每逢此时，我都会为你舍泪。有一天，妈妈坐着惹眼的"凯迪拉克"来军校看我。我没让她进校门。她走后，我竟抑制不住地想你。一阵冲动，我拨通你的电话。忽然又不知道要说什么，才知道原来只想听听你那熟悉的声音。真正拨通的，只是自己心底的一根弦。

放暑假那天夜里，我淋了雨，第二天发起高烧来。好几个小时迷迷糊糊，我的灵魂飞到另一个世界去了，只留下躯壳让你照应。躯壳却做了傻事。稍清醒时，我看见你脸肿了，还有血印。原来我曾拼命抽打你的脸。印象中我抽打的是军校的沙袋呀。你的脸作了沙袋，却没移开，尽情让病中的儿子发泄。爸，你那老人的脸庞怎么竟承受住了青年人的摧残！

我心里阵阵刺痛，右手食指剧烈抖动起来。

你做好饭，端到我面前。我突然发现，你右手食指也在抖动！和我的一模一样。

我连忙掉转身。爸，我想哭！

吃你做的饭，不是太咸就是太淡，肠胃直叫苦，但苦不过我的心。我从小吃你做的饭长大，一直吃到今天。吃到这一刻，可我为你做了些什么呢？反而去砍梦中的树。女人把男人拉扯大不易，男人把男人拉扯大更不易。一鼎一镶里有着朝朝暮暮的恩情啊！

半夜，风雨交加，我的病突然加重。打电话请医生，无人肯冒雨出诊。你面子不够。要出租车，得到两个冰冷的字：明天。附近警总分部里有警车，但我知道你是不会动它的。你从不占公家半点便宜。于是，你只好背我去医院。

当我趴到你背上的瞬间，我明显地感到了你的瘦弱。你曾经强壮过，但现在你"像一九一一年的满清"了。这是你说的。我怀疑在我重压下你会彻底崩溃。

你背着我在泥泞里一脚深一脚浅地走着。你每一下沉重喘息，都对我的心是重重一击。爸，被背的应该是你而不是你的儿子，咱们换换。妈妈在这一刻也来折磨我了。她驾驶着那辆豪华型的"凯迪拉克"，像指挥自己驯顺的奴仆。你没有奴仆。你的奴仆是我。

一道闪电，我看清了你的脸。这张脸，被我从小到大看了二十几年，但

这片刻的凝视使我心灵战栗了。爸，你真的老了。你还没有享多少福，怎么就老了呢？

我忽然觉得对不起你。

妈妈离家后，你再也未娶。我是孩子时，不懂作为男人的你为此付出的是何等巨大的牺牲。我现在长成男人了，你却成了老人。回忆往事，我恨自己的疏忽和自私呵！

有个女警察曾经恋过你。一次，你们在房间里谈话，我偷听了。那时我上国中一年级。但"爱"这个字，我大约是在国小一年级就懂了。有些话至今犹存脑中。

警察阿姨哭了：

"你嫌我吗？要不，为什么平时总挑我毛病？你说我胖，于是我大半时间都在挨饿。你说我站队时胸部挺得太高。那怎么办？才二十五岁，有什么崩塌的理由？……"

我恨那个阿姨。

你留给我印象最深的话是：

"我怕孩子吃苦。"

后来我才知道，这话分量如山。

读高中时，一天回家，看见你正在看一本画报，上面有一个裸体女人。裸体女人美还是不美？世人看法相同，但说法不同。总之，这都是夏娃惹的祸呀。谁叫她成了摄影家镜头下永不枯竭的题材？她是上帝塑造的最完美的形象，可她把别人害苦了！

那时，教师只教导我们，坏孩子才看这样的照片。我用不原谅和不信任的目光瞪了你一眼。你苦笑着放下画报。我连你的苦笑也不原谅。那天，我待你冷淡。

今天，我意识到自己是幼稚的。不可原谅的不是你，而是我。爸，为了我，你做了男人尤其是台湾男人最不容易做到的事。你不喜欢女人吗？不。我知道你怎样深爱着妈妈。这许多年来，你的青春是在没有女人的房间里一分分、一秒秒消逝的。我不知道你要用多么坚强的毅力才能次次成功地扼杀男人的冲动。而我，仅因为你朝那样的照片看几眼，就对你产生敌意。

想到这儿，我哭了。我抱紧你的肩头，真想对你说："爸，我爱你！如果妈妈不爱你，我却是爱你的！"

泪水滚滚洒落在你背上，你说：

"这雨怎么是热的？"

在家养病的几天里，我处在一种忏悔的心境中，对你千般好。我真想，真想做一切事情来讨取你的欢心。小时候，我为你画过这样一幅画：夜幕中，星斗满天。空白的一角，写着我的心意："献给亲爱的爸爸，请您任意摘取满天的星星！"

你说：

"好小子，好大口气！"

你笑了，笑得真舒坦。我现在也想让你这样笑一笑。

这几天，我开始怀疑妈妈的故事的真实性了。这种怀疑带来的是心情的渐趋平静。可是，昨天发生的事情，又如在我心中投下一颗核弹！

昨天是星期日，快吃晚饭时，一个穿西装的人急匆匆走进来，神态紧张地说：

"老李，快去，他来了！"

你神色大变。

"怎么不提前通知一声，也好布置警戒。现在警员都不在呀。"

"他的脾气你还不知道？说走就走，说上哪儿就上哪儿，和他老子正好相反。今天把孩子都带来了呢。"

"这样吧，"你想了想，"叫我儿子一起去，多个帮手。他是军人。"

"行。"

哦，他来了。从你们的对话中，我知道是神降临人间了。从你脸上我更清楚这一点。你这种激动的神情，在新竹我见过几次。他，但主要是他父亲，去看过张学良伯伯。他父亲是神，他也是神。尽管他常常降临人间但仍然是神。有些幼稚的人老是叫嚷要推倒神的像，推得倒吗？即使推倒了也要留着底座，以便以后继续使用。

他和蔼地微笑着，和你握手，也和我握了手。他的手软软的，很小，像一只女人的手。我惊异，这是那拨云的手吗？这是那能够书写中国历史的手吗？

他对你说：

"随便上山玩玩，不用你们操心了。"

他完全没有他父亲那种威仪。无论在报纸上，电视里，画报中，他总笑眯眯的。他的面孔容易让人联想到一个可亲的老妈妈。即便是演戏，那演技也算中上了。况且他经常亲近民众，这不仅需要演技，还需在恒心，是不是也需要胆量？

他的混血的孩子们跟在他身后，一个个器宇轩昂。他们的神态和动作更像他们的祖父。

爸，当你走在他身后时，我看到你脸上焕发出一种异样的光彩，这光彩使你变年轻了。你左顾右盼，眼神是警惕的，但我还是不费力地从中捕捉到了自豪的成分。

我们来到著名的百丈崖。这悬崖并没有百丈，但刀凿斧劈，也险峻异常。他到松林中小憩，你没过去。

他的孩子们要照相，一个背照相机的随从站在路旁为他们取景。

那个眼睛蓝蓝的孩子说：

"要全身的！"

那随从向后退，再退，再退，全神贯注，突然，一失足掉到深深的悬崖下去了……

他掉下去的那一刹那是什么感觉？是无限的悔恨吧？那情景永远留在我心里。我只要一闭上眼睛，就看见他在掉，一直掉，掉，掉到现在还没掉完。

有人下山了。他的孩子叹息着，但我听得出来，那叹息是怎样虚假呵！果然，一个孩子把他自己的照相机递给站在一旁的你。

"你帮我们照一张。不过不要到路那边去了。"

你说：

"是！"

军人般的回答，而且没有丝毫的犹豫。爸，你知道么？当时我想哭。假如你稍稍犹豫一下，我的心或许还不会被撞痛。你为什么恰恰站在他们身旁呢？他们为什么正好把照相机递给你呢？我恨你吐出来的那个字。今天它有些丑陋。我曾听见，你对他们的祖父说过这个字，对他们的父亲也说过，现在，

又对他们说了！

他从小松林那边过来了，听说发生了不幸，显出异常痛苦的神色。而他的孩子们的脸倒像木乃伊。他下山，才走到绿树别墅附近，在门前台阶上坐下了，说：

"歇一下吧。"

语调沉重。我看见他眼睛里有晶亮的东西闪光。这时天已黑了。那个穿西服的人对你说：

"老李，你到别墅后面的树林里警戒。"

我对你说：

"我先回家了呵。"

回到家我倒头就睡，一觉睡到大天亮。醒来后，竟发现你床上空空的，被子仍像昨天那样叠着。你一夜未归！

我放心不下，去找你了。不知为什么，一种强烈的直觉告诉我，你还在昨天傍晚那个地方。这是第六感。

我来到绿树别墅后面，那儿有一片树林，还有一座山包。我上了山包，突然，心又开始抽痛。这时候，一轮红日正从太平洋上冉冉升起，那么大，那么圆，像熔化了的铁水，又像鲜血。这是神圣的一刻，大自然开始向太阳膜拜了。呵，日出，日出！从山顶上望去，真是壮观至极呵！同时，我看见了你。果然，你在这里待了一夜。你全身都被露水打湿了。你向东站着，背朝绿树别墅，右手放在裤兜里，那里放着你心爱的左轮手枪。你的身体浴在霞光里，仿佛燃烧起来。我涌上来一种奇想：你多么像，多么像怀抱着篝火在自焚呵！

我说：

"爸，你站了一夜？"

"没叫我回去呢。"

爸，凭着这样的耿耿忠心，能授你一个什么样的勋章？"干城"，"忠勇"，还是"克难"？

"回家吧。"

你非逼着我去绿树别墅询问，他们是否住下。人家说，一干人只待了三十分钟，早就离去了。这样，你才肯回家。

爸，这事真可悲。我终于明白了，妈妈的故事是真实的！

爸，这封信我当然不会寄给你，那么，让我把它寄到地狱去吧……

儿　阿宇

八、抉择

十天后的一个傍晚，少校站在西门町三路巴士站站牌下面。

十天了，每天这时候他都到这里来。

他在等一位小姐。

十天前，他去西门町，登上巴士才发现忘记带钱，尴尬地向服务小姐解释，却招架不住那饱含敌意的目光，汗淋漓。

"喂，这钱你拿去买票吧。"

映入他眼底的是一张小姐的脸庞。他俩同在西门町下车。少校问：

"明天你还坐这车么？"

"怎么？"

"我还你钱。"

"一张票……"

"要还。"

"明天这时候我还来。"

明天，少校来了。小姐没来。明天的明天，少校又来了，小姐仍没来。第三个明天，……一连十天。

天幕完全黯淡下来。他正准备离去，一辆"凯迪拉克"在他面前"吱"地刹住，一张女人面孔从前车窗里探出来，是熟悉的。

"妈！"

又一张女人面孔从后车窗里探出来，怎么，也是熟悉的？

"你！"

竟是他等了十天的小姐。

少校惶惑了。两个不相及的女人怎会同在一辆车里？妈妈再婚后，又制造了三条和我一模一样的生命。

"孩子，"妈妈说，"玲玲对我说你在这里，我就来了。"

"玲玲！"

小姐说："是我。我介绍一下，我叫张玲玲。"

"我叫李……"

"我知道你的名字，我还知道你是军校应届毕业生，一九五二年出生……"

"你怎晓得这许多！"

"我晓得比这还多哩！我晓得你天天像木头似地站在这里，一共十天；我晓得你最近背了个处分；我晓得你被分到金门；我还晓得你和你妈妈的事！"

少校吃惊死了。户籍警？不，军队的门对户籍警是紧闭的，可明摆着她在这扇门里！至于处分和毕业分配，由于小小虚荣心作祟他并未告诉妈妈，甚至未告诉爸爸，却被她一股脑儿地连锅端出。十天了，我以为她没来，其实她天天都来。既然来，为什么又悄悄隐去？小姐，你已知道我是谁，可你是谁？

他们一起去妈妈家。妈妈问："真把你分到金门了？"

少校点头。

玲玲说："王胖子这家伙，真够浑的。"

少校吓了一跳。被他呼喊绰号的人是军校生的上帝——校长，堂堂陆军中将呵。玲玲唤他时像唤什么？淘气的弟弟，幼稚的情人，一只蹦蹦跳跳的大皮球。

来到妈妈家，妈妈家的中将迎出来。他对玲玲异常热情，笑容在脸上停留许多。不错，那是长辈对晚辈的笑，少校却感到是卑微的长辈对尊贵的晚辈的笑。

"玲玲，几岁啦？"

"比去年大一岁。"

"哦？好好好好……"

苍白的头不住点着。

我的中将哟！

他朝楼上喊道："你们都下来！玲玲来啦！"

妈妈的三个传人走下楼来。少校第一次见他们。

寒暄毕，妈妈对他说：

"你给老王打个电话。他们把阿宇分到金门去了。"

"真的！"

"妈，"少校说，"不要打。"

妈妈推搡着他进里屋去了。

客厅里只剩下孩子们。三个兄弟审慎地望着少校，略含敌意的目光在少校身上生了根，仿佛少校不是他们的同母兄弟，而是犯人。

少校被看得窝火极了，但不退缩，也直视着对方。

"军人，有个问题请教一下，"那个留着小胡子的人开了口，少校暗暗把他唤作老大。"最近在中国南海展开大海战，你对此关心吗？我相信你不会不关心。"

不友好！兄弟初次见面，便扔过来一颗烫手的番薯，下马威呵！

的确是烫手的番薯。军中严令：任何人不得谈及这场战争，违者必究。台湾从来坚持西沙是中国领土，可是事情一旦与中共沾上边，态度就变了，变得可以连祖宗都廉价拍卖了。

不能示弱！少校说："当然关心！"

"关心什么？"

"一，据专家统计，南中国海的鲸鱼只有一百条了，军舰炮火又会夺去几条鲸鱼的性命？二，有四个国家说南中国海属于他们，大海战后，废钢铁归谁？"

玲玲笑了。

戴眼镜的兄弟插进来，少校觉得他是老二。

"外电说中共军队打得很英勇，可我们的报纸却说中共士兵胆小怕死，不堪一击。我们是不是在说谎？"

"也许是。"

"那怎么办？报纸该关门吗？"

"不用。说一次谎，就得说一千次谎来掩饰。继续重复就是了。"

"你是军人，你说，国军和中共军，谁厉害？"

棘手！少校说："国军厉害。"

所有的目光齐刷刷投向他。

"为什么？"

"打了二十年，我们把中共军打成了世界上最强大的军队，我们自然是强中强！"

一个"打"字，用意好深！中文，你不愧是李白、杜甫、苏东坡使用过的文字！

"如果和中共军打仗，你会当英雄吗？"

挑衅！少校回答："我不是英雄，从来不是，也当不了。"

"如果在南疆有战事，你会当英雄吗？——你已经说过你当不了。"

"所谓英雄，并不比常人勇敢，他只是多勇敢五分钟。"

这回答多妙！

那个一直没发言的、有着艺术家般长发的兄弟站起来。准是老三。

"你们别说了。我讨厌军人，讨厌打仗！这个世界上为什么要有军人？为什么要有战争？你想杀人，那你明天上战场好了。我永远诅咒战场！那里有人，但没有人性，只有血腥与暴力！血腥与暴力，你懂么？"

必须还击！少校不动声色，说：

"这个世界不光只战场上才有血腥与暴力，这个道理你懂么？"

"举个例子。"

"俯拾皆是。比如，这间客厅隔壁的屋子——厨房。"

"厨房？"

"千百年来，厨房一直是充满暴力的地方，几乎每一类动物都在这里被宰杀过。方法各有不同，却无一爽快和利落的，或被放血，或被窒息，或被重击。你闻不到血腥味么？在你意想不到的地方多闻闻吧。"

言犹未尽。

玲玲又笑了：

"的确是这样！不过我补充一点：那是千百年来备受欺压的妇女在发泄，将抑郁诉诸暴力！"

少校掏出钱夹，把票钱还给玲玲。

"何必这么认真呢？"玲玲说。

"我说过要还你的。"

"现在咱们认识了，免了吧。"

"对于已出口的话，我是奴仆。"

老三说："把那张钞票收起来吧，把那张手纸收起来吧，不管是你还是她，收起来吧，我讨厌看见它！我又一次感到了中国人的不可救药，一点含蓄和幽默感都没有。外国人脑子里想钱，嘴巴里讲钱，可手上很少攒钱。那玩意烧手！中国人想钱，讲钱，手上还大把大把攥着钱！"

少校说："恰恰相反，我认为，中国人是唯一敢用钱用来装饰自己的民族，相形之下，西方人所使用的支票则是一种对人性的极大侮辱。"

玲玲从少校手里接过钞票。

"说得好！我收了！"

片刻后，玲玲对少校说："我也有个问题：你所在的学员班三十人，为什么只把你一个分到金门？"

绝不怀疑了，此人来头不小！什么她都知道！

"我受过处分。"

"呵，"老大说，"原来你是被刺配的。"

"武松和林冲都被刺配过。"

"口气不小！"

老二说："你对金门怎么看？有人说它的存在不是军事需要，而是政治需要。"

"我是军人，不谈政治。"

"政治难道比打仗还危险吗？"

"打仗，你最多被人一枪打死一次；谈政治，你可以被人千刀万剐。这是丘吉尔说的。"

"你改了一个字。"玲玲说，"丘吉尔说的是'搞'政治。"

"你注意到了？"

"在家里谈政治嘛！"老二接着说，"最可怜的老百姓也可以在他的家里蔑视皇帝。哪怕他的家只是一个破房子，房顶在摇，风吹发响，寒流侵入，细雨成漏，但皇帝管不了。"

　　老大又问："金门与大陆一水之隔，去那里你害怕吗？"

　　"怕什么？"

　　"台风。自然界的和非自然界的。前者，一年中占去半年；后者，天天有。你不怕被击倒？"

　　"击倒我，非十三级台风不可。世上没有十三级台风。"

　　"嗬，蛮有骨气哦。军人，你仿佛有刘邦的气概。怎么，想当将军吗？"

　　"为什么不？"

　　"可你当得了么？"

　　"想当不想当是一回事，当了当不了是另一回事。人一生，只要完成对自己的塑造就行了，像项羽那样。"

　　"我看你当不了。在台湾，毕业本身即是竞争。在这场竞争中，你已经失败了。三十个人你都争不过，三百个人呢？三千个人呢？三万？三十万？我的项羽。"

　　"嘲笑我可以，请不要嘲笑项羽。"

　　"为什么？"

　　"他是我心中的英雄。"

　　"你崇拜他？"

　　"对。"

　　"那还不如崇拜刘邦哩。他是成功者。"

　　"刘邦没有心。也许原来是有心的，但早已被重重硬壳包裹得不留一丝缝隙。为得天下，他可以不要父亲，不要子女，至于功臣功狗，更不用讲了。"

　　"项羽有什么？"

　　"魂。你看得见项羽的魂吗？"

　　"你呢？"

　　"我看得见。"

　　"这倒要领教。"

　　"他的魂在于一种抗争精神和赤裸裸的自我表现欲。从二十四岁登上历史舞台到三十二岁乌江自刎，他将足够烧完一生的光与热，集中在这短短八年中焚尽，一点也不节省能源！"

新鲜！大家注意力被吸引了。

"刘邦是神。连韩信也指责刘邦的帝位是天授的，但项羽一生从头到尾，没有异兆，没有祥瑞，没有白蛇，赤蛇，只有一个'人'！从登场到幕落，舞台上下左右的聚光灯全打在他一人身上，他是主角中的主角，没有任何配角能抢的戏，分他的光！"

"讲下去。"玲玲说。这话使少校信心倍增。

"他恨皇帝奢侈，烧了阿房宫；他为天下百姓早息战祸，单挑刘邦较量；鸿门宴上，却又忘干净了敌我；战场上杀人无数，偏偏常为部下的疾病流泪；一生不听别人劝说，却听了一个十三岁小孩的话，饶了一城性命；直至垓下被围，无颜见江东父老，割头赠友。这一笔最有力，为他的画像点了睛！"

玲玲眼睛一眨不眨地望着他。

"项羽尽情泼洒的是年轻人一往不悔的青春之力，刘邦斤斤计较的则是中年人的心机，项羽与刘邦争，怎么会赢？他失败了，但他仍是英雄中的英雄。在乌江，他拒绝了生，选择了死。大丈夫可以被人爱，可以被人恨，却不可以被人怜！"

"张学良伯伯也是如此。"

"英雄身上往往含着自毁的因子。别人杀不死他，能置他于死地的只有自己。他失去了江山，却赢回了自己！"

少校也不知道自己怎会一口气讲了这一大通话。他还很少这样激动过呢。他觉得心胸舒畅了一些。

"你讲述了一个英雄，"老三说，"同时把自己也装扮成英雄。不过我要问，今天你上这里来用意何在呢？你难道不是想让我爸爸把你留在台北吗？"

玲玲打抱不平了。

"是我请他来的！"

少校站起来。

"再见。"

少校离开妈妈家，来到附近的"森林"酒吧，要了两瓶酒，几碟菜，默默吃喝。喝毕去付账，服务生对他说：

"先生，那位小姐已经代你付过了。"

少校一怔。回头看，玲玲坐在门旁的一张用半截树墩做成的桌子旁，正朝他微笑。

"你这是做什么？"

"没有什么。你刚才谈了那样长时间，竟能够不说别人半句闲话，我应当请客。"

二人坐下后，玲玲说："你好像不喜欢你的几个弟弟？"

少校沉默良久，慢慢道："我和他们不一样。他们像白老鼠。他们聪明，家境好，受过高深的教育，但他们缺少艰苦奋斗、挣扎求生的本能。他们喜欢夸夸其谈。我是一只褐色的老鼠。我可能是一个不可教育的人，只能当兵，还是个不讨人喜欢的兵，但我能够吃苦耐劳，不怕牺牲。比如，如果我的腿陷在夹子中，那么，为了脱身，我会把那只被夹住的腿弄断，而在所不惜。他们准不能！"

傲呵。这话充满了男性的魅力。

玲玲显然受了震动，从她脸上看得出。她说：

"你真下决心去金门？"

"嗯。"

"不改变主意了？我可以让你留下。"

"我相信，可我不愿意。"

"那里不仅苦，而且很危险。"

"我什么都不怕。我有一腔热血，还有旺盛的生命力。"

离去时，他忽然一阵冲动，指着那张用树墩做成的桌子：

"你信么？假如这是一棵生命力特强的树，明春这桌子会开花！"

玲玲无言。

台金班机在云层里平稳地飞行着。

少校倚窗而坐，望着机翼下万顷波涛。

"西伯利亚"，用你的寒冷的风来拥抱我吧！我将像伏尔龚斯卡雅公爵夫人一样勇敢地迎接你的挑战！

此刻，他心里已经没有了怨愤，取而代之的是一种渴望和一种自豪的

激情。

他要征服"西伯利亚"。

他首先要征服自己。

五天前,他回到军校,训导主任把他叫去。

"经过重新研究,我们决定把你留在台北。"

他心里涌上来一股巨大的轻蔑。

他接连给校长写了三封信,坚决要求去金门。

要求终于被批准了。

飞机飞过台湾海峡中线的时候,少校突然发现他身旁的座位一直空着,上面放着一束鲜花,不禁纳闷。台金班机一向满员超载,他弄这张机票还花去几天时间呢,这座位怎会空着呢?又是谁,如此浪漫?竟把一束鲜花带到那个武装到牙齿的小岛去?

他招来空姐询问。

"这个座位是一位小姐订的。"空姐说,"飞机起飞前,她送来这束花,吩咐我们把它放在她订的座位上。"

"人呢?"

"她根本就没上飞机。"

少校不安了。他拿起花束,一张小卡片掉出来,上面写着:

"阿宇,祝你一路平安。玲玲。"

九、给国防部长的信

部长阁下钧鉴:

致军礼!

我是航空队金门分遣队飞行官,向你报告!

也许你会觉得我太狂妄,一个小小的"百夫长",居然敢直接写信给全军统帅。我敢。我自信我的勇气是够用的。请你原谅我的鲁莽。

还要向你报告的是,这封信我原来想写给总统,但内容仍是关于你的。听后请你不要吃惊,我要向总统告你一状!

不过我很快改变了主意。我甚至为这个想法而羞愧。告状是弱者的行为。

部长，在军队中，你是个极富传奇色彩的人物。平时，你在国防部的大楼里，但你更多是在国民中学的课本里，在《中华民国战史》的书里，在《现代军事》杂志里。先总统蒋公曾亲笔为你书写了两个大字：军魂。

在那场民族战争中，你曾经让大和魂哭泣。国中课本里的故事，让我多少年激动不已：滇缅公路上，你率领一个师和英军共同挺进，去解救一座被围的中国县城。两架日本飞机突然出现，扫射轰炸，英军作鸟兽散，你的士兵却仍然部伍整肃。你大声发令"正步走！"战士们一片片倒下，但全军继续向前。第二天，你与日军大战，打了三天三夜，英军不支，撤走了，你却愈战愈勇。终于，日本人败退了，临走前将一张布告贴在城墙，赞赏你的英勇，并说败给你是光荣的。但他们撤走前县城已经陷落，一场彻底的屠杀，把它变成了地狱。你率领部队进城，竟见不到一个活人，沿途传来士兵抑制不住的恸哭声。在一个万人坑前，你命全军列队，朝天鸣枪，并带头唱军歌。那一刻，没有一个人不流泪呵。

我第一次见你，是在军校举行的抗战研讨会上，你的发言给我留下了很深的印象：

"这是一场难以详述的战争，更是一场难以详述的民族灾难。无数血泪的控诉到今天只成了几页史学家的统计数字。"你拿起一本《八年抗战之研讨》。"在这些装订精美的书页中听不见民族的哀号，也见不到百姓的悲泣。历史呵，历史，民族的历史！我们坐在有香味的冷气里，靠着麦克风、打字机，企图从历史中挖掘出一点什么吗？是使战争更有效率、理由更堂皇的智慧吗？在这布置高雅的玻璃房子里，我们能讲得出南京大屠杀是怎样一种情景么？……"

这段话中，那两个字分量最重：民族！

军校三年级时，我第二次见到了你。那一年在嘉义举行春元演习，你又来到我们中间。一天，你突然发现在你住的宾馆墙外的高压电线上有两只鸽子。小鸽脚上有条绳，被高压线缠住，无法飞离，母鸽一直在它头上盘桓飞翔。起初你并不在意，可一连三天，你天天目击此景，不由动了恻隐之心。

你叫人给嘉义电力公司打电话，请他们切断电源，以便挽救一条生命，

不，两条生命。电力公司说断电必须征得所有商店与工厂同意，如有一家反对，都不能停电。于是你一一打电话。由于你的名望，更由于你的爱心，无情的商人们在这一刻也变得有情了，他们同意停电半小时。当时，嘉义有多少人涌到高压线下呵。我也去了。这是爱的一刻。这是灵魂净化的一刻。人们冷漠的面孔露出了难得的笑容。在一种圣洁的气氛中，人们互不设防。而这一切，是你给他们带来的呵。

停电半小时，金钱损失巨大，可人的爱心岂是金钱能买来的，无论多巨大。

部长，这就是我所知道的你。

但我今天要说的是另一件事。

部长，你一定熟悉金门古宁头吧。自那场大战之后，这里没有出现过一只船，但三十年前那个夜晚几百艘战船在海滩熊熊燃烧的惨烈情景对人们刺激太深。年复一年，这里的工事被加强着。立体化、钢铁化的明碉暗堡不让于马其诺。

双十节清晨，古宁头响起了战斗警报，官兵们狂飙般地涌进工事。

岸对舰飞弹处于"零秒待发"状态。

没有舰，只有……只有一艘帆船。

它来自大陆。

当时，我恰好在古宁头滩头指挥所里。由于距离很近，不用望远镜也看得清清楚楚。破船破帆，破到叫人看一眼就忍不住想掏腰包进行施舍。男女老少，满满一船人。

在台湾，没有人不关心大陆。长城，黄河，长安，杭州，我们是从海那边来的，而且随时要回去，从小被这样教育着，也就无端地有了乡愁。我们都知道，现在大陆上有一场革命正在深入，而且化进了每一个人的灵魂里，可一些老百姓却饿着肚子。

这些人是来吃饭的。

海滩指挥所的连指挥官打电话向营部请示：

"怎样处置？"

事后我才知道，这个情况由连报到营，营再报到旅，旅又报到师，最后

报到金防部。金防部长官竟不敢做主。

整个金门也神经质了。

"上报台北！"

也是事后，我了解了大家都当兔子的原因：在国民党最近举行的中常会上，做出一个决定：粉碎大陆的"难民政策"。"今天来一个，你收了；明天再来一百，你又收了；后来便是一千，然后是几千，上万，几万……直至把台湾彻底拖垮。"

外国人崇尚有中生无，中国人崇尚无中生有，以此为荣。

报告送到国防部。

半小时后，命令下达了。

"就地消灭！"

我不敢相信自己的耳朵。不是整天价说"拯救大陆同胞"和"拯救中华民族"吗？小时候，我们曾一毛毛、一块块地捐钱，说是买船，把大陆同胞接到台湾过好日子。如今百十名大陆同胞自动送上门来，让我们省了力，又省了钱，多美！快去拥抱他们！

"就地消灭！"

部长，当时就有人说，这是你的命令。我不信。慈善的老人，你能怜悯两只鸽子，怎能不怜悯一船同胞？

"就地消灭！"

部长，一生中，你向你的部队无数次发布过杀人的命令。你命令大军扑向异族的敌人。你气吞万里如虎。但现在，你命令我们扑向谁？

不，不是你的命令！

今天，我终于知道，那命令是你的。台北的朋友告诉了我一切。残酷的，却是真实的。你在执行中常会决定。你想杀一儆百，彻底使后继者绝望。

一座昆仑，突然在我面前崩塌！

部长，当你发布这个命令时，你在想什么！你想到了滇缅边境那座被毁灭的县城么？你想到了万人坑前的慷慨悲歌么？你想到了南京大屠杀么？你一定想到了！你的脸会变得苍白，你的手会颤抖。你身上的汗水会让你如洗一个澡！军人的心不全是铁做，你的心尤其不是。不错，你手中握着剑，但我相信

此刻你要用整整一生积蓄的力量才能举起它，甚至一生也不够。战场上，你不肯加害于一个曾经挑死过你的七个士兵的战俘，你又怎忍心判处这些连枪也没摸过的大陆百姓们死刑？

你不是虎了。

连指挥官发令：

"目标正前方，各就各位…"

我冲上去捂住送话器。

"不！"

他狠狠将我推开。

"军令如山！"

我突然看见他眼里噙着泪。

呵，他不过是一颗悲哀的麦粒！

"射击！"

他的泪水涌到脸上。

弹如雨注。

我冲出指挥所，堑壕里的情景令我心碎。所有的士兵都在流泪。

屠杀。又一场彻底的屠杀。又一座地狱。

部长，你要对此负责！

结束了，一切都结束了，大约最多两分钟吧，海滩就寂静下来。但晚上它再也不会寂静了，我相信。那些亡魂会在空中望着这里呼喊。

我们来到海边。海水一片殷红。忽然有人惊呼：

"鲨来啦！"

一条白鲨正撕咬着落水的尸体。它太贪婪，竟来到浅滩。

我从一个士兵手中夺下冲锋枪，大步向它冲击。

"你疯了！"

不错，我疯了！

我把整整一梭子子弹全打到鲨鱼身上。

我站在没膝的海水中。台湾海峡的海水这一刻仿佛变烫了，那是因为掺进了那么多同胞的血。

那是民族的血！

台湾海峡的鲜血已经太多，多得连一滴也容不下了。

黄昏，我又来到海滩。落日在台湾海峡燃烧，满满一峡血水。我心境凄楚，闭上眼睛。就这样站了许久。涨潮声越来越大，一如千军万马奔腾。我睁开眼，忽然激动莫名。我看见，呵，我看见了……那两个姓郑的伟人。他们分别指挥的庞大的船队正穿过台湾海峡。世界在这两支船队前变小了。我们后人，为祖先的船队一直骄傲到今天，是否也应该羞愧呢？他们若看见子孙在他们创立功业的地方相互杀戮，准会欲哭无泪！

子孙不肖！

月亮渐渐升起来。

秦代的月，汉代的月，已远；李世民的月，宋太祖的月，已远。

今夜月亮是憔悴的。

祖先，你们的雄风也随你们永远去了吗？

从国小到国中，从国中到官校，从官校到部队，我一直被教育着：生是中国人，死了也是中国魂。国中第三册历史课本，是我最想着又最不敢看的书。那是段怎样晦暗的年代呀。割地、赔款、条约……手捧这一册沧桑，仿佛捧一块烙铁。对不起祖宗！真的对不起。日本人说他们只尊重古代的中国，而对现代的中国则加以蔑视。好羞呵，我真恨不得为这句话去决斗！

现在我不想决斗了。人家瞧不起我们，我们确实也让人家瞧不起！

假如我们有足够的勇敢，敢于揭开中国母亲的衣襟，正视她躯体上的累累伤痕，便会清楚地看到，这里深埋了多少血，多少泪，多少人间负荷不动的哀伤。我们的母亲不是过去那骄傲的母亲了，她是个受苦受难、伤心泪尽的母亲。

我们该为她做些什么呢？

我们为她做了些什么呢？

我们又一次伤害了她！伤害了她的躯体，更伤害了她的心！

部长，这些话，我有勇气当着你的面讲出来，你有勇气听吗？

你的小兵 ×××

十、在金门的日记

民国××年×月×日

含笑有三天不来信了。

我心烦意乱，吃不下，睡不好。

才三天，就成了热锅上的蚂蚁，三十天怎么办？三个三十天怎么办？

只要有空，我就朝邮局跑。踏着希望去，踩着失望回。今天，邮局小姐用嘲笑的口吻对我说：

"两情若是久长时，又岂在朝朝暮暮？"

小姐，别笑我。我能讲出一百个两情不渝、把一头青丝等成白发的故事，但故事毕竟比现实浪漫。我要浪漫，更要现实。

我到金门已经一年了，一年里有多少天，我就收到了含笑多少封信。像海洋忠诚地等候着旭日一样，我每天等，它每天来。它已成为我生命的一部分。

节日或纪念日，她除了来信，还打电报。在我们定情纪念日，她甚至拍来两份电报。上午拍了三个字："我爱你。"下午字数稍多一些。"我恨你。你为什么不在我身边？"那是更深的爱。

现在，一连三天没有信，也没有电报。这就是现实。

旭日躲到哪里去了？海洋焦躁不安。

我也不安。

民国××年×月×日

四天了，含笑仍没来信。

含笑，你出了什么事？

四天前收到你的最后一封信，现在，只有它才能给我安慰。你说："假如你是山，我便倚你成水；假如你是海，我就躺成一艘船；假如你是土，我愿是抓着你的树。"

我不是山，不是海，也不是土。我不要水，不要船，也不要什么树，我要你的信。

我发现了一个同路人。每天下午，都有一个老太太走进邮局，只说一个字：

"信。"

邮局小姐连一个字也懒得说，只摇摇头。于是，老太太转身就走，颤巍巍地。

一连几天如此，不禁勾起我的好奇心。她也等信？像她这一大把年纪只能等儿子的信，不必如此孜孜不倦呀。

当我向邮局小姐打听时，大惊。她真和我一样，也在等情人的信！

邮局小姐告诉我一个凄凉的故事：老太太叫阿菲婆，三十年前，在她准备结婚的前几天，她的未婚夫应征为部队挖坑道。塌方了，他永远留在了那个深渊里。人们把消息告诉她，谁知她根本不信，认准未婚夫到外地当兵去了。从那时起，她开始了忠诚的等待。

时光把少女带走了，却带不走少女的心。别人屡次劝她改嫁，她总说：

"我等着和他结婚哩！"

她对要好的人吐了真言：

"我已经是他的人了。"

"我已经是他的人了。"多么沉重的话！而她把它背了三十年！

邮局小姐还对我说：

"上一代人偏爱认死理，睡睡觉有什么关系？"又说，"她只当她男人还活着，别人讲什么都不信。听说最近要扒开那条塌掉的坑道搞什么工程哩，没准能找到她未婚夫的骨头。到时看她信不信！"

民国××年×月×日

第七天，仍没有信。

整整一周了。失望的一周！

今晨，我登上了北太武山顶峰，向阳，而望乡。

昨夜，我无眠。含笑，在遥远的台北，你是否也无眠？

有一种担心越来越强烈了——你会不爱我吗？

我默默祈祷，千万别发生这种事。原谅我使用"祈祷"这字眼。王雁

说："人类文明始于男女建立了一种亲密关系，因此我们应该视男女关系为宗教。"现在我真是怀着一种宗教般的虔诚祈祷的。

不光祈祷，我还在哀求你。我从不求人，可自从认识你后，我泄漏出了人性软弱的一面。我默默哀求过你一次：我哀求你让我看到你的瑕疵。你不要这样美丽，不要这样温柔，不要这样和婉。你的完美令我幸福得战栗，因为我要完完全全得到你，还需要走那么漫长的路。我怀疑我的双腿是否坚强。现在我又一次哀求你——爱我。

含笑，爱我。只要你爱我，让我怎样都行。

你要什么？你要什么才能爱我？你要天上的星星吗？我愿意去摘。我去泰山。虽然我不可能摘到，也要让你看到我具有秦始皇的气概。你要把东海填平吗？我会毫不犹豫地从你这里领受任务。填不平，有什么要紧？我愿做一只精卫鸟，声声啼出千年迟迟未肯褪色的血呵。你还要什么？你要我死吗？那太容易。生并不比死轻松。死有时反而比生美丽。只要在我死前听你说一声"我爱你"，我会笑着走到另一个世界去，并在那里一直笑到永远。

小时候，读了那么多描写爱情的西方名著，向情人表示献身的火辣辣的语言用五架牛车也装不完，却只有这一句最深刻：

"你愿意把我怎样都可以。"

含笑，你愿意把我怎样都可以!

记得那次在阳明山的悬崖上吗？我第一次把这句话告诉你。你笑了。

"我不信。"

"这是真的。"

"我要你去死呢？"

"那我一定死。"

你叫我闭上眼睛，指着悬崖那边：

"向那边走，我不叫停，你就不要停。"

我连一秒钟的迟疑也没有，按你的吩咐做了。我的步子甚至迈得很大，显示我心中任何一个角落也没有藏着恐惧。走了几步后，你惊恐地叫道：

"停! 你已经到悬崖边了!"

我看不见，也不用看，你不会让我走向深渊。

你忽然又说："再朝前走！"

我的心一下被拎到了喉咙口。你已经告诉我来到悬崖边，再走一步，岂不就人天两相隔？闪电般地，我心里掠过一个念头：睁开眼，不要动。但自尊又闪电般地把它驱逐走，害怕了？不是一贯标榜自己是男人中的男人吗？男人是无畏的。男人在自己心爱的女人面前愈应无畏，犹豫一下就算不得好汉！

我又勇敢地向前！

第一步下去，应该踏进云里了吧？没有，踏到的仍是坚实的土地。

我立即意识到你在考验我。好险，我并未走悬崖，可又着着实实走近了悬崖，爱的悬崖。我的意志在悬崖边挣扎过一回。

你又叫停。

"睁开眼。"

这一次，我真的离悬崖只有一步之遥了。我冷静得近似冷漠，望着深渊像望一个小土坑。烟气缥缈，使我蓦地联想到天堂。

你问我：

"怕吗？"

"不。"

"你知道我让你朝哪儿走？"

"天堂。"

"天堂在哪里？"

"在英雄的马背上，在男子汉的意志中，在情人的胸脯上。"

含笑，你是我的天堂！

下午去邮局，又碰见了阿菲婆。

民国××年×月×日

今天收到了张玲玲一封信，确切说，是一首诗："不管怎么说/山之于海/总是一往情深的/不论季节如何变幻/终年伫立/静静守候/一朵朵惊喜的浪花/让浪花在斑驳的巨石上/以地球年的岁月/抒写他们的/誓言。"

谁是岩石？谁又是浪花？还是惊喜的？

不回信。

下午在邮局外碰见阿菲婆的时候，正巧刮起一阵大风，把她宽大的衣服掀开来。她慌忙用手按住，还很不自然地睃了我一眼。这动作多像含笑，但令我酸楚。她在掩盖什么？在掩盖春天？她没有春天。她连秋天也没有。她只有残破的冬。

我久久凝视着她佝偻的身影，心头袭来一片悲凉。她何尝不是每天踏着希望来，踩着失望回？三十年前她把希望揣进怀里，三十年间金门一切都变了：刚渡海过来时栽的十七万株松树成了森林；"八·二三"炮战使太武山矮了几寸；她未婚夫当年修筑的坑道变成地下长城，二十四小时开车不停地走，要走一星期。可她仍然揣着旧日那个希望。时间变成了历史，历史总是苍老而沉重，她的心还是年轻的。

民国××年×月×日

没有信。仍然没有信。一个月了，含笑，你从地球上消失了么？

一定是出了什么事。

我相信我将要生病。我相信我已经生病。我在想念中担心，又在担心中想念。我变得脆弱了，敏感了。

昨天出夜航，航向东北，一直走下去就是台北呵。天边有颗星真亮，我想，你是否在那颗星下？

好静。耳机里只有我自己的呼吸声。长夜独我未眠，也只有我独行。含笑，我格外想你，在这种孤寂的时刻。

突然，耳机里传来航管小姐的声音，声音很甜很软，像你。她同我开玩笑：

"飞机肚皮摩擦着云层，感觉是硬还是软？"

一句多么要命的话，又是在夜深人静时听到，几乎使我崩溃。

我想起了你的手。它那么柔软，握着它就像握着空气一样，但我确确实实地握着它。我已不相信世上还有超过这一刻的幸福。那一刻是永恒的。

与你相会，我总是追求一种圣洁得近乎庄严的气氛。你把守着你的三十八度线，我也把守着我的三十八度线。有几次约会前我使用了香水，但我不能原谅我把它们洒在手上、脖上、头上时的心态。后来我强迫自己不使用它

们，这也是一种防卫心理呵。

我一直成功地控制着自己，可今夜，我不知为什么竟有些控制不住了。我想到了……想到了床，这是一种真正的犯罪感。如果感觉也能判刑，我愿判它无期。

王雁爱说："床是我们的国。"

哦，那是个羡鸳鸯不羡仙的国。

云层下，有多少这样的国？温柔乡中掷尽千金不问明日何为也。

我有吗？

我不应当想这个。在这种时刻我尤其不该想这个。我是有罪的。

含笑，你在哪？我一人在天上，好寂寞，好孤单。我想你。如果我不是军人，我就不做这只夜枭。我将马上启程回台北。

国事呵！国事在午夜十二点三十分的天上。

爱情呵！爱情在午夜十二点三十分的床上。

民国××年×月×日

张玲玲又寄来一首诗："不知是谁/惹火了冬风/把气发泄到小草身上/小草冷得直发抖/仁慈的树木伯伯看了不忍心/抖落一片树叶/为小草们盖上。"

我从邮局小姐手中接过这封信时，阿菲婆在一旁望着我。

她的目光使我心一抖。那是忌妒的目光呵。

我忽然意识到，世界上还有一个人比我不幸，那就是阿菲婆。

她连一封信也没有。

民国××年×月×日

我已经不怀疑含笑出了事，但究竟什么事，不知道。

我把一切该想的都想到了，还是不得要领。心里总觉得有一个结打不开。

昨天，《青年战士报》上登了一条外国幽默：一个青年在海外服役两年，回到家乡，应邀在教堂讲几句话。他说："我很高兴回到家乡，见到诸位：我的父母，兄弟姐妹，老同学，还有我的女朋友——和她的丈夫……"

我的心陡然一沉。那青年是谁?

不要是我!

为什么偏偏在此时看到这样一则幽默。这是幽默吗?这是含泪的幽默,残酷得不能再残酷。

含笑,我想起了你,神差鬼使,我竟又想到他——我的朋友王雁。

我觉得我的心理很阴暗。朋友即上帝,我怎能亵渎他!但他那双眼睛,那双看你时总是显得沉沉的眼睛,强烈地浮现在我脑海里,驱不走。

原来这就是那个打不开的结。

发生在我们之间的有些事,当时只令我不快,今天却令我不安了。

自认识你后,他老把"牺牲"、"痛苦"挂在嘴边,我从未在意,反认为是巧妙的颂词。那次我们三人一起去西门町喝咖啡,分手时我吻了你一下。归途中,他阴着脸一言发。又碰到他一个熟人,问他读官校哪一系。他竟说:

"失恋系!"

又说:"好系!"

我忘了,他那时并未和什么人恋爱呀,那个"失"字从何谈起?

含笑,我看得出来,你对他印象不坏。我还为此感到欣慰。

他不坏,至少不像讨厌他的人说的那么坏。

然而,当你像我一样,对他的才气和豪放也表示欣赏时,我的欣赏却悄悄变质了。那天,他说他退役后要做两件最伟大的事,一是把一袋美国的垃圾从西半球搬到东半球来,二是到中苏边境,在分界线躺下,头在中国,脚在苏俄。他随口作诗道:

> 横躺在中苏边境上,
> 我问苍鹰、
> 寒风、小虫:
> 什么叫国界?
> 它们都说:
> 不懂。

你笑了。他的才华每时每刻都能溢出来，我不由从心底发出赞叹，但你的笑使我不会笑了。

还有一次，他大胆地在你我面前数落政府，说：

"你猜，我们这代人希望现今政府是什么？是比基尼泳装。每个人都知道它维系的是什么，每个人都希望它维系不住。"

的确有才！比喻生动！但当着一个姑娘讲这种话不是有伤大雅吗？甚至是挑逗，也未可知。我觉得自己在那一刻变成了护花的武士，想狠狠责备他。但你又笑了，笑走了我的勇气。

赴金门那日，你来送我，他也来了。我们在路上遇见一个断了右臂的乞讨人，很年轻。他又扮演宋江了。我冷冷地阻止他：

"别忘了他还有左臂。"

他竟转向你：

"含笑小姐，你说该不该？"

我们都望着你。

你说该。

我悲哀了。如果不是当时有更大的悲哀——分离，这件事我会记住。

但我忘了。

现在我又记起来了。

民国××年×月×日

下月我就要回台北休假了。

含笑仍没有来信。

只有张玲玲的信——她的诗，一首，又一首。诗言志，是否也言情？那却不是我需要的。

今天下午，我去邮局，意外地发现阿菲婆没来。不待我问，邮局小姐就告诉我：

"阿菲婆的男人找到了。"

"真的？在哪儿？"

"还能在哪儿？在旧坑道里呗。"

我来到那条三十年前坍塌的坑道，道口人满满的。一个女人的哭声传出来。是阿菲婆。

我挤进人群，一个情景使我全身血液凝固了：那是一具尸首。那是一具年轻人的尸首。他像刚刚死去。不，他简直不像死去，而是睡着了。他的脸毫无损伤变形，以至那似有似无的微笑都被我察觉到了。

后来我听说，尸首整个地被一汪绿水浸泡着。

鸡皮鹤发的阿菲婆，扑在她依旧年轻的未婚夫身上，痛哭。

"我等你，等了三十年呵，你终于来了……"

我的心被哀愁紧揪着。这个已是风烛残年的女人，今天，又一次燃起了爱情的火焰，可她的爱人再也不会看她一眼了，也再不会向她微笑了。

"我是你的人……我还是你的人……"

我落泪了。

含笑，阿菲婆终于等到了爱人，是为她高兴，还是为她痛苦呢？

民国××年×月×日

阿菲婆并不痛苦，我比她痛苦一千倍！

此刻，我体内似有岩浆汹涌翻滚，把我灼得想哭，想笑，想吼，想叫，想死，不想活！

写什么日记？我恨不得把钢笔一折两断！

或者，把冰冷的笔尖对准我火热的胸膛，刺进去，刺进去！

不，要写，但只写几个字。

今天收到了含笑的信，极短："我不配做你的妻子了。海阔天空，你重新开始吧。"

苦候那么久，竟等来这么一封"信"！

我找来一张报纸大小的白纸，在上面写了两个大大的字：

"伤感！"

我把这张纸装进信封，写上她的地址姓名，塞进邮筒。我恨不得举起邮筒，将它掷过台湾海峡！

不写了，不写了！

伤感！伤感！！伤感！！！

十一、决斗

"凯迪拉克"在中正机场通向台北的高速公路上疾驰。

少校坐在后排。他从金门回台北休假。妈妈来接他。

他在金门给妈妈写了信，请妈妈了解含笑的情况。他不忍心将这种事告诉爸爸。爸爸为他操心已白了头。

妈妈的回信证实了他的猜测：事情果然出在他的朋友身上。

朋友，那还能算朋友吗？羞呵。

现在妈妈又把进一步的情况告诉他：他走后，他的男友向他的女友发起进攻，但屡屡失手。含笑真正是爱少校的。一天，王雁请含笑吃饭，灌醉了她，用车将她载回自己的睡房。王雁在把情书写满睡房的一侧墙壁之后，在狂吻了含笑映在墙上的影子之后，在喝光了两瓶威士忌并把瓶子摔破之后，走进了地狱。魔鬼走进了地狱。

原来如此！

少校的心被火炙烤着。好个朋友，你坑我！

妈妈又说，含笑被害之后，血流不止，王雁亲自开车把她送医院，一连几天守候在她身边，姑娘哭成了泪人，哭到伤心处，他也陪着落泪。

少校握紧拳头，无耻之尤！你也有泪？那不是鳄鱼式的，也是狐狸式的。

含笑在医院里住了一个月后，王雁天天探望。出院时，他正式向含笑求婚。

"男子汉敢做敢当。我既然做了，就要向你负责一辈子！"

我撕了你那张嘴，少校想。

王雁的父母也出面了，亲自叩开含笑的家门，道歉，并替儿子求婚。

含笑大哭着说：

"你已经害了我，谁还会再要我？"

少校紧咬着嘴唇，把嘴唇咬破了。

汽车驶进台北。

"台北快要看不到太阳了。"司机突然说。

这预言式的宣告，使少校一怔，心震颤了。

"怎么？"妈妈问。

"天已经阴了一个多月了，真把人愁死。太阳呢？"

我的太阳呢？

太阳不见了。

太阳被侮辱与被损害了。

车在妈妈家门口停住，少校说：

"妈，车借我用一下。"

"先家去呀。"

"我有急事。"

"好吧。"

少校把车开走，径直来到王雁家，在巷口停住。

整整一下午，王雁没有出现。

夜色渐渐变浓。他端坐不动。

寂静的夜伴着一颗沸腾的心，他的眼睛在黑暗中闪闪发光，像守候猎物的猎人。

大约凌晨五点钟，一辆军用吉普呼啸着朝这边驰来，速度疯狂，在巷口猛地刹住，豹子似的向前耸了一下，车与地皮摩擦发出刺耳的尖叫。车子朝巷子急拐。

瞧这架势，准是王雁。少校突然打开车灯。光柱似剑，刺中吉普。吉普不动了。

一张熟悉的脸。一张丑恶的脸。

王雁探出身子，"哪一个？"

少校慢慢走下车，头略略扬着，俯视王雁。

王雁大惊，连忙朝巷口倒车。

少校见他要跑，重新钻进"凯迪拉克"，发动，冲！

他驰出巷口，王雁的吉普恰好从前面十字路口转弯。

"哪里走！"

天幕浮现出鱼肚白，但大台北仍在沉睡中。马路上空荡荡的。两辆汽车展开了厮杀！

吉普在跑，不，在飞，当它碰到凸凹不平的路面时就会猛地一下跃起在空中。少校毫不示弱，将油门一踩到底。速度表箭头急骤摆动：80，100，120，140……他相信这已经接近飞机离地的速度了。

他不禁遗憾。如果他驾驶的是飞机，多好！居高临下，攻击将何等痛快淋漓。来到仁爱路，王雁突然把车拐进那片日据时代的居民区，少校毫不犹豫地跟上。小巷像鸡肠一样弯弯曲曲，少校双臂抽搐般地扭动着方向盘，"凯迪拉克"也在抽搐，忽儿急停，忽儿跳跃着向前。墙壁、房屋眼看就要与汽车相撞，刹那间又闪电般地掠过。

一上大路，少校一个饿虎扑食，咬上去！

又是追逐。

少校暗暗道："你纵是上天，我也不放过你！"

车距渐渐缩小。

有两辆卡车迎面而来，一辆正超越另一辆，并排而行，马路中间只剩下一条窄窄的缝。就在这条窄缝前，吉普发疯般地要挤进去，两辆卡车慌忙急停，朝路两边闪开，尚未清醒，吉普已呼啸而过。呼吸之间，"凯迪拉克"又旋风似的卷了过去！

这场面，又惊又险！

天已大亮，公路上车多起来。王雁弯到通向阳明山的公路上去。

静静的盘山公路被两个角斗士吵醒了。

少校知道公路终端是一个停车场，没有它径可走。

吉普来到山顶停车场，左冲右撞了一阵，找不到出路。发动机仍在突突响着，如一头受伤的野兽在喘息。

少校飞驰而来。

突然，吉普对着"凯迪拉克"冲来！

王雁的风格！

少校想笑，冷笑，竟真的笑出声来。

"你错了，朋友。"

你想生，还是想死？以生求死，或是以死求生？To be or not to be, this is a question.

他猛轰油门，迎了上去！

真正的搏斗这一刻才开始！他镇静极了，面孔阴沉。

接近！更拉近！再过几秒钟，两辆汽车就会相撞。不，不是汽车，是两个人，是两个人的意志，是两个人的心，是两个人看得见的灵魂！

他看见王雁的脸了。那张脸是惨白的。表情虽然疯狂，仍掩饰不住惊恐与虚弱。这令他满足。

"小白脸，你的心也是白的。"

两车相距只有几米远了。

少校连眼睛也不眨一下。

少校又一次微笑。

就在两车行将相撞的刹那间，王雁朝山的一侧猛打方向盘，吉普一头栽到路旁排水沟里。他战败了，投降了。他拒绝了死，选择了生，屈辱的生。

王雁从吉普里钻出来，一抬头，少校已站在面前。王雁尽量把头昂起来，但仍狼狈。

"你要干什么？"

少校说："到山顶上去说话。"

二人默默而行。来到山顶停车场边缘，再迈几步就是万丈深渊。少校站住了。

"阿宇，我对不起你。"王雁说。

"住口！"

沉默。

王雁神情显得很痛苦，说：

"你要我怎么办？你要我做什么？我知道我欠你很多，你说，怎么偿还？"他从口袋里掏出一张支票。"钱，行么？一百万新台币，够么？"不待少校回答，他自己已将支票撕碎。"不，你不要这个。你不是这种人。你到底要什么？"

少校突然一阵茫然。真的，要什么？真正想要的能从他这里要到吗？真

正失去的是否又能从他这里挽回？但他不让自己的激情被杂念打断，喝道：

"少废话！"

他握紧双拳走向王雁。

王雁说："动手吧。我决不还手。"

"胡说！"

"我听凭处置。"

"孬种！"

王雁吟哦：

> 你若是那含泪的射手，
> 我就是
> 那一只
> 决心不再躲闪的小鸟。

激情又被腐蚀了一点。少校是军人，崇尚决斗，没有对手，或对手不还手，那就只能是凌辱与杀戮。他做不出这种事。

他刚走到王雁身边，王雁竟自动躺下了，离悬崖只有一米。

"来，一脚把我踹下去吧。"

"你真不怕死？"

王雁神色坦然地说："如果我该死在你手里，那么请便吧。刚才我恨你，恨你像追击兔子一样地追击我，但恨你时我不愿意死。现在我同情你，即使你取走了我的性命我也同情你，因为我先取走了你的心。从你脸上我看到了你内心的伤痛，同时我感到屈辱。在屈辱的时刻我想死，情愿去死。我一直欣赏古埃及女王克丽佩特娄，她就是在不能接受屈辱的时刻，把手伸进毒蛇的篓子里，几秒钟就解决一切。来吧，我不怨恨你，一点也不。我死后，如能有人在这儿替我立个碑，写上'王雁死于此地'，我就感激不尽了。阿宇，说真的，死在你这样的人手里，实在是一件荣幸的事。"

少校觉得自己的胳膊有千斤重。

王雁久久凝视着少校，忽然耸起身子，拉住少校的裤子。

"阿宇，我是该死，可是怨不得呀。我爱她。有时候，爱是一种罪恶，可是却难以逃脱。她那么美，难道是我的过错？她那么温柔，难道是我的过错？她美得太过了。其实，每次见到她，我往往看到的不是天堂而是地狱。我想死，以死来寻求解脱。尤其她是你的情人，你又是我的朋友，何尝不懂朋友之妻不可辱的道理？可我受不了呵！你想，平日，她的一个背影都能招来那么多的议论，哪个男人在她面前能守得住自己的魂？你能吗？你能吗？"

少校心一酸，又一恨。我能，我当然能。

"我并不是没有挣扎过，"王雁接着说，"这种挣扎一点也不比死轻松。当我做了那件对不起你的事后，我觉得我该死了。阿宇，动手吧。我无权自杀，有权力杀死我的只有你！"

两双眼睛对视着。

"阿宇，要么杀死我，要么，"他声音微颤，"饶恕我。你抉择吧。"

少校深深吸了口气，想平静一下心情，远眺。

忽然他目眩了。他看见了，看见了……太阳。

"台北快要看不到太阳了。"司机预言式的宣告。

这不是太阳吗？

他站在山顶上，脚下是茫茫云海。太阳正从云海中挣扎着出世。

好壮观的景象呵。太平洋的风阵阵吹来，云海怒涛汹涌，像千万个视死如归的战士，个个拼着头颅，不惜向悬崖上一击，而逐个牺牲！太阳在云海上燃烧，多么炽烈，多么明艳，使云海如鲜血般的红了。惊涛骇浪，数万甲兵，他仿佛真的听到雷鸣和电掣。太阳又升高一点，火更大了。在他的想象中，火舌正向四面喷吐，要吞没整个世界。这火，气势凌人呵，甚至也逼近了他站立的悬崖。这可是赤壁？他更作奇想：熊熊烈火映红赤壁的云海，想当年，曹操的百万大军，竟在火海里溃败了。

对酒当歌，人生几何，是何等潇洒！

羽扇纶巾，雄姿英发，又是何等风流！

他涌上一阵莫名的激动。

他把目光略略收回，群山奔入眼底。山是凝固的波浪。江山如画，壮丽感人。他又一次感到造物主的神奇，怎么能使大地这样险阻，这样雄伟，这样

宣告着我们人类的渺小。它使有些人想逃开，却又使有些人想拥抱它。

他要拥抱它。虽然他感到自己很渺小，但要拥抱它。一只苍鹰翱翔着。

鹰多傲，他想，蓝天是它的世界，脚底一切尽是它的俘虏。自由不仅从左翼伸展到右翼，而是扩张于这片无垠的空间。

我是鹰，我要学习鹰。

大风吹散了云，他望见了海。海是红的。蓦地，他想起了古宁头红色的海滩。

民族有难，他恨不成英烈，哪怕洒尽壮怀激烈的一腔血，抛却一颗少年头，亦在所不惜。壮志未酬，岂能空自悲切？有几人中流击楫？有几人能借古人史笔，书写当代？当代呵当代，人们只谈风月……

他忽然羞愧难当。

他走了。

十二、奥林匹克饭店

二十天后的一个雨夜。

王雁家的小巷外，少校在徘徊。溟濛的路灯下，他的身影孤独。

王雁家灯火辉煌。门口挂着两个大红灯笼，上面写着喜字。今天王雁办喜事。

没有邀请少校。即使邀请也会为他拒绝。

但他来了。他悄悄地来，过一会儿再悄悄离去。

他要最后一次亲近一下自己心爱的人。

回台北后，他多次去找含笑，想告诉她，他仍爱她，但姑娘拒不见他。那天，他在含笑家门外站了整整一夜，终于用毅力敲开了姑娘的门。

"让我们继续吧。"他说。

含笑把脸伏在双手中。

"不！不！"

"为什么？"

"我不配。"

"我觉得没有什么。我会给你幸福。"

"不会有了，永远不会有了……"

"那么，重新开始，好吗？"

"我不配。"

少校有些愠怒："这不是理由！"

"这是，亲爱的，这是。你在我心目中是最完美的，你也应该得到最完美的爱情和最完美的爱人。现在，别说和你一起生活，连见你的面我都感到痛苦，感到羞耻。我不怕死，但我怕羞。我是一张被撕破的纸，你是一张白得看不见一点污迹的纸，这两张纸怎么能放在一起呢？我做出这样的决定实在是为了你，以后你会明白的。"

"我不要以后，我要今天！"

"你想逼我去死吗？你想让我现在就死在你面前么？这可以做到。"

少校无言。

"我不会忘记过去的，"含笑说，"记忆中一切都是美的。只有记忆中的美，才是永恒的美，因为时间不会改变它。也正是为永远留住这份美，我将独自面对明天。'明天是一面粉刷的墙壁，一片空白'，你还记得这是谁的诗么？用它描述我的心情，真是太贴切了。"

少校说："含笑，我是真正爱你的！"

"永远把我当成妹妹，好不好？真的，永远把我当成妹妹，好不好？"说着她眼泪流下来了。

少校心里也酸酸的。

分手时，少校说："我们是以恋人开始，却以兄妹完成。一个凄苦的完成。"

"下辈子，再让我给你做妻子好吗？你能等得了么？"

一句话，催他泪下！

只要有时间，就有希望。时间能抚平心灵的伤口。

他万没料到在他找含笑谈话的三天后，就听到了她将与王雁结婚的消息。接着他又惊悉，这样快举行婚礼的主张是含笑提出的。为什么是她？她又为的什么？倒是王雁说：

"阿宇怎么办？"

含笑说："你现在才想到他！"

于是，有了今夜的婚礼。

他用沉沉的目光注视着王雁家。灯笼上，喜字在笑，参加婚礼的人是否也在笑？含笑，你，你是否也含笑？含笑的季节已过，你怎奈何？我不会笑。我要对你说，在墙外，我悄悄为你心跳。雨打湿了全身，我毫无察觉。

含笑，你走了。我的小鸟儿，你飞走了。谁的错？是谁忘了关上笼门？窝里没有你的影子，清水仍旧满得像要溢出，小米和青菜没有人动过，你不留恋么？我正垂泪等你，想将你依偎，你知道吗？

你曾经对我说永远爱我。但永远是什么？永远是什么？一阵风吹过，他凉到心里。他才意识到全身已湿淋淋的。王雁家传来欢快的音乐声。

他忽然悲愤难抑。墙里的人，喝着美酒，品着美味，还拥着一个美人儿；墙外的他，一只负伤的孤雁，淋着雨，拥着一团夜色。绝望的夜色，清冷的夜色，无言的夜色。

他又羞惭起来。这是做什么？踯躅于别人的婚礼外，不敢言，不敢怒，甚至不敢悲，不是男人，更不是勇者！

他恨。恨他，恨她，恨他们，也恨自己。

他猛地转身离去。

一个女子的身影在路灯下一闪。

他来到一间酒吧，对女招待说："一瓶威士忌，一盘牛肉！"

女招待送来一小碟牛肉，只有几片。

"对不起，牛肉只剩这点儿了，要别的吗？"

他顿时光火。王雁欺侮我，你们都欺侮我？

"那么小气！去告诉老板，宰一头牛来！"

他找到一只替罪羊。

女招待依旧笑容可掬地躬身站立。他猛然意识到自己的失态，垂下头，挥手叫女招待离去。

当他重新抬起头时，桌对面坐着一个姑娘。

"玲玲，是你？"

玲玲望着他，良久无语，直到把他望得有些心烦，才听她道："今夜有雨，但感情干着？"

感情干着？那火一般的、岩浆一般的感情有干的时候吗？

"什么意思？"

"今夜情人皆死，朋友皆绝交。"

不对，情人永远不会死，至于朋友，真朋友不会绝交，绝交的不是真朋友。

玲玲又说："忘掉吧。扔掉吧。聚与散，本来就是生命的一个过程。相聚的人，不一定相识；相识的人，不一定相知；相知的人，又不一定相聚。"

扔掉？如果扔一段令人心痛的往事，像扔一张纸屑那样潇洒，世上也就没有所谓的刻骨铭心了。

玲玲叫来女招待，写了一张条子。

女招待送到乐队的麦克风前，说：

"来宾张玲玲小姐亲自点唱《忘了她》。"

> 不必以书为剑，
> 刺醒人们的善忘。
> 不必在酒后茶余，
> 追忆一个好客的孟尝。
> 人生就是——
> 人在人情在。
> 犹似南方的一个电影节，
> 每个人都为伤逝的情节痛惜，
> 伤逝之后，
> 天空仍是蓝蓝的。
> 忘了她，
> 向前走，
> 前面仍有许许多多的她。

许许多多什么？女人？我信。可是她，只有一个。玲玲，你用心良苦！忘了她，又记住谁？

她始终不发一言。

他告辞时，玲玲说："还有一件事告诉你。你在金门时给什么人写过信？"

他立即意识到她指的什么，但不动声色。

"怎么啦？"

"你闯祸了。"

"祸从何来？"

"来自你那张嘴！"

"还不如说，来自我这颗心吧。"

"你好糊涂。你心里爱怎样想都可以，干吗非要把它用嘴说出来？更不该，将它写在纸上。白纸黑字，斧头也砍不掉。"

少校冷冷地说：

"我忘了，在我们这儿，属于个人的只有心，连嘴巴都属于别人。"

玲玲听出他话中有讥讽之意，说：

"别怄气了，事情比你的想象严重得多。"

"说具体些。"

"在一个很小的圈子内，你的信被阅着。有个大人物说这封信是个危险信号，代表了一种情绪。正准备查呢。"

"我等着。"

第二天中午，少校家电话铃响了。

"阿宇先生吗？"送话器里传来一个陌生女子的声音。"是奥林匹克饭店总服务台，您的一位朋友刚从美国归来，希望马上见到您，请您到奥林匹克饭店3320房间来。"

少校有好几个同学留美，这是哪一个？为什么不直接打电话？

"叫什么名字？"

"请您立即就来，有急事。"对方并不回答，挂了电话。

一小时后，少校已经站在奥林匹克饭店3320房间外面了。他敲门。

"请进。"一个女人的声音。

他的心哆嗦了一下。多熟悉的声音！这声音好久好久不曾听到了。熟悉的声音好久以后再听到，就会是一种伤痛。

推开门，看见了，呵，含笑。

"你来了。"含笑说，"把门关上。"

少校没有动。

含笑走过来，关上门，并上了锁。

锁门声惊醒了少校的野心。是的，是野心。他四下环顾，这间豪华的客房被精心布置过：窗帘低垂，将纷扰的红尘隔到窗外。柔和的灯光把夜晚过早地带来，是否也过早地带来欢乐？自从人类诞生以来，总是把欢乐交给夜晚，这种信念比宗教还虔诚。哦，那张大床似已伸开双臂表示欢迎。那是国，是个大国。上面有两个枕头，笑着，善意的但夹杂着一点戏谑的笑。

在一个锁了的房间里，一个男人，一个女人，亚当和夏娃，又能做些什么呢？他全明白了。

他以为含笑会不顾一切地向他扑来，含笑却缓缓从他身边走过。一股带香味的风飘进他心里。

"阿宇，今天，我向你还债来了。"

债！一个字，戳痛了少校的心。海一样的深情，岂是这个字能够囊括的。债可以偿还，而情是偿还不了的。永远。

"我要对你说，我是你的，永远是你的。你愿意把我怎样都可以。"

好一个"你愿意把我怎样都可以"！今天又听到了它！

含笑在说这些热得灼人的话时，用的却是一种平静得近似冰冷的口吻，让少校心里一阵烫又一阵凉。

"亲爱的，要我吧。"

含笑的脸微微扬了起来，眼睛闭着，睫毛显得格外长。这是女人献身时的一种姿势呵。她白得惊人的脸上没有一丝血色。今天她穿的仍是一件白色的连衣裙，挽头发的绸子是白的，鞋也是白的，一片白，她显得更美了。不知怎的，少校觉得这白色今天给他的不仅是遐想，还给他一种戴孝的感觉。为谁戴

孝？为我们死去的爱情么？她在美中带一点妩媚。"若要俏，三分孝。"他竟想到这话，又为想到它而羞愧。

"亲爱的，你来。你还等什么？"

少校又一次受到强烈震撼。含笑，我的小女孩，你变了。一夜之间，你变了。这些火辣辣的充满主动性的语言从你嘴里说出来，叫人怎不诧异，又叫人怎不心疼！你变了，过去，你时时处处小心翼翼甚至战战兢兢地护卫着你的春天，我吻你时你竟连唇也不张开呵。今天，你却彻底地对我不设防。三十八度线不复存在了。是什么改变了你？是昨天的婚礼么？

含笑，你是昨天的新娘，可仅隔一天，不，一天还不到，你却安排了这场会面，抛却了新郎。

"含笑，冷静些。昨天你才举行婚……"

"我就是要这样！我与他这样快结婚，正是为了快一点把我交给你！"

呵，她用意竟在此！

"他害了我，我也要害他！我要报复他！"

明白了，明白了。姑娘，你还是你，只是，你认为神圣不可侵犯的东西受到了侵犯，于是你用同一种形式惩罚你的罪人。你依旧把它看成是极神圣的。你能下决心践踏自己心中神圣的东西，该需要多大的勇气？我晓得了，自你受害的一个月来，心灵受着怎样可怕的煎熬。

"阿宇，报复他！"

她笑了。

少校心在落泪。含笑，你苦呵。你要受多少苦难才会走到这一步？你过去多么仁慈。

这一刻他深恨王雁。你就是有所倚仗，才轻率地把痛苦出售给旁人。王雁，你可知道你害了两个人？这种痛恨突然挑起他的冲动，真想向含笑扑去。

但心中一个声音唤住了他：那样，你岂不是又一个王雁？

他命令自己冷静。

含笑见他久久地站着不动，朝他走来。他觉得有一股强大的力量在挤迫他。空气变得稀薄了。她望着他的眼睛。她的目光是那样大胆，倒是他不敢正视她。

"你不要我吗？"

不语。

"你嫌我？"

仍不语。

过了好一会儿，含笑低声说：

"我很贱，是吧？"

少校鼻子一酸，热泪止不住滚落下来。含笑，你知道我多么爱你。过去，你是我心中的女神，现在也是，将来还是。

正因为我爱你，我更要呵护你。

我鄙视王雁。如果我像他一样，你不鄙视我，我也会鄙视自己。还有良心呢？道德呢？上帝呢？

少校思绪翻腾，但无言，站着。

含笑扑上来抱住他。

"亲爱的，你在外岛苦了一年，今天我给你欢乐！"

哦，欢乐，你多美。但欢乐一定要证明是非罪恶的，才是真正的欢乐。

"亲爱的，你说过，我是你的世界。现在我把全部世界交给你。"

我得到了全世界，却失去自己的灵魂。

"阿字，你开口说话呀，说话呀……要不，你把我当成妓女，用钱买一个晚上好了。我卖，我真卖！"

少校深深地痛苦。他的意志几乎崩溃。含笑像藤缠在他身上，令他无法喘息。他直感地觉得含笑会发疯。

他想到了死。

他踉跄着跑到门边，将门打开。他内心嘶哑地喊着：

"灵魂不卖！"

奥林匹克饭店门外，他和含笑分手。

两只手久久地握着，这也许是一生中最后一次了。在另一个世界里，或者来世，才会有第二次握手？两人都哭了。

"我不说再见了。"

"嗯。"

他们又相约：决不回头。

他们各自走了几步，忽然，不约而同，一起回过头来。

凝视。

少校终于向前走去，抬头望天。夜空蒙蒙，灰中透蓝，蓝中透灰，像海。

他忽然想到了大海，汹涌奔流的海水下面，是坚实的岩层和泥土……

十三、雨

清晨，细雨如雾。少校沿着公路晨跑。

正前方，公路旁，出现了一个穿红裙子的姑娘，向他招手。

那是玲玲。

玲玲全身湿透，头发上洒满晶莹的水珠，显然已在这里站了许久。他不禁有些怜意。

"你在这儿干什么？"

"等你。有大事了！"她的口气和神色都异常严肃。

"天塌了？"

"还有心思开玩笑！你那封信的娄子越捅越大了。你的信被传阅后，上面指示要查你。没过几天，金门又报来了你写的另外两封信——给张学良和给你爸爸的信。你不在金门，准是'政治细胞'干的好事！这帮家伙又偷又摸，无孔不入。你好不懂事，这种信怎能放在军中！"

这两封信会带来怎样的后果，少校是清楚的，但他不动声色地问：

"他们准备把我怎样？"

"要抓人哩！"

少校笑了。

"一群兔子！一帮胆小鬼！他们不敢让人们讲，甚至不敢让人们讲。虚弱到极点！"

"可你讲出来了呀。"

"其实人人都想讲，我不过胆子大一点，吼了一声而已！"

"换个地方吼也好呵。军中有那么多忠心耿耿的'细胞'。"

"狗！"

"而且是饿着肚子的狗。"

"四处钻的狗总会找到块骨头。"

玲玲说："现在的情况是，你被狗咬上了，总要想个挣脱的办法才是。"

"挣脱？让他们去挣脱好了。需要挣脱的是他们。他们，需要从灵魂中挣脱。"

"他们会治你的罪。"

"治罪吧。给思想治罪吧，给思想判处无期徒刑吧，不，死刑，而且不缓期！"

"阿宇，你是一团火，可是台湾岛上风好大！"

"风只能吹灭烛火，却使篝火更旺。"

玲玲凝视着少校，良久，慢慢道：

"阿宇，我想帮助你。"

"给我指一条华容道吗？"他的脸变阴沉了。"我不逃跑。"

"你要面对现实。"

"怎么个面对法？当鸵鸟？"

"至少认个错嘛。"

"为五斗米折腰？"

"你这张嘴呀，该缝起来。"

"你能把天缝起来，却缝不了百姓一张嘴！"他声音很大。

"阿宇，对你讲真心话，我想帮助你。现在，也只有我能帮助你。"

这话竟突然使少校动了气。只有你能帮我？不如说只有你爸爸能帮我。叫人看不起呵！你从未告诉我你爸爸是谁，我也从未打听。我不知道也不想知道。

少校说："谈点别的，好不好？要不我回去了。"

他们默默雨中行。

"你知道吗？"玲玲说，"王雁被选为本年度国军英雄了。"

他笑了。

"英雄!"

"你对这位英雄怎么看?你回台北后,在你们之间发生的事,我都知道,我只感到不公平。"玲玲说。

"天底下哪有公平的事?"

第二天是星期日,雨仍然下着。

上午,少校坐在客厅里看电视。

正在播放本年度国军英雄在台北市区游行的实况。这种游行每年举行一次。几十辆敞篷吉普远迎而行。彩旗耀眼,鼓乐喧天。每一辆吉普上站着一名当选的国军英雄,戎装,佩剑,行举手礼。

马路两侧,花钱请来的人们机械而无表情地欢呼着。游行是为了提高人们的士气,可是,年年如此,不免倒光了人们的胃口。军校有个同学曾说:"世界上还有什么比我们每天要吃饭要排泄那么重复不断去做而不感到厌倦的事更荒谬?"王雁说:"一年一度的国军英雄大游行和它差不多。"

可说这话的人现在就在游行行列中。

他过来了。

嗬,他真神气。绿军装,白手套,胸前勋章闪闪。雨水从他的帽檐上不住滴下,下面是一双炯炯有神的眼睛。湿衣服紧贴在身上,使他那魁梧的身材显得棱角分明,活脱脱一个仪仗队员。

朋友,你一定很得意吧?你不要故作严肃。你的得意从你的眼中流露出来。你心中在唱。你又得到了。凡是你想得到的,你都得到了。该你得到的,你得到了。不该你得到的,你也得到了。

国军英雄,多响亮,真是掷地有声。国军是什么?国军的英雄又是什么?国军到底造就了多少英雄?英雄又怎样造就了国军?你也是这样认为的,然而你还是决定去当英雄并且当上了。

一群女学生拥上去给英雄献花。与刻意安排在路旁欢呼的人们不同,她们是真诚的。真诚是天真的。天真是愚蠢的。在她们心中,凡是英雄,头上都跟着光环。她们怎知道,剥去那光环,有的英雄实际是臭皮囊。而在一个英雄的制造过程中,又要经历多么复杂和虚伪的手续!

朋友，你笑得好惬意，但你最好不要忘了阳明山的悬崖。

爸爸走进客厅，朝电视瞥了一眼。

"哟，这不是王雁吗？当国军英雄了？"

"嗯。"

"阿宇，你什么时候才能当上国军英雄，像人家一样？"

少校冷笑一声。

一阵喇叭声从屋外传来，少校走出去，门口停着一辆"凯迪拉克"。不是妈妈那辆。玲玲从牢里探出头来，神色有些紧张。

"阿宇，上车！"

"做什么？"

"先上车，我再给你！"

少校刚坐进去，车门还未关紧，玲玲便呼地一下开走了。

"到底怎么啦？"

"凯迪拉克"箭一般地窜上了通向市区的公路。

"玲玲！"

透过晃动的雨刷，少校看见迎面有两辆闪动着红光的汽车驰来，不是警车，就是救护车。玲玲骤然加速，错车！一声呼啸，回头看，两车已相距几十米！

那是两辆宪兵的车。

足足开了二十分钟，玲玲就是不吭一声。

少校说："你要劫持我吗？"

玲玲笑了："恰恰相反，我要保护你。"

"究竟出什么事了？"

"刚才你看见两辆宪兵的车了吧？那是去抓你的。"

少校突然正色道："玲玲，停车！"

玲玲没理睬。

"停车！"

车未减速。

少校探身过去，猛掣手闸。"凯迪拉克"痛苦地颤抖了一下，停住了。

"阿宇，"玲玲问，"你要做什么？"

"开回去。"

"他们要抓你。"

"回去。"

"阿宇……"

"回去！"

一声比一声高。他怒视着姑娘。

"阿宇，你别激动，先听我说。你先躲一躲，等风头过去……"

"躲？这个字我听也不要听！何况又能躲到哪里去？"

"你想躲到哪里去？说吧。"

口气非凡！

"男子汉顶天立地，世界容我不下！"

口气更非凡！

玲玲默默地注视了少校片刻，然后发动，掉头，朝回开。

汽车里的空气仿佛凝固了。

行驶了五分钟，玲玲突然又把车刹住。

"阿宇，我真心地再劝你一次，别回去。"

她深情地望着他。她泪花闪烁，面部表情是痛苦的，声调是超真挚的。少校的心弦被重重拨动了一下。这个女孩是可爱的。这一刻显得格外可爱。她和含笑不一样。含笑冰清玉洁，她热情奔放。她的情感现在变得强烈了，发烫了。少校不禁有些怅然。她在追求我么？她在像我追求含笑一样地追求我？一个人为什么总苦苦追求自己难以得到的东西？

她的睫毛上有一大滴泪珠跳动。她的眼神是悲哀的央求的。他不爱她，但他被这幅情景感动了。他真想替她擦去眼泪。

他控制住自己的情绪，说：

"玲玲，我感谢你的好意，但我不能有别的选择。我不能不回去。我不能光为我自己着想，我还要为我爸爸着想……玲玲，请允许我说一句：原谅我。"

玲玲猛然把汽车发动。这时，两行泪水淌落下来。

回到家里，宪兵的汽车已经离去。玲玲噙着泪笑了。

"这下好了！"

她的话令少校酸楚。这下好了？这下是多久？他们去了，他们必会再来。到底是女孩，总爱把一刻的欢乐看作永恒。

忽听到一声怒喝：

"站住！"

爸爸站在门口，一身警服，连枪也跨上了。星期天，他换上戎装去哪里呢？

"你回来得好，我正要去找你！"

少校一怔。找我？

爸爸脸色难看极了。少校觉得那张脸是陌生的。

"阿宇，你干的好事！"

哦，一定是宪兵们把情况告诉了爸爸。宪兵，东厂的后裔，我诅咒你们！

"爸，"少校平静地说，"我没做亏心事。"

"住口！宪兵司令部都专门为你立案了，还有什么好说的！"

"我认为我没有错……"

"不要说了！有话到宪兵司令部去说！我只知道你现在是人犯！"

人犯！少校头皮一阵发麻。一个人在不知不觉中居然成了人犯！而这个人只不过说了几句自己想说的话而已。一些人为什么总牢牢盯住别人的嘴？

爸爸说："走，立即去宪兵司令部！我跟你一起去！"

爸爸，你要押着我去吗？我仍不怨你。你一生疾恶如仇。你眼里容不得半点沙子。

少校对玲玲说："你先回去吧。"

他送玲玲向院外走去。

"你往哪儿去？"爸爸的声音在身后响起。

这声音陡然使少校不满。怕我脚下抹油吗？我不是那种人。

"我送送她。"少校知道自己的声音不好听。

爸爸跟了出来。

玲玲坐在驾驶盘后，又探出身来。

"阿宇！"

"走吧。"

"你跟我一起走！不要去宪兵司令部！"

少校摇头。

玲玲把"凯迪拉克"后门打开。

"阿宇，上车吧，我求求你！"

她的眼睛又浮上了泪水。

少校一阵心软。姑娘，为了我，仅在今天，你的眼圈红过多少回？你的心意，我会永远铭记。

他走向后门，准备关上它。一抬头，一个情景惊呆了他：

爸爸用左轮手枪指着"凯迪拉克"的前轮胎。

他以为我要坐车走！爸爸穿了警服，原来是要抓我归案！又一次"例行公事"？

"玲玲，你走吧。"

"凯迪拉克"缠绕离去。

少校走向爸爸。

"爸，把我铐上吧。"

爸爸无语。

"铐上吧。我是人犯。"

爸爸仍没动。

少校大声道："你不铐，我一定会逃跑！"

爸爸从腰带上取下手铐。

"给我！"

"做什么？"

"我自己来！"

爸爸把手铐递过去，少校咔嚓一声将自己右手铐住，然后伸向爸爸。

"把你的手也伸进去吧。"

台湾警察抓人时总把犯人的手与自己的手铐在一起。

爸爸将左手伸进铐中，右手去锁。就在这时，少校屏住了呼吸。

爸爸右手食指在剧烈跳动！

儿子右手食指却没动。呵，竟没动！

它像死了！

爸爸把少校带到警总分部，叫来警车，解开他左手的铐子，再锁到车门上，然后亲自驾车去宪兵司令部。

雨大了。

在快要驰进台北时，前方路旁出现了两个人，还有一辆熟悉的"凯迪拉克"。少校定睛一望，一颗心蓦地被拎到半中。是妈妈和玲玲！

玲玲搬来了救兵。

两个女人伫立在雨中，没伞，显然来得匆匆。

爸爸，你看，那是谁？你认出来了么？认出来了么……你一定认出来了！

车速减缓。

激动吧，爸爸。近三十年，你的心房里仍然藏着妈妈的身影。我从小到大，多少夜晚，听惯了你辗转翻身的声响。我有梦，你无梦。不，你也有梦，却是那含泪的重温的鸳梦！此刻，你心里准有台风！

爸爸脸色惨白。

车继续向前。

爸爸，停车吧。即使不说话，也停一下车。你渴望那张脸渴望了三十年，让自己满足一下吧。

爸爸紧咬嘴唇。

妈妈和玲玲走到路中央来了，显然要拦住警车。

车直向她们驰去。

爸，你不停车？是什么使你这样？是职责，还是自尊心？她们为我而来，但求的却是你呵。

距离缩短，再缩短！

妈妈张开双臂。少校觉得她要拥抱什么。

爸爸的手颤抖得厉害极了。

警车仿佛也在颤抖。

谁都没有退让。

终于，爸爸刹住了车，然后飞快地向后倒去，掉头，开上了另一条进入市区的路。

少校向妈妈和玲玲投去深深的一瞥。

他转过头来，忽然发现爸爸眼睛里满含着泪水。

少校把头倚在车窗上，望着外面。

雨呵，心都被你淋湿了。这块心田是再也种不活花朵了，你还淋它做什么？只是把它浸得更软，伤得更深而已。

通天彻地，风雨大作。

少校觉得，天和地，疯狂了。

将军的泪

1

人们都说，张自忠将军没有泪。

日本人说，他是中国第一位男子汉。

日本人的说法也许是可笑的，然而可以理解，因为他们怕他。

为什么不？喜峰口、卢沟桥、台儿庄、十里长山，他不止一次让大和魂哭泣。就是当他最后死在日本人手中的时候，杀死他的人仍然整整齐齐地列队向他的遗体敬礼，并像护送自己的将军的尸体一样护送他离开战场。

战胜的日本军从一个市镇通过，百姓们得知那具蒙着白布的尸体就是张自忠时，不约而同地涌到街道上，跪倒失声痛哭。"将军一去，大树飘零"。

一位被俘的国民党军师长也走在行列中，见状大怒，喝道：

"自忠将军没有泪，他也不愿意看见眼泪！"

我准备写一部《张自忠传》，这是个多好的细节，闪闪发光呢。

去年，我采访了一位曾给张自忠当过副官的老人，把那个细节告诉他。他摇摇头说："将军也有泪。"

2

那一阵，天老哭。

在哭这片被强奸的土地。

178

通往台儿庄的津浦铁路旁,张自忠的大军在疾进。一场震惊世界的大会战就要在那里拉开帷幕。中、日双方,它将是谁的奥斯特里茨?

大雨如注。被千军万马碾踏过的土地最是泥泞。

突然有令:停止前进。

雨中,全军肃立。张自忠身披黑色大氅,策马来到军前。

一阵凄厉的军号声响起来。将士们统统变了脸。那是杀人的号音呀。

两个士兵被五花大绑地推过来。

将军凝视着他们,良久,向站在身旁的警卫营营长孙二勇摆摆下巴。

枪声悦耳。马蹄前,横下两具尸体。

张自忠向全军宣布了他们的罪状:昨天,这两人路过一家小店铺时拿了两把伞,不给钱反而打了店老板。

"这种时候,我不得不这样做。"张自忠说,"我要打仗,而且要打胜仗。"

他吩咐孙二勇把绑在他们身上的绳子解开,好生掩埋。

尸体被抬走以后,他沉痛地低声说:

"我对不起你们。你们还未杀敌,可我先杀了你们。怨我,怨我,平日没教好你们。"

他低下头。

副官心酸了。他以为将军也含泪,可是他错了。将军很快抬起头,眼里没有水,只有火。

"还有比这更坏的事情,"他说,"昨天夜里,我军驻扎在田各庄时,一个弟兄竟摸到民房里去糟蹋人家姑娘。十六岁的黄花闺女呀,日后要嫁人,要当娘,如今全毁了。天快亮时,那家伙跑了,可那姑娘肯定地说,他就是我手下的人!现在,他就在队列中!"

队列凝固了。

张自忠目光如剑。

"男子汉敢做敢当。这事是谁干的?站出来,算你有种!"

空气也凝固了。

"站出来吧。你如果有母亲,就想想你母亲;你如果有女儿,就想想你女儿。要对得起她们。站出来,我老张先给你敬个礼。"

179

他的戴着雪白的手套的右手缓缓举到帽檐儿边。

风声,雨声,人却没声。

"那好吧。"张自忠笑了,笑得很冷。"我只好不客气了。那姑娘说,她把那个家伙的大腿根给抓伤了。今晚宿营后,以连为单位,全部把裤头脱下来,检查大腿根!全部,一个也不许漏掉,包括我!"

副官说,当时他清楚地看见站在张自忠将军身边的那个人颤抖一下。

3

宿营后,真相白了:干下那丑事的人竟是警卫营营长孙二勇。

张自忠大怒:

"我瞎眼了,养了一条狗。抓起来!"

所有的人心里都很亮:孙二勇活到头了。拿走百姓两把伞的人尚且被处以极刑,他做下这种事,够死一千次了。谁不知道张自忠将军眼窝浅,容不得一粒沙子。

然而,当军法处长请示张自忠如何处置此事时,将军竟足足沉吟了五分钟,才说出一个字:

"杀。"

他怎能不沉吟?就算孙二勇是一条狗,那也是一条"功狗"啊。

二勇,一个勇字还不够,再加一个。他使用这名字是当之无愧的。

他曾是张自忠手下驰名全国的大刀队成员之一,喜峰口的长城上,有十八颗鬼子的头颅像皮球一样在他脚下滚动过。"七·七"事变中,他率一个半连扼守卢沟桥,与日军一个旅团搏杀。桥不动,他也不动。

尤其是,他是张自忠的救命恩人。一年前,张自忠代理北平市长,是汉奸们眼里的钉子。一夜,张自忠路遇刺客,担任贴身警卫的他奋身扑到前面。他的胸膛做了盾牌。三颗子弹竟未打倒他,刺客先自软瘫了半边。

有勇气,又有忠心,一个军人还需要什么别的呢?他衣领上的星星飞快地增加着。

这一回,星星全部陨落了。

4

杀人号又一次在鲁南的旷野里震响。

昨天的一幕重演了。不同的是，张自忠没有出现在队列前。他不监斩。

他坐在自己的行辕里喝酒，一杯又一杯，是否要浇去心头的块垒？不，不是块垒，是一座悲哀的山。

军法处长代张自忠诏令全军：孙二勇犯重罪，必死，而有余辜。尔后，问将死的人：有何话说？

"我想再见张军长一面。"孙二勇说。

副官把孙二勇的请求禀告将军，将军一跺脚：

"不见。快杀！"

他端起酒盅。副官看得真切，他的手在微微颤抖。酒溢出来。

相同的情形发生在刑场上。杀人的人就是被杀的人的部属——警卫营士兵。他握枪的手在颤抖。

孙二勇圆睁双目喝道：

"抖什么？快开枪！二十年后老子又是一条好汉！"

孙二勇倒下去的同时，张自忠却在行辕里站了起来。他那颗坚强的头颅长时间地垂着。副官又一次觉得他会含泪。

将军的眼神确实是悲哀的，然而并未悲哀到含泪的地步。将军来到队列前的时候，一切已归于沉寂，相信不沉寂的只有将士们的心。他策马从卧在地上的孙二勇的身边经过，故意望也不望。

他不发一言，胳膊猛烈向前挥动着。地平线上，台儿庄苍灰色的轮廓隐隐在望。有强风，他的大氅使劲掠向后面，线条极其有力。他的战马高扬起前蹄，连连打着响鼻。这情景，令人想起滑铁卢战役最后一分钟时的惠灵顿。

他的近卫军开始蠕蠕移动。

当晚，前锋接敌。

5

只要这场战争在中国的历史教科书上被讲述过，台儿庄就被讲述着。它诞生了也许有千百年，却如同死着一般默默无闻，这场战争使它永远活着。

从一九三八年三月二十日开始以后的一个多月里，台儿庄成了死亡世界。地球上两个最相近的民族为着完全不同的目标相互屠杀着。谁都相信自己会胜利，但胜利总是吝啬得到最后一分钟才降临，而在那以前，是胶着的苦缠苦斗。

一天晚上，张自忠正在灯下读《春秋》，忽然传令兵跌跌撞撞地跑进来。

"报，报告军长……他……他，他回来了。"那小兵一脸惶恐的颜色。

"谁回来了？"

"孙，孙营长。"

"什么？"

那个人，二十天前他走了，若回来，需要二十年，何仅二十天？

门开了，走进来的果然是警卫营长孙二勇。他像从另一个世界归来，面容枯槁，头发蓬乱，军衣几乎烂成破布条。他向张自忠敬了一个礼，未说话，眼圈先红了。

"你活着？"

"我没死。"

原来，那天行刑的士兵心慌慌的，连着两枪都没打中要害。他在荒野里躺了一天，被百姓发现，抬回家去。伤口快痊愈时，百姓劝他逃跑，他却执意来找部队。

自始至终，张自忠的脸沉着。他连续下了三道命令。一，"给他换衣服。"二，"搞饭。炒几个好点的菜。"最后一道："关起来，听候处置！"

处置？还能怎么处置？他已经被处置过了呀，而且是最高一级的处置。副官觉得事情就这么解决了：既执了法，又活了人，真像当年曹孟德割须代头，皆大欢离。他送孙二勇去军法处，甚至这样对他说：

"你这小子，命真大。"

回到张自忠身边后，他小心翼翼地试探着问了一句：

"还让二勇去警卫营呀？"

张自忠厉声反问：

"你还想让他当营长？"

副官窃喜。这话泄露了将军的心机——没有杀意。孙二勇的性命在他自己的贴身口袋里装着呢。

谁知，仅隔一夜，形势急转直下。次日清晨，副官刚刚推开张自忠的门，一下惊黄了脸：浓浓的烟雾像野兽一样朝他扑来。失火了？惊骇稍定，才看清张自忠坐在桌前，烟蒂埋住了他的脚，他抽了一夜烟。桌上摊着一张纸。副官偷偷送去一瞥，那上面写着：二勇，二勇，二勇……无数。

他的心蓦然一惊：要坏事。

早饭后，张自忠召集全体高级将领开会。

6

会议做出的决定像一声炸雷，把副官打懵了：将孙二勇再次枪毙。

事后副官才知道这主意是张自忠将军提出来的。他只有一个理由：

"我要一支铁军。"

"尤其在此时，面对着铁一样的敌军，自个儿也得是铁。"

全体高级将领都认为张自忠的决定是正确的，又全体为这个决定流下了眼泪。部队正在喋血，申明军纪绝对必要，可对于这样一个战功累累的军官，甚至在死过一次后又来找部队要求杀敌，做出这个决定是痛苦的，残酷的。

唯有张自忠没有掉泪。他忽然把话题扯开好远：

"昨天，李长官（李宗仁）召集我们到他的行宫开会，部署向日军发动最后进攻的事。在那里，我遇见了我的好朋友邵军长。分手时，我问他：'何时再来？'他说：'快则两天，晚则一星期，或许……或许再也不来了！'"将军顿了顿，"留着眼泪吧，大家都是看惯了死亡的人，又都准备去死，犯不着为这样一个要死的人伤心。"

7

天擦黑的时候，军法处长拿着张自忠的手令走进关押孙二勇的小屋。孙二勇站起来。

军法处长宣读手令。他心情激动，最后几句几乎是哽咽着念完的，倒是孙二勇显得令人意外地平静，立正，挺胸，动也不动，像尊雕塑。在他的戎马生涯中，他无数次这样受命。不会再有下一次了。

军法处长问：

"你有什么话要说？"

孙二勇毫不犹豫地：

"服从命令。"

"那么随我来吧，去见军长。"

"做什么？"

"他请你吃晚饭。"

张自忠的屋里摆了一张圆桌，大碗菜，大碗酒，满腾腾一桌。张自忠把几个高级将领都请来作陪。

这是名副其实的"最后的晚餐"。面对着比平时不知要好多少倍的菜肴，谁有胃口？饮酒吧，不如说是饮泪。

所有的人都默默地向孙二勇劝酒，他来者不拒。看他那架势，大有把全世界的酒都喝光的意思。

他微醉了。

天下没有不散的筵席。菜盘和酒碗都要见底了，一位师长又提出那个问题：

"有什么话要留下来？"

孙二勇站起来，脸红红的，头晃着，呆滞的目光久久地停在张自忠身上。突然，他一把扯开了自己的衣服。

哎呀，他的裸露的胸膛叫人看了后是怎样惊心动魄呵。伤痕斑斑，每一道伤痕，都有着一个流血的故事。每一个故事，都清楚地记录着他冲锋陷阵时的英勇和无畏。这些伤痕是为张自忠留下的，大多是间接的，但至少有三块是

直接的。

众人都低下了头。不忍看，真的不忍看，那残缺的胸膛在喊在泣。

只有张自忠不为所动，表情冷漠得近似冷酷。他端坐着，像座难以撼动的山。他用手指着身边的一个师长：

"站起来，解开衣服。"

又一具爬满伤疤的胸膛。

张自忠又指指另一位师长：

"挽起你的衣袖！"

两道深深的刀痕。

张自忠又指向第三个人：

"把你的衣服脱下来。"

肩头，弹洞累累。

军人面前，极目一片刀丛剑树，怎能不带伤。

最后，张自忠哗啦一下撕开自己的军装。他的胸膛上也有几处伤痕。他那男性味十足的胸膛因为这些伤疤而显得不完美，又因为这些伤疤而显得更完美。

这些伤疤是为中国留下的。

8

夜深了。

副官正要就寝，忽然传令兵进来告诉他：军长叫他去。

张自忠披着大氅站在门口，清清的月光给他全身镀了一层银。他仰脸向天，隐约可见他表情凄凄的。

"军长，有何吩咐？"

张自忠低声说：

"你知道这附近可有窑子？"

副官大惊。张自忠将军满身正气，多得要溢出来，如何能问出这种龌龊的话。准是没听清楚。

张自忠又问了一遍。

自己的耳朵没有毛病，是将军的心里有毛病了吗？思春？这里一片杀人场，哪有春？

张自忠显然察觉了副宫的心情，说：

"我想替二勇找个女人。他只有这一夜好活了。"

副官鼻子一酸，泪水止不住涌上眼眶。将军，我还真以为你是铁做的呢，原来不。你那铁铸的躯体内含着一颗棉花般的心。你杀他，为的是一个女人，可你在杀他之前又把一个女人给他。你是要让他带着欢乐与满足离开这世界。你一片苦心可鉴。最后的欢乐也许是最好的。

"据我所知，这一带没有窑子。"副官说完这话，恨死自己了。为什么没有？应该有。他恨不得自己开一个，如果可能的话。他周身的热血沸腾着，好像自己是当事人一般。窑子，这名字是从垃圾堆里捡起来的，可为什么今天竟给人以美感和温馨感？说出它时，他觉得满心的慷慨和壮烈。窑姐儿也变成极美的极好的了，与平日有本质的不同。

张自忠叹了口气，片刻后，又说：

"我这儿有一本从日本人手中缴获的春宫画册，你拿给二勇，明早再还回来。"

副官又一次落泪了。将军执意要让那将死的人得到快乐。没有真女人，就用假女人代替吧，只要是女人。他会快乐，会满足。总是流不尽的水，走不完的山，看不够的女人。

副官拿着春宫画册转身要走时，张自忠又叫住他：

"对二勇说……"他声音里带着明显的颤抖，"不要怨我……"

9

日出了。台儿庄的太阳好红好大，天边染着血。

死刑在清晨执行。

这也许是世界上最奇怪的死刑执行仪式了：在一个预先挖好的大坑边，战友们依次同二勇握手告别。张自忠也走过来与孙二勇握手，说：

"放心走吧，我会替你多杀几个鬼子！"

孙二勇向坑里走去。一具棺材在那儿等着他。他在棺材里躺下，闭上眼睛。

远处，有部队在列队，风儿递出来一阵歌声。

　　哥哥爸爸真伟大
　　名誉照我家
　　为国去打仗
　　当兵笑哈哈
　　……

枪响了。这一枪是准确无误的。二勇的脸霎时间变得红彤彤的。

张自忠大步离开刑场。副官紧跟着他。将军的步履有些踉跄，歌声又响起来了。

　　走吧，走吧
　　哥哥爸爸
　　家里不用你牵挂
　　只要我长大
　　只要我长大

张自忠突然用手捂住面孔。副官看见，泪水从他的指缝里涌出来。

10

两天后，台儿庄会战结束，国军大胜。

一个女人和一个半男人的故事

1

营长陈淮海趴在主攻连的进攻出发阵地前观察L山，通讯员告诉他，团司令部派来协助指挥的参谋到了。

他回过头来，一惊。偏偏是他最不希望看到的人——作训股参谋罗一明。

他立即涌上一股对团长的痛恨。这家伙明明知道那已经泛滥得不成样子的谣传，却偏偏让我们聚头，而且是在这厮杀场上。

他甚至回过头望了望身后的大青山，团指挥所就设在那里。大青山与L山高度相等，又挨得很近。阳光下，大青山半山腰有许多闪烁的亮点，那是望远镜。在某一具望远镜后，团长正望着我哩。团卫生队的救护所也在那里，她是否也望着我？

他转过脸来望着钢盔下那张清秀的面孔，心里叹了口气：在这里碰上罗一明可不痛快。

敌人的一发炮弹在离他们很近的地方爆炸，将三个披着伪装网等待冲击的战士撕碎了。血同时溅到他俩身上。

罗一明蹲下身去使劲揩净衣服上的血，这个动作令陈淮海感到酸酸的。罗一明有洁癖，可现在是什么时候？片刻后，鲜血会像太平洋一样汹涌。

他猛地觉得自己理解了团长的意图：战场最无情，战场也最有情。是想让我们在死前握握手呢。

他心里更不好受了。和我一样，罗一明也成了死亡候选人。他不该。他有家。还不知他对那传言是否有所闻。很可能无所闻。都说受骗的丈夫总是蒙在鼓里，他准在鼓里。他受骗，而骗子是谁？是我么？

他赶忙背过身去，他觉得自己脸热了。

陈淮海碰上了几件难堪的事情。其一，最近他成了全团议论的中心。这种议论是有颜色的。他的名字和一个女人的名字被一张张口儿共同传递着。一个男人与一个女人已经是一个故事了，一个男人和一个漂亮女人呢？一个男人和一个已婚的漂亮女人呢？而那已婚的漂亮女人又是自己好朋友的妻子。

罗一明的妻子，是现在大青山救护所里的那个人。

15年前，陈淮海和罗一明一起穿上军装。他们的友谊和他们的军龄一样长。陈淮海直到今天才发现，过度的信任与相知也许是一种错误。友谊一旦进入最高境界，朋友间相处，都是一份无心。朋友的就是自己的，自己的就是朋友的。与朋友相处，是份自然；与朋友的朋友相处，也是份自然。他和许多像他一样的人是不羁的。

你无心，别人有心。你自然，别人替你不自然。有很多人愿意替别人不自然，而且乐此不疲。

陈淮海没有结婚，女人中，接触最多，相处最好的就是朋友的妻子了。这种事情是没有开头的，但有高潮。那天，罗一明到师部开会，午饭时，陈淮海来到一明家找好吃的东西。那女人为他炒菜，一粒煤灰飞进了眼睛。"帮我弄出来。"她对陈淮海说。陈淮海翻开她的眼皮用嘴去吹。那是他的脸第一次如此地靠近一张女人的脸。不知怎的他有些慌乱。尤其是当他瞥见窗户上有个人头闪了一下时，他的脸竟刷地一下红了。

就这样，一个美丽的话题出世了。这类话题是富有生命力的，而主角恰恰又是他，生命力就变得特强了。

陈淮海是全团头号引人注目的人物。这个记录保持了15年，而且还将继续保持下去。无论团里发生什么事，如团首长的更迭、各类先进标兵的涌现、走火伤人、男女关系……都是被议论一阵就进坟墓了，唯有他和与他有关的一切永生。原因很简单：他是一位军长的儿子。这个现象只有在两种情况下才能结束：一，他调离这个团；二，团里调来一位军区司令的儿子。

传言每天在膨胀，某些细节像小说一样完美。那天中午的事演绎成了他捧着女人的头颅去吻她的眼睛。

他很气恼。这故事太浪漫，浪漫得离谱了。你们太不知我。你们编的这一切与我相去太远。在这种时候和这种地方我敢吻她，凭什么？凭我是个大官儿的儿子，还是我不羁的待友态度？其实你们不知我在接近她的脸时是一种怎样的紧张心情。

这件事委实够难堪了，但与另一件难堪的事相比，只是小弟弟。

罗一明的妻子真的喜欢他。

陈淮海几乎能够肯定罗一明是吸引不了女人的。那张脸和那个人都太像女人了。女人和男人都不喜欢和自己相同的人。但他一点也没料到，那女人竟在这样短的时间内把爱情的船儿掉了方向。

一明婚后不几天，去外地出差，陈淮海与一明的妻子一起去送行。火车开走以后，他俩步出站台。那女人小声说了一句话：“释放了。”

淮海一惊。玩笑吗？他仔细地望望女人的脸。他立即明白这不是玩笑。他更吃惊了。天哪，这新婚的女人居然把自己当做囚犯般看待。那么，那曾经令淮海羡慕的新房不是温柔乡，是囚笼？一明是什么呢？为什么会这样？

那天晚上，他送了几个烤白薯给那女人。他前脚回到自己房间，女人竟后脚跟了进来，拿着烤白薯。

“再给我点白糖。”

她家里不会没有白糖，为什么向我要？

“做什么？”

“蘸白薯吃。”

“白薯已经够甜了，为什么又加糖？”

“不甜。不甜。我觉得它不够甜！不够甜！”

她说着，大大的动人的眼睛望着他，一会儿，竟浮出泪花。

陈淮海的心弦被重重地拨了一下。

罗一明出差回来那天，他和她又去车站，出营房后不久，淮海觉得自己的衣服被她连连拉了几下。他一回头，见她一脸慌乱，心神不宁，半晌才嗫嚅地说：“你……你喜欢我吗？我喜欢你。”

你说，这种事难堪不？朋友和上帝一样都是神圣不可亵渎的。朋友的妻钟情于自己，神圣是不是开始掉价？只有一件事情能比它更难堪——他也钟情于朋友的妻。那样，神圣要发霉的。

他真的也喜欢那女人。

2

主攻连连续冲锋三次都失败。没有一个人退下来。冲锋者全都倒在山坡上。山坡是裸体的（炮火把它的衣裳剥光了），可以清晰地看见每个人栽倒时的姿势。陈淮海断定，所有的伤口都在身体前部。

秦始皇的军人们认为，伤口在背后是可耻的。陈淮海对这一点极推崇。

战士们把离堑壕比较近的尸体拉了回来，一共二十具。它们被整齐地放在堑壕边，等待后运。陈淮海从烈士们身边走过，他的心猛然缩紧了。

二十名烈士的眼睛全是睁着的，无神地望着天空。

这是战争中难得见到的奇观呵。他大大地激动起来。

"睁着吧，睁着吧，睁到给你们立碑的时候！"

罗一明也看清了这情景，脸有些发白。低声说："这是怎么回事？"

"没冲上去，"陈淮海说，"他们心里恨不过！"

报话员跑过来对他说："团长让我转告你一句话，他说他对你能否攻下L山，胸中揣着一个问号。"

这家伙来激我了。激将法古老得有股陈腐味，用不着。他说："告诉他，我胸中揣着一头雄狮！"

他接着恨恨地想，那家伙难道不知道我血管里流的是谁的血？他又回头望了望大青山。闪烁的亮点更多了。团长，你用望远镜看好了。他又想到她。在她眼皮底下，我得做一个真正的男人。

第四次冲锋又失败了。

战斗残酷已极。主攻部队连以上干部只剩下三个人了：陈淮海、罗一明，还有一个战前从政治处下来代职的干事。

第五次冲锋马上就要开始。为数不多的战士正迅速在堑壕里集结。一张

张年轻的脸孔上布着严霜。谁率领这支敢死队再去给敌人悲壮的一击？陈淮海想去但不能。目前他的使命还不是冲锋。那么只剩下一明和那个干事了。干事是政治圈子里的人。有军事干部在，哪能把他推上前？

如此说，这个机会会是一明的了。一明？陈淮海踌躇了。

在强敌面前，冲锋意味着什么，陈淮海太明白了。他飞快地向他的朋友送去一瞥。罗一明正眯着眼睛仰望红通通的L山主峰，眼神凄凄的。一明面孔的剪影像女人一样有魅力。这张面孔等一会儿将毫无生气的永远的朝着天空吗？

淮海轻轻颤抖了一下。

几发炮弹在堑壕外爆炸，硝烟和气浪野兽似的扑来。罗一明剧咳，腰弓着，一只手向前扶住壕边，象在乞讨。那模样令淮海怜悯。

他要死了。他死也是有冤的。他的妻子不爱他，爱别人，他还痴痴地以为自己被爱着。淮海突然觉得自己是那样深刻地理解了上个世纪俄国人的一种心情：别再提普希金了，他的死，使我们感到大家都对不起他。

战士们在望着他。他下意识地觉得那些目光是不怀好意的。他们都知道那传言，是否等着看我的戏呢？他清楚自己太敏感，而此时此地的敏感就有些卑鄙了。但他难以控制自己的情绪。

团长也在用这种目光望着他。

他记起来有人曾说："看着吧，他一定会用各种办法把那女人搞到手的。"

又有人说："一明准得为这事倒霉！"

他伤心了。你们太不知我。不知我至此，叫我如何是好呢？其实，你们怎想象得到我心中的痛苦？

近一段时间来，一种对不起朋友的心情一直在折磨着陈淮海。因为那传言，他恨巨人般的习惯势力；因为那女人真的钟情于自己，他在惶惶中竟有一点恨那女人；因为他真的钟情于那女人，他又恨自己，恨得想结果自己。而他每一次恨过之后，都觉得欠一明一点什么。

他们都渴望过女人。当他们两个兜的军装换成四个兜的军装时，这种渴望变得灼人了。机关里很多同伴在谈恋爱，收到一封情书就像收到一份捷报。

太阳在头顶。罗一明落后了，没有捷报也没有太阳。他的脸阴着。

有一天，他收到了一封信，厚厚的，信封上写着发信人的名字。一个典型的女人名字。

"一明的情书！"

机关里，这消息长了腿。一明接到信时脸红红的。这种脸红就是招供。

信每隔几天就会飞来一封。捷报频传。

某日中午，淮海走进一明宿舍。一明正在写信封，神情慌乱地用手遮挡，引起淮海的极大好奇。强扒开一明的手，他惊得说不出话来。

信是写给一明自己的。落款是那个已经在淮海脑子里生了根的名字。

原来一封封情书都出自一明个人的手。

现在的那个女人原先是师医院的护士，结婚后调到团卫生队来了。自从一明与她相识后，全世界的幸福之光都集中在一明脸上了。他爱她爱得那么强烈，使机关其他男儿女儿们的爱情统统显得逊色了。结婚前不久，淮海好几次看见他擎着一块手帕独坐在窗前喃喃，眼里有泪光。手帕上小花朵朵，妩媚中透着秀气，阴性的。

"她的？"淮海问。

"嗯。"

"送你的？"

一明摇摇头，说："我从她房里偷来的。"

偷来了手帕，偷来了她的心吗？

有时，深更半夜，他擎着手帕一个人在操场上踱步。

陈淮海知道那女人钟情于自己以后，很害怕想起这两件事。它们是两把刀，频频指向他的良心问罪呢。他知道那女人在一明心目中占着什么地位。那是一明的江山。他难道能用不法手段篡夺吗？

然而，最下决心忘掉的事，其实最忘不掉。

不知是从什么时候开始，他变得不愿意看见罗一明了。每当一明和他在一起时，他心里会涌出一种狼狈感。尽管魁梧的他比一明整整高一个头，可还是感到狼狈。一明脸上总爱挂着一种若有若无的微笑。这微笑现在叫他特别受不了。笑中仿佛含着轻蔑和讥讽。只有胸有成竹的审判别人的人，才会有这种

笑。这一刻，他很痛苦。他总是默默地向这个微笑的男人请罪，通过这种秘密行动来解脱自己良心上的沉重负担。

有时，他会莫名其妙地觉得自己的心理和行为都很可笑。芝麻大一点事，痛苦哪门子？还自称是什么少壮派。又是巴顿、又是沙龙的，一个女人就把心搅乱了。父辈们打下了天下，绝对的一代天骄。天骄的儿女们也应当是天骄。这联想有点漫不着边，但他就这样想了。

好几次，他鼓足了勇气想把这件事告诉罗一明，然而当他和一明面对面的时候，又改变了主意。倒不是因为勇气逃跑了，而是他不忍心那样做。他不愿由他去宣判他们婚姻的死刑。开赴L山前，他到团部受领作战任务，由于天晚就留宿在那里。一明丢下妻子来与他做伴过夜，使他大为感动。他觉得不能不说了。上战场，也许就要永远留在那里了。

他精心考虑了开口的时间和方式，甚至第一句话——他们将躺在床上谈许久，熄灯时，一明的手刚刚伸向灯绳，他要突然拉住他的手，用低沉的声音说："关灯之前，请先接受我的道歉！"

但他又一次没说。因为那一夜，一明告诉他，那女人怀孕了。一明说话时兴奋得发抖，令淮海心里一阵痛楚。

3

第五次冲锋开始了。那位从政治处下来代职的干事挥舞着冲锋枪冲在最前头。陈淮海留下了罗一明。干事代替他先一步去了。

陈淮海默默地对罗一明说："朋友，我帮了你一回。"

这一次够凶的。四十多名战士大吼大叫着，不顾一切地向山顶跃进。虽然不时有人一头栽倒在地上，但还是有一些战士冲到了敌人的堑壕边。

陈淮海以拳击掌，大叫："撕开口子！"

他激动极了，又情不自禁地回头望望大青山。亮点变成了抖动着的。它们也激动？她也会为我激动吗？会的。

敌人使用了火焰喷射器。火海中，一个个不屈的身影在翻滚。

那位干事跃进了敌人的堑壕。还有几个战士也跃进去了。

陈淮海说："真汉子！"

他要带领剩余的战士扑上去，忽然响起一片惊呼。他凝神望去，一个情景使他周身的血冻住了，敌人把一具残缺的尸体从堑壕里掷出来。是那个干事。

他大骂起来。

又有几具尸体被掷出来。

他又看到，在敌人堑壕外，一个负了重伤的战士正艰难地向前爬去。战士的责任呵。他的眼睛潮湿了。一个敌人从堑壕里跳出来，冲锋枪对准那战士。哒哒哒。陈淮海清楚地看见战士的半个头仿佛都没有了。可他还在向前爬。淮海想起了海明威笔下那只爬向猎人的濒死的非洲狮。

淮海的眼睛红了。

"我不信！不信！"

堑壕里，战士们又一次集结。陈淮海明白，不会再有另一次集结了。他手里只有一个排的兵，而且是哀兵。再冲不上去，这二十多人也会统统头朝前死去。

他将死在最前面。

战士们站成一排。他检阅般地从他们面前走过。最后的检阅，多像邓世昌。赴死前的水兵们呢，是不是个个像铁一样坚强？

有的是，有的不是。那张娃娃脸就是惊恐的。在想妈妈？原谅他吧，人不是铁。这么残忍的厮杀场面，谁经历过？它用笔写不出来，只能画出来。

罗一明的熟悉的面孔不在。

淮海已经做出了一个决定，做出了一个连他自己都感到激动和慷慨的决定：他要派罗一明到团指挥所去报告情况。一明一走，他就发起冲锋。

他要让一明活下来。

这样做也是可行的。一明毕竟是团里的人。

从堑壕另一侧传来一声枪响。

他并未留意。过了几十秒钟，从那里又传来一阵隐约的叫骂声，怎么回事？

他走过去，罗一明在那里，还有一个头部负伤的战士。一明的左手紧紧

捂着右臂，血从指缝中渗出来。他也负伤了！那战士正指着一明骂着：

"你小子不是玩意！"

"怎么回事？"淮海喝问。

"你问他！"

一明的头垂着。

"你讲。"淮海命令那战士。

"他朝自己胳膊上开了一枪！"

自伤？淮海的头轰地一下炸了。

"讲清楚！"

"我负伤后，一直躺在这里。刚才他一个人跑过来，东张西望的，我起了疑心，就闭上眼睛，装作昏迷的样子。他也以为我昏过去了，掏出手枪来，枪口用毛巾包着，在自己胳膊上，腿上，还有肩膀上，比划了好大一阵子。我一下就明白了他要干什么，可我一动也不动。最后，他朝胳膊上开枪了。他还想再朝腿上打，可我猛地跳起来，他吓得跃倒了。"

淮海感到一阵反胃般的难受。他的第一个感觉是："在旅馆里开错了房间，看见了一个可耻的场面。"这是海明威说的。大作家真厉害，他的话似乎就是专门为某些人和某些场面准备的。第二个感觉是：他被欺骗了。

军人的耻辱不是战败而是背叛。战败者死一次，背叛者死一千次。对此，今天的军人们和秦始皇的军人们是一脉相承的。陈淮海更是特别着重这一点。有时，他甚至不能容忍敌人的背叛。

自伤是背叛。手中的那条枪只能朝着敌人。军队中，战前自伤是要长久坐牢的；战斗中自伤，是赤裸裸的临阵逃跑，人人可以先斩后奏。

"缴他的枪。"淮海命令。

其实这不过是一种象征性的宣判。一明的枪根本不在他手里，被那头部负伤的战士紧攥着。一经宣判，他就被推到鸿沟那一边去了。不，是他自己把自己推过去的。

淮海望着一明，这一刻，他觉得那张脸好陌生好陌生。这个人难道是他15年来的朋友吗？仅仅是几分钟前，他对这个人还怀着一种歉疚的负罪的心情，可现在这种心情忽然遭到了亵渎。

他觉得自己强烈地被侮辱与被损害了。

而在这时还有一种更强烈的感觉在撞击着他。朋友，别人不知我，你难道也不知我么？我这样的人，有个最大毛病，就是讲义气，现代的义气。我一定会对得起朋友的。其实我已经准备救你了，尽管这样做并不十分光彩。你与我交往15年，难道不知这一点么？你却要当着我的面当逃兵。可怪不得我了。

又有一个战士走过来。他忽然不希望这事再让别人知道。这事是瘟疫，会传染。他挥手叫那战士走开。战士默默服从了。淮海目送战士离去，蓦地有些心酸。他们就要死了。他们的死，将是一种庄严得近乎圣洁的献身。他们绝不会原谅朝这种圣洁上泼脏水的人。

淮海明白，为了他们，为了他们的死，他不能放过罗一明。

朋友，你是懦弱的，但懦弱与背叛，并不是孪生兄弟。人有心，也有胆，你的胆被吓破了，也罢，可你的心呢？心也破了吗？

"毙了这家伙！"那头部负伤的战士说，"我们死，他也别想活！"

是的，大家都死。淮海想，但死与死不同。你们死去后有碑，他不会有。

"我一看他那副模样就觉得他不地道，果然没看错。"那个战士接着说，"要不是我装作昏迷过去，他准不在这儿下手了，会再跑远一点。那不就叫他得意了？"

淮海从一开始就对这个战士反感。哦，老兵，你是阴险的。你看你是多么老练呵，即使是在战场上，你还是那么胸有城府。你装作昏迷看他走向深渊。你喝叫一声他不就停住了吗？他完了，你得到了什么？

"营长，"那战士咔嚓一下上了刺刀。"就你一句话，怎么处置这家伙？"

淮海的脸铁青。死是一定的。他不死，就无法叫其他人去死。但死的方式呢？

从淮海到这里来之后，一明的头就始终没抬起来。他绝对不敢看我的眼睛。他欺骗了我。骗人的人最害怕的就是看受骗人的眼睛。他不光骗了我，他骗了所有信任他的人。他还骗了……还骗了她。

想到她，淮海的心一动。

"营长，快下命令吧。"

　　他有权力打死一明，也有权力命令别人打死他。一个人的生命这样彻底地掌握在他手中，还是第一次。这个将死的人是他的朋友，他痛心，可在痛心的同时为什么还会感到一点轻松？他又想到了她。为什么总想到她？为什么在她丈夫翻船落水快要没顶的时候想到她？这一切，是在堑壕里发生的，她看不见。若看见就好了。随即他又为这想法恨自己。

　　"营长！"

　　头部负伤的战士挺着刺刀站在一明身后。淮海明白那是一堵墙，是罗一明和他都无法逾越的墙。其实他的权力很有限，只能取走这条生命，而不是相反。他说："把枪还给他。"那战士带着明显的敌意问："为什么？"

　　淮海没理他，转向罗一明，目光严厉地说："你是个老兵了。战场上，你干下这种事应当受到什么样的处罚，你是清楚的。我救不了你，谁也救不了你。"

　　罗一明脸色苍白。

　　头部负伤的战士觉得自己理解了营长的用意，把枪递给罗一明："自己了结吧。"

　　罗一明抬起头来。陈淮海脸上露出前所未有的难看的神色。在这种脸色前任何一个人只有服从的份。他接过枪后缓缓举起。

　　淮海冷笑："还想朝自己打？"

　　罗一明一怔。

　　淮海狠狠地说："马上要对敌人发起最后一次冲锋。你第一个冲，冲在最头里！"

　　同样是炸弹，但这一种是壮烈的。"你必须冲在最前头，听明白了吗？你要是敢退缩一步，我就打死你！"

　　他对那战士说："看着他！"

　　陈淮海转身离去时，心里说："朋友，我又帮了你一回。"

4

　　就要实施最后一击了。

陈淮海呼唤炮火。炮兵要求10分钟准备时间。

团长要与他通话，他不理。

"有话等我上了L山再说。如果我上不去，那就什么也不用说了。"

背后大青山上亮点摇曳。团长，你想对我说什么？想笑我吗？别急，咱们都到最后再笑吧。我还要再冲一次，亲自冲一次。

他向前望去，满心惨恻。山坡上到处是战友的尸体。满山的杜鹃开得凄美而壮丽。他爱极了这种花。有多少他的年轻的伙伴被召去当花神了，哭得满山的血。哦，那不是杜鹃，是战友们的血。花被炮火炸没了。但这花是不死的。即使死了也有花魂。够英雄一辈子了。

他又一次在堑壕里巡视。罗一明待在最远的角落里。一明见他走过，嘴唇动着，似有话讲。他站下了。

四只眼睛对视着。

"淮海！"一明突然叫他，声调凄切。

"做什么？"

"我……我做了错事。我有罪。我是怕死，可我这样做又不全是因为怕死。我……我是舍不得离开她啊。我曾对你说过，她已经怀孕了。我丢不下他们，实在丢不下。我……"

"别说了！"

不错，朋友，你当了丈夫又要当爸爸了。然而，朋友也好，丈夫也好，爸爸也好，都不能背叛这个国。背叛了这个国就等于背叛了这个家。

你的家被你毁了，彻头彻尾地毁了。毁了它并不是因为你的死，而是因为你的名誉。名誉这东西委实是重于生命的。这样做，你是为了她，可你恰恰害了她。

想到她，淮海蓦地冲动起来。这种冲动从何而来，不知道。他只有一种感觉，自己是爱她的。

他惊异，为什么现在？

他知道自己爱她。都说爱是不能忘记的，但有些爱必须忘记。他认为对她的爱就属于必须忘记之列。要忘情是一件极困难的苦事，不能忘情却更苦。他把两样苦都尝了个够。

他有一种强烈的愿望：想呵护她。她把她捧在手心里。她是不幸的，怎么会嫁给了一个这样不像男人的男人？

那次一明与她拌了几句嘴，她跑到他的房间里来，小小的嘴唇噘得令人疼爱。他劝她：

“既然爱他，就让他一点。”

她一扬脸：“为什么？他并不是最好的。”

她用一种专注的神情望着他。这话，这神情，挑起了他一点小小的野心。谁是最好的？

“为什么啊？”

“他不像个男人。”

现在他想对她说，你丈夫当然不是最好的。岂止不是最好，怕是最差的哩。他真的一点不像男人。

怎么，想到这里时心中竟有一丝窃喜？

他想见到她。这是一种渴望，也可以说这是欲望。而在以前，他是害怕见到她的。记得那次他们谈话时，她在软语温馨的当儿，突然丢过来一句没头没脑的话：“你是很可怕的。”他明白这话以外的话，因为他也有同感。他心里说：“你也是。”爱一个人总是要先怕他。

他怕她，也怕自己那颗不老实的心。只要看她一眼，那心儿就按捺不住了，急慌慌地要蹦出来。他强迫自己不看她，因为眼睛也能犯罪。

然而现在这些感觉统统遥远了。他想看她。想认认真真地看。他忽然觉得自己忘记了她长得什么样，他将把她看个够。好看的女人哪有看够的时候？他甚至回过头望了望大青山。这一次她本是不应上前线的，可她坚决要求下来。都说长发为君剪，短发为君留，初孕的女人这样做又是为谁呢？

又一个念头从心里掠过：如果这场战斗后我活下来而一明死了，有没有可能跟她好呢？以前这个念头也侵犯过他，但都被击退了。有时他认为只有一明出意外事故死去或打仗牺牲才能把位置空出来，但更多的时候他想到，位置即使是空的他也不能伸手。那样，传言将变成现实。

他多么痛恨杀人的传言啊。他与它势不两立。偏偏传言特喜欢他这样的人。他到哪儿，它跟到哪儿，像影子。一次次，他与它打，弄得遍体是伤。其

实，何必那么认真？由它去得了。水，可以从那么高的地方摔下来，整个儿碎在岩石上，却丝毫不受损伤，过一会，又摇摇荡荡汇聚在一起，还是完整无缺的水。如果不坚持自己的形状和姿态，便没有碎裂或损伤的问题。

但他不是水。他是岩石。

他又一次把那念头轰走了。它不使他痛苦，第一次，甚至有些轻松，但他还是把它轰走了。他无论如何不能败给传言。你越欺侮我，我越不能败给你。他想，你不就是凭我的不能选择的出身欺负我吗？我也要凭这一点赢你，赢你惨惨的。

他忽然又羞愧起来。在我所在的这个圈子里，我实在是够没出息的了。女人的关隘竟是如此难过吗？又是一个普普通通的女人。瞧我的那些同伴们，一个个器宇轩昂，扔掉一段情，就像扔掉一张纸一样潇洒。他们在情感上似乎从未被人折磨过，而只折磨过别人。与我一起长大的一个女孩说："非副总理以上的子弟不嫁！"副总理才有几个？多不现实，可又多潇洒。我为什么就潇洒不起来呢？

他记起来有人曾说他"没有情，只有欲"。又有人说："他终究会跟她好的。他终究会不跟她好的。"他泛出一丝苦笑。这又是你们不知我的地方了。我怎么没有情呢？我的情比你们还多哩。假如我有机会爱她，我要爱她到永远。

突然间，大地颤抖起来。

5

千万发炮弹撕扯着空气从头顶上掠过。L山上浓烟滚滚，像翻腾的长波大浪。

陈淮海把手枪插进腰里，端起一支冲锋枪，大吼："冲啊！"

罗一明和那个头部负伤的战士就在他身边，他的命令发出后，最先跃出堑壕的不是罗一明而是那个战士。几秒钟以前陈淮海还猜想那战士一定会用枪逼着罗一明去蹈死地，可是他错了。战士用他的行动在嘲笑死亡，也嘲笑向死亡屈膝的人。陈淮海的心热了。

那战士才冲了两步就猛地站住了，接着，像被人狠狠推了一下似地向后一挺，又一挺。他连中数弹。

陈淮海跃出堑壕时稍稍迟了一下，不是犹豫，而是职责所驱使。他必须要看着罗一明步入死地或者说步入再生之地才行。当他随着罗一明跃出去的时候，刚好那个头部负伤的战士沉重地倒在他脚下，胸前一片血窟窿。

他一阵悲愤。对不起，老兵，给你敬礼了。

几乎在这同一时刻，罗一明也扑通一声栽倒了。他头朝下伏在地上，一动也不动。他一定是被击中要害了。

朋友，你倒下了，但你是向前倒下的，因此你是永远不倒的了。这样的结局对你、对你的妻，都是最好的。大青山上所有的人都会注视着这世纪的冲刺。她更会。这儿有她的两个男人。朋友，我无论如何是对得起你了，因为在你妻子的眼皮底下，我帮助你塑造了一个完整的你，最后这一笔收得是多么有力呵，绝对雄性的。这一幕将永远留在她的心里，而刚才那一幕已作昨日死。知情的老兵一去不返了，我也即将这样。那秘密，永远留在坟墓里。

子弹像雨一样泼下来，一个又一个战士抽搐着扑向大地的怀抱，那是多么凄美悲壮的姿势。陈淮海心里赞叹着。

突然，他觉得自己的腿被什么东西重重地捣了一下，不由自主地跪了下来。紧接着，右肩被一道凉丝丝的风穿透了。他低头看见血从一个小窟窿里涌出来。

他挣扎着想立起身。他要向前。现在他比任何时候都渴望见到敌人的脸。但他的腿像被山压着。

有两个战士挺着刺刀狂飙般地从他两侧卷过。那是最后两个战士了。陈淮海再次咬紧牙想撑起来，却再次失败了。

一阵酷似脚踏缝纫机的声音传来。他听出来是高射机枪在平射。两个战士相继仆倒了。他跪着向前移动。此刻，他觉得自己不折不扣就是海明威笔下那只将死的狮子，艰难地爬向那个毁了它的东西。一发高射机枪的子弹击中了他的腹部。他丢掉冲锋枪捂着伤口垂下了头，一直垂到地面。

终于，他意识到自己再也不可能向前了，不禁怆然叫道："我上不去了，我上不去了呵……"

他用尽气力翻了一个身，仰面躺着。大青山和他脸对脸了。团长，这一切你无疑都看见了。现在你可以笑了，但请你笑得好看一些，别总那么冷冷的。我们虽然没冲上去，但统统是在冲锋路上倒下的。我们用我们的血肉为后来者筑成了一条新的冲锋路。全军战殁，没有一个孬种，连被俘的也没有，你怎么着？我虽然躺在敌人的门口，可他们休想碰我一下。我腰间有一支手枪，枪里有8颗子弹，7颗给敌人，1颗给自己。

还有你，我爱的人，爱我的人。你更不会放过这一幕的。你一定落了两回泪，是否也骄傲了两回呢？你目击了两个男人勇敢的献身。死在你的面前，我是含笑的。现在也许是最后的时光了，我只想对你说，不，想对你喊：你是我的……我的太阳。我只有把你比喻成太阳才能表达出我心中对你热烈的爱。我像膜拜太阳一样膜拜你。我要走了。你记住，我是夸父，每迈出一步，都是追日的欲望。

伤痛难忍。他想叫，但忍住了。山坡上静悄悄。那些和我一样倒下的人呢？他们怎么一点动静也没有？他强抬起头，四顾，呵。那是多么壮丽的情景。满山的尸体，满山的血，就像满山的红旗。每一个战士或躺或卧的形状都是那样优美。这种美，只有从枪林弹雨中冲出来的人才会欣赏，才有资格欣赏。他仿佛看见了满山的墓碑。人生短于三行墓志铭，可他们的人生与日月同在。有人说，姓名、籍贯、年龄和死亡的日期没有任何意义，把它们加起来，只代表了一场大屠杀的死亡数目，代表了一种希望的幻灭。他不这样看，把他们加起来，代表的是一首英雄交响曲，代表的是一种新希望的出生。

这样的死亡是世上最豪迈的，值得大吹大擂。静悄悄地去，对不起自己。他冲动了。他想叫，并叫了出来："啊！"

这声音大极了，以至于他自己的耳朵都被震得发疼。他从不曾用如此大的声音喊过。他全部的也是最后的生命都凝聚在这喊声里了。

"啊——啊——啊——！"

这是狮子吼，他想，每一个倒下去的人都是狮子，是他们推我出来吼的。

他的气力耗完了。当他把最后一声喊出来后，深深吸了一口气，两行热泪滚下来。

伤口一阵剧痛，他昏了过去。

朦胧中，他觉得有一种力量在击打着头颅，忽儿左，忽儿右。他醒来了。山坡在蠕蠕移动。怎么回事？再仔细看，动的不是山坡而是自己。他彻底清醒了。他正被一个人背着向山下匍匐。他的头在那人背上摇晃。

有人搭救我。是谁？

定睛一看，他的心跳停止了。是罗一明。

我的朋友，怎么是你？你不是已经永远告辞了吗？刚才我亲眼见你一头栽到另一个世界去了呀？

一明矿工式地爬着，每挪动一下都艰难极了。喘气声粗得吓人。背一个半死的人，一具准尸体，你要费多少气力？你哪有？

你一定是听到我的喊叫才来救我的，可我并非呼救啊。瞧你刚才被击倒的那架势，纵是不死，也伤得不轻，你从何处借来了一股力量？

忽然，淮海惊觉了。一个可怕的念头扑来。

他用力挣脱了一明的手，翻下来。

一明转过脸来。

淮海目光如电，扫射一明全身。右臂有伤，那是耻辱的伤。

那是唯一的伤。

他疑心自己看错，甚至希望自己看错。不幸，他没有错。罗一明的那双眼睛也告诉他，他没有错。

他感到冷，冷得那样厉害，身哆嗦，心也哆嗦。

天的颜色改变了。山的颜色也改变了。

朋友，你竟是这么阴险吗？比起刚才死去的老兵，你的阴险要乘十又十倍。敌人的子弹并没有打中你，是你假装被打中。你的聪明超过曹操了。朋友，在你倒下的一瞬间，你在想什么？你的心不苦不悲、不痛不呜咽吗？全军猛扑敌人，气吞万里如虎，而你，是一只老鼠。你的同伴们像老虎狮子一样死去了，你却像老鼠一样活下来了。加入鼠辈的行列，你是个啥滋味？！

他劈手抓住一明的胸襟，厉声道："你抬起头来！"

罗一明服从了。陈淮海把手朝尸体枕藉的山坡上扇形地一挥："你看！"

一山的壮士。好一山壮士！

罗一明垂着眼。

你不敢看。你当然不敢。因为英雄们在看你。英雄是有眼的，即使是死去的英雄也有。那二十名不瞑目的烈士，那个被敌人从堑壕里扔出来的干事，那个被打碎了头颅却仍然爬向敌人的战士，那个老兵，都在看你。

也在看我。目光逼人啊。

陈淮海拔出手枪。

朋友，你好丑。你那清秀的容貌不过是撑着的一张脸皮罢了。可我今天发现你很丑。你的一切都很丑，包括你刚才栽倒的姿势。像狗，去啃土地。

他哗啦一下将子弹上膛。

朋友，这一刻，我突然想把一个头衔转赠给你。我这样的高干子弟，被有的人称为冰箱。一个外表挺帅，很能谈，又狂放，亮亮的——冰箱。打开门，里面通明；关了，里面就黑暗，冷着。我想说，你才是冰箱。你是另一种亮，也是另一种黑。

枪口对准罗一明。

罗一明的脸白白的。

告饶吧。我要等你告饶之后再扣扳机。

罗一明一声不吭。

也许你知道告饶是徒劳？那好，让你明白着去吧。

罗一明突然喃喃道：“我好悔……”

你悔什么？后悔把我救下来吗？你以为你救了我，我也可以救你了？

他突然坚实地愤怒起来，愤怒得想大骂。朋友，原来你终是不知我的。那么，你的不知现在把你害了。即使是为着这种不知，我也痛恨地想杀了你。

你救了我，但救不了你自己。绝对救不了。自认倒霉吧。既然装死，乖乖躺着不完了，等人家抬伤员时把你抬走，永远也不会事发东窗，因为你身上毕竟有伤。你神经中哪根弦被触动了，来碰我？

他的手微微颤抖。哦，是那份不完整的但尚且有点余温的友情。

你还不是丑到让人不能看的地步。一个硬币正反两面。你是一枚悲哀的硬币。

稍一犹豫，犹豫上又生犹豫。大青山就在咫尺，在团长面前，在那些以一种孜孜不倦的精神关心着自己的人面前，尤其要命的是在她面前。这一枪打

出去，一座泰山会塌掉的。但他马上痛斥自己。即使是地球碎了，也要开枪。什么传言，什么议论，什么桃色新闻，在我的一腔热血前面，纯粹是垃圾。我不怕它们。我要它们怕我。

枪响了。

罗一明用深深的目光望着陈淮海，面部表情竟一点也不痛苦。

陈淮海不愿意见那目光。枪又响了。

罗一明向他伸出一只手，颤巍巍的，似乎想触摸他。

第三声枪响。

罗一明倒下了。

陈淮海微笑，笑得有点惨然，眼中射出莹莹泪光。

他凝视着手枪，良久，将它揣进怀里。

6

团预备队拉上来了。陈淮海目击这支勃勃的生力军切入滑铁卢，感到了惠灵顿式的欣慰。敌人终于垮了。

团长来了，还有一群幕僚。救护队满山遍野地抢救伤号。陈淮海失血过多，伤口已因痛极而不痛。他想睡觉。团长并不招呼救护队，第一句便问："你为什么打死他？"几乎是喝问。

"他是叛徒。"

"什么意思？"

"他自伤，又装死。"

"自伤了怎么还能冲锋？谁看见他自伤的？"绝对不信任的语调。

我，还不够吗？另一个人已经永远沉默了。

"只有你一个人看到的吗？究竟有没有别人？"

咄咄逼人。

"有。"

"谁？在哪儿？"

"牺牲了。"

幕僚们一张张脸真像是刚从冰箱里拿出来的，那么冷。

团长叫来两副担架。他被抬上去时，团长突然又厉声问道："你到底为什么？"

他无语。

两副担架一起下山，他在前，他的朋友在后，团长在一旁。

颠簸和伤痛使他快要失去知觉。没有镜子，他也知道自己的脸色此刻一定难看到家了。上下眼皮不可阻挡地要结合。突然耳边又响起团长的声音，比前两次轻柔得多，像哄孩子：

"对我说实话，你们之间究竟发生了什么事情？"

团长，你是以为我马上要死了才这样问的吧？快把这副保姆的嘴脸收起来吧。我不是孩子。你的手还在我的身上轻轻拍打着，简直是对我的侮辱。

那只手突然像触电似的缩回去。

"枪！"

团长摸到了他怀里的手枪。

团长命令："下他的枪！"

两个战士扑上来。是的，是扑上来，就和猎犬一样。

一团火窜上脑门。他猛然产生了一股力量，自己把枪掏了出来。

一个幕僚居然卧倒了。这举动中含着多深的敌意呵。

他笑了，把枪扔在地上。

在通往卫生队救护所途中，他与许多团部的人相遇。人很熟，目光却很生。起码都是怀疑的了，更多的是鄙夷的和法官般的，叫人恨。

他明白等待他的将是什么。帮助女人吹去眼里的灰尚且会演绎成送去一记亲吻，而且泛滥成一条河，不要说这光天化日下的枪击了。要成汪洋了。

我是汪洋中的一条船。在河里，曾有两条船。在汪洋里呢？

他想到了她。

他忽然感到自己是那么疲倦，疲倦地想一动不动地躺在她的臂弯里，睡觉。他比任何时候都渴望她的怀抱。她的怀抱太迷人，连雄狮也会在那里好好休息的。他这头雄狮要休息了。他想承认失败了。走进她的怀抱不就是承认失败吗？失败如果是美丽的，为什么要拒绝呢？但有一点要弄清，我实际

是败给自己的。最强的人也就是最脆弱的人。强者纵然能够敌万人，天下没人能杀死他，但自己却可以杀了自己。因为强者是流星，虽然灿烂夺目，燃烧的却是自己。

然而，你会让我走近你吗？你曾经乞求我走近你。"跟我拉一下手吧。"那天，在你住的楼房的阳台上，你这样哀求我。就是铁般硬的心，在这声音前也不能不怦然。一明不在，你叫我去吃饭。你打扮得好鲜艳呀。你穿了一身新的花衣裳。你又说："我喜欢你，喜欢得想跳楼。"我故意刺你，说"从这阳台上吗？够轰轰烈烈的了。"你说："我真敢。"我冷冷地拒绝了你。"我不喜欢你全身上下的这层包装纸。"现在我向你保证，这些话全是违心的。

也许我就此会失去全团全师甚至全军的信任，可我不愿失去你。你了解我，你也了解那个被我杀死的人。你清楚他是一个什么样的男人。你不爱他也正是因为你发现他是冒牌的——不配叫男人。或者说，充其量是半个男人。我若把我们的故事讲给你听，你会原谅我吧？为了报答你，我愿意做你的丈夫，愿意做你腹中那条小生命的父亲。

到我身边来吧，无所畏惧的你。二十世纪暮色苍茫了，怕什么？

奇想。

担架被放在地上。卫生队救护所到了。他看到了她，一眼就看到了她。她和别的姑娘不一样。胸部饱饱的。初孕的人嘛。这一瞬，他又觉得对不起她。

她也看到了他。她的目光真复杂。怎能不？刚才那一幕在她的心中搅起波澜何止万丈。复杂的然而不是冰冷的，和其他人的都不一样。冬天里，那是一点新绿。

她走到罗一明的担架边，半跪下来，久久注视着丈夫。陈淮海清楚地看到她的睫毛上垂着一滴泪珠。

两个护士过来为淮海包扎。

有人把一条白单子盖在罗一明身上。她把单子拉过丈夫的头顶。她葬了自己男人呵。

小小江山，似曾兴亡，如何不难过？

她向陈淮海走来。

众人直勾勾地望着她。

淮海心跳很疾。

她在淮海的担架旁蹲下，和两个护士一道，为淮海包扎。

淮海鼻酸了。女人，你的名字不是弱者。你的勇敢令我们这些伟男子都不好意思挺胸了。直到现在我才明白你真会从那阳台上跳下去。你此时的所作所为，比跳阳台轰轰烈烈一千倍。

包扎过程中，他俩的手不时相触，却迅速分离了。淮海突然一阵冲动，抓住了她的手。她的手冰凉。他怕她把手抽回去，但她没有那样做。

淮海眼眶红了。你在说，你爱我。你可知道，我简直想用死来报答你。知我者，莫若你，只有你。

在等待向后方运送时，陈淮海把山上的故事告诉她。她用一种冷静得近似冷漠的神态听着，脸色苍白，宛如一具大理石雕塑。

不知怎的，这神态叫淮海心神不宁。

故事说完了，两个人都沉默着。淮海又冲动起来，说："我需要你……"

他忽然羞愧难当："需要你"，这是他这样的人应当说的话吗？他改了口："我需要你……的帮助。"

"帮助？"她喃喃道。

大青山下公路旁，担架在排队，陈淮海被单独放在一边。是否也有个资格问题？

她又一次走过来。她的脸愈发苍白了。她俯下身，欲说又止，如是再三，终于开了口：

"我准备去向领导说，他打仗前曾告诉我，他要用自伤的办法脱离战场。"

陈淮海眼睛睁大了。

"他真说过这话？"

她摇摇头。

淮海觉得自己受了莫大侮辱，厉声说："你这是做什么？"

"你不是要我帮助你吗？我这样说，他们信。他们不信也得信。"

淮海忽然有所察觉，或者说有所警觉，问："刚才我对你说的话，你相信吗？"

"……信。"她的眼睛里有另一种答案。淮海心跳了。

"你真信？"

"……信。"声音低了些。

"到底信不信？"

"信。"更低，像嗫嚅。

"再对我说一遍！"

她猛然偏过头去，一只手堵住嘴，胸部起伏剧烈。

两张面孔都无血色。

沉默。

淮海心慌了。战场上，铁马金戈中鲜血流成河，他从未慌过。即使泰山崩溃，他相信自己也对付得了，可现在他真真地慌了。汪洋里，什么东西与他的船为伍？一条船？一根木头？一根稻草？

希望的稻草。

她用饱含痛苦的声音说：

"不管怎么样，我爱你……我还知道，你也爱我。就这样！"停一停又轻轻补充道，"这样还不行吗？"

稻草淹没了。

哦，原来你和他们一样，只是在一样中又有不一样罢了。你爱我，但不知我。知我者，我自己。

有人呼唤她。她去了。

她去了。

此刻，他只有一种感觉，一种相当奇怪的感觉：我不能听从你，如果听从，那就是茅台酒掺水，糟蹋了两样好东西。

他僵凝地望着天空，泪水在两个深凹的眼眶里溢满溢满。

这就是马尔维纳斯

1883年深秋的一天，达尔文在对位于美洲大陆和南极洲之间的一个小岛进行了科学考察之后，拖着疲惫的身子回到船上。

"这是一个阴惨惨的荒岛。"他在考察日志中写道。

还会有比这更贴切的形容词吗？大科学家放下笔来，透过舷窗向岛上投去审慎的一瞥。雾气笼罩着小岛，灰褐色的山峦像条受伤的鲸鱼静静地卧着，千百年时光从它身边溜走；乱石间，沙滩上，不见寸草，唯有一群企鹅在追逐和嬉闹，动作笨得可爱。起风了，南大西洋的万顷波涛怒吼着向小岛扑去，似要将它吞噬。

一点不错，"阴惨惨的荒岛"！

达尔文无论如何也不会想到，在他写下这段话的整整一个世纪以后，这小岛竟成了一个全世界瞩目的地方。一场最现代化的战争使得它的名字永远留在人类的史册上。

这就是马尔维纳斯。

"我们不愿再等另一个150年"

1

莱奥波尔多·加尔铁里总统站在国会大厦的阳台上，手抚下颌凝视着星空。

1982年4月的布宜诺斯艾利斯要比往年寒冷得多。大厦四周栽满了树，树上竟只有几片叶子。透过黑糊糊的树梢，可以看见月亮慢慢升起。

"月亮照着我们。这里的月亮是属于我们的。"总统后来回忆当时的心情。"这里的月亮根本照不到他们，他们为什么要赖在这儿？"

他忽然笑了，在心里责备自己。"你是个将军，军龄都有40年了，又身为陆军总司令和国家总统，为什么总是产生一些幼稚的念头？"

他身后的会议大厅里灯火辉煌。一个个放大了许多倍的人影映照在窗帘上，一动不动，也听不见说话声，一切似乎都凝聚住了。阳台下不时地有汽车刹车，接着，脚步声急促，打破了静寂，却使气氛更加紧张。

他看表，指针静止了。日历上，"1"字已经隐去一半，"2"字挣扎着想爬上来。

"这是一天中最难熬的时刻。"他喃喃道。

这何尝不是他一生中最难熬的时刻？

一位军官来到他身后。

"总统阁下，人已到齐，可以开会了吧？"

"再等一等。"他声音有些颤抖。他想等到"2"字完全占据日历格后再走进去。那是新的一天，他需要新的开始。

军官看见总统的身子在微微抖动。

"外面真冷。"

冷？加尔铁里丝毫感觉不到这一点，他心里燃烧着熊熊烈火。他的抖动是由于紧张和激动造成的。

"镇静，你现在最需要的就是镇静。"他反复告诫自己。

他如何能镇定下来？明天，不，确切一点说是几小时以后，一个震惊世界的事件将要爆发。作为这个事件的策划者与导演者，他的名字将会赫然出现在明天世界各大报纸的第一版上。政治家们望着它，军人们望着它，市民们望着它……那保证是一副副难以形容的愕然的面孔。对于这个事件，他寄托了他的全部希望、全部热情和全部幻想，甚至……甚至包括他的生命。即将到来的那一刻也许是他最光荣的一刻，也许是他最黑暗的一刻。胜利和失败都离他那样近。他的内心在昂奋和痛苦中挣扎着。

他又一次仰望月亮。

"它也照着我们的舰队。上帝保佑。"他说。

会议开始了。加尔铁里坐在长方形桌子顶端，身后站着两个雄赳赳的侍卫官。

"现在我宣布，"他使用一种威严的声音，想说给别人听，更想说给自己听。"由'文的兴柯'号航空母舰率领的阿根廷舰队正在驶向马尔维纳斯。"

死一般的静。在令人无法忍受的空气中，与会者们连呼吸都停止了。他们早就知道这次行动的全部内容，但这一刻仍然感到了莫大的震撼和前所未有的庄严。

加尔铁里的声音在大厅中回荡：

"我们不得已做出此举。谈判破裂的责任不在我们。我们不愿再等另一个150年。"

已经过去的150年对于阿根廷来讲是噩梦般的150年。他们一直认为自己的床上睡着别人。中国有句古语说卧榻之侧岂容他人酣睡，更不用说在自己床上了。关于马尔维纳斯主权的争执，使阿根廷人蒙受了怎样的痛苦！自从英国海员约翰·戴维斯1592年发现该岛以来，许多国家的国旗曾在岛上飘扬过：法国的、英国的、西班牙的、阿根廷的。1833年，强大的英国人用武力攻占了该岛。他们的理由只有一个：此岛为英国人所发现，应当属于英国。

实在的，这理由够"充分"了。那个年代，"日不落之国"在没有任何理由的情况下又从别人手中夺去了多少土地！

马岛位于阿根廷沿海的大陆架内，距阿根廷只有600公里，而离英国则远达1.3万公里。150年来，整整几代阿根廷人望着米字旗在自己国门之内飘扬，空洒一腔泪水。

本世纪60年代以来，英、阿两国就马岛主权问题开始举行谈判，这种谈判当然无例外地是马拉松式的。转瞬间，20年逝去，两国竟连一个字的协议也未达成。

加尔铁里出任总统以后，阿根廷对谈判的态度日趋强硬。这位总统素有大志，决心在自己的任期内做一两件惊人的大事。

　　"主权问题不能再拖下去了！"他说。

　　老练的英国人对此话报以沉默。

　　"如有必要，"加尔铁里又宣布，"我将用武力收回马岛！"

　　英国人笑了，继续沉默。

　　加尔铁里是一位军人，却是一位没有打过仗的军人。这是英国人普遍的看法。武力收复马岛？哦，天大的笑话。英国下院的一位年迈的议员真的把假牙笑到了地板上。阿根廷以其微薄的国力和军力，敢于发动一场战争吗？

　　"我敢打赌，他不敢！"一位英国勋爵说。

　　看法是惊人的一致。以至于已经有确切情报说阿根廷在南部的里奥加列戈斯集结重兵，大有渡海趋向时，英国人依然无动于衷。

　　谈判在继续。英国人把一切能想到的都想到了：维持现状、增加移民、引进非洲黑人、采取"香港方式"、长期租借等等，他们就是没有想到那两个字：战争。

　　这种情况至少持续到三天前。加尔铁里得到消息：岛上的英军和以前一样只有82人，一个也未增加。

　　他决定动手。

　　他派出了一支由海、陆、空三军约4000人组成的舰队，去对付岛上的82名英国海军陆战队。

　　这种举动显示了他的决心：此行势在必得，只能成功，不能失败。

　　他深知自己是承受不了一次失败的。对他而言，没有退路。

　　"等待，"他说，"英国人老是对我们说：等待。而现在，我们才开始了真正的等待——等待我们军队登陆马岛。"

　　时间是用秒来计算的。他们在等。他们已经等了150年，可是，这一刻的等待，似乎比那150年还要长许多。

　　他出汗了。他们也出汗了。众人仿佛置身在高山绝顶——空气稀薄。

　　他在幻想着部队登陆作战的情况，可是在脑海中怎么也形不成鲜明的生动的画面。他没有直接的战争经验。

　　大约在凌晨3点钟左右的光景，门突然开了，一个军官走进来。

　　"将军，成功了！"他语不连贯，"登陆成功了！"

这应当是最激动人心的时刻，应当是最值得欢呼的时刻。可是，与大家预料的完全相反，大厅里反而更安静了。人们倾听着自己的心跳。

加尔铁里激动得一阵晕眩。

那军官继续说：

"岛上的英国人包括他们的总督在内，全部向我们投降了！"

依然很静。

"我们终于拿回了马岛。"加尔铁里说。一个"拿"字，好轻松，可他心里不轻松。他觉得实在有些过于容易，象梦。

静。

"阿根廷万岁。"他的心在喊，却没有说出。

静。

他站起来，想到阳台上去吸点新鲜空气，马岛拿回来了，可心中压力不仅没有消除，反而更加沉重了。

2

阿根廷沸腾了。

这是一个热情外溢的民族，特别容易"沸腾"。本世纪来，这个民族曾经有过两次最大的"沸腾"，一次是庇隆政权垮台时，另一次是阿根廷获得第十一届世界杯足球赛冠军后。而这一次的程度远较以前两次为大。

伴随着雄壮的军乐，电台一遍又一遍地播送加尔铁里签发的公报。交通完全中断了；潮水般的人流淹没了每一条大街。自由广场上在放礼炮，但听不见炮响，人们的吼叫声彻底压倒了它。4月2日这一天布宜诺斯艾利斯最时髦的服装是象征着阿根廷蓝白两色国旗的T恤衫——国旗飘在人们心里。那么多的人在大笑，那么多的人在痛哭。哭和笑都是基于同一个出发点：150年的梦想，民族的梦想，今天终于得以实现：总统府前，一个年轻人毫不犹豫地用剃刀割断了自己手臂上的血管。

"你疯了！"一片惊呼。

"我疯了！我高兴得疯了！我要死，我要死！"他高举着血涌如注的手。

　　这一切，加尔铁里都看得清清楚楚。他一直站在阳台上接受着人民的欢呼。今天简直可以称作"加尔铁里日"。他得到了这个国家历史上任何一个统治者都不曾得到的荣誉。昨天夜里，他还有些不安，担心出兵失利，担心人民不同他站在一起，但现在那种心情离他十分遥远了。

　　"加尔铁里，你是阿根廷最伟大的人！"

　　"我们全体与你站在一起！"

　　"你是全民族的光荣与骄傲！"

　　还有妇女们富有人情味的欢呼："加尔铁里，你是一位美男子！"

　　此刻，他的心情"处于一种复杂的状态中"。他明白，他的威望、荣誉、尊严，乃至权力，都在这一刻达到了巅峰。作为一个政治家，除去这些，更复何求呢？他向人海挥手，如耶稣般地欣赏着那一张张虔诚的面孔，而平时这些面孔是怎样的冷漠呀。他就任总统以来一直就想着怎样才能使这些面孔改变模样。他如愿以偿了。

　　只是，在激动之余，他的心底还不时地泛起一缕难以名状的空虚感。一百多年来，阿根廷人从未承认过英国对于马岛的占领权，就像他们从未承认过自己是南美人一样，但，没有一个统治者转过同英国人动武的念头，即便是庇隆也没有。原因是再清楚也不过了：阿根廷不足以与英国抗衡，尽管后者已经沦为一个二流军事强国。

　　加尔铁里却干了他祖先没有干的事。

　　他需要人民忘记36亿美元庞大的国际债额；他需要人民的视线从已经接近200%的通货膨胀上转移开；他需要人民改变他们对他所领导的军人政府愈来愈冷淡的态度；他需要实现军方的也是他自己的目标：再掌权10年；他……

　　他还需要别的吗？人们清楚地记得他曾说道，1943年他刚进入阿根廷军事学院时，就产生了想当"大阿根廷"的缔造者的想法。

　　他莫非在实现自己的想法？

　　他深知若想做到这一切，只有激起已经麻木了的国民的情感。对于1982年的阿根廷来说，唯有马尔维纳斯才能够助他一臂之力。

　　他获得的成功比预料的要大得多。"孩子一样的人民"（美联社语）仿

佛置身于疯狂的旋涡之中而不能冷静，民族主义的情绪高涨到了极点。阿根廷13个不同政见的政党发表联合声明：在此国家危急存亡之际，停止原定的一切反政府的行动，共同对外。全国各地支持加尔铁里的电报与信件雪片似的飞到了他的办公桌上。

3

人们真的忘记了加尔铁里所希望他们忘记的那一切。而在一片欢呼的海洋中，加尔铁里沉没了。他也忘记了他原来不该忘记的事情：阿根廷与英国的实力差距。

4月2日的阿根廷成了一个异常的国家。那里的天，那里的地，那里的人，都变得如痴如醉。不过，有一个人始终是清醒的，那就是加尔铁里的妻子。

总统带着不可一世的神情回到家里后，妻子竟用这样一句冷冰冰的话迎接他："你有盲目乐观的情绪。"

阴云罩住了总统的脸。"什么意思？"

"我担心你这件事做得不妥。我最清楚你的弱点。你是一个实干家，但没有远见，而且，你太容易感情用事。狂热的民族再加上一个狂热的领导人，非坏事不可！"

加尔铁里扭过脸去，心里不痛快极了，可是他明白妻子的话不错。在这个世界上不会有谁比妻子更了解他了。甚至连他自己也觉得这次行动带着感情冲动的色彩。

"你发动了一场战争，"妻子接着道，"可你根本不知道战争是什么样的。阿根廷军队有150年不曾打仗了，而英国人则不是这样……"

加尔铁里有些愤怒了。

"打赢一场战争靠什么？除了军队、武器之外，更重要的是民心、精神和士气。"他猛地推开窗户。"你听吧，你看吧，现在我的人民像火山一样！"

如夏季滚雷般的口号声排闼而入。

"这种力量无坚不摧！"加尔铁里在这一刻显得那么豪迈。

"你过分自信了。"妻子冷冷地说。

的确，加尔铁里是自信的。自他从军、从政以来，他的自信心还没有这样强过。出兵马岛前，他的心情"像小学生得了零分后回家"时一样紧张，生怕在那里出现第二个凡尔登山，可是，马岛的易手竟是那样容易，简直和翻个巴掌似的，又使他产生了另一个念头："哦，打仗原来如此！"尤其是人们所表达出来的那种万众一心的团结和忘乎所以的狂欢，更使他感到了自己的伟大，阿根廷的伟大，真理与正义的伟大。与这一切相比，战争算什么！

最不应当忽视的问题被忽视了。一位议员对他说："你要警惕，英国人迟早会来找我们算账的。"

"来吧。"加尔铁里笑了。"斗志昂扬的阿根廷人民保管叫它有来无回！"[1]

"女人不会走入战争吗"

1

BBC的正常电视节目突然中断了，接着，那张为全世界所熟悉的、美丽的、约略有些憔悴的女人面孔出现在荧光屏上。

"今天，英国蒙受了本世纪以来最大的耻辱。"她声调沉重。"我们的福克兰[2]被阿根廷夺去了。"在英国首相的眼光里，福克兰当然是英国的领土。

此刻，整个英国似乎只有电视机是存在的。人民望着他们的女首相。她也望着她的人民。

"世界上还有比我们更不幸的国家吗？我只有一种感觉：我们是那样孤立无援。"

她动情了，蓝眼睛里有闪亮的东西。

"同胞们，'蒙受耻辱'这几个字是我最不愿意说的，可我不得不说，

---

[1] 法国东北部要塞。第一次世界大战中，英法联军固守该地，普鲁士军猛攻不下。

[2] 英国人称马尔维纳斯群岛为福克兰群岛。

你们不得不听……英国，你为什么如此多灾多难。"

一句话令许多人掉下眼泪。

"支持我吧。支持我也就是支持英国。"她向她的人民送来深深的一瞥。"在这个世界上，我们只有靠自己的团结才能解决自己的问题；只有靠英国的力量才能维护英国的利益。"

人们对于这句话是不陌生的。早在1956年苏伊士运河事件中，她就这样说过。那时，英军在侵略埃及的战争中遭到惨败，又为世界舆论所谴责。在美、苏等大国的压力下，撤出了那片撒满黄金的土地。一片哀鸿声中，31岁的她，一个保守党积极分子，直接上书艾登首相，要求再派大军，坚决收复苏伊士运河时，她说了上面那番话。

然而，历史是不可逆转的。大不列颠称雄各大洲的时代已变成黯淡的回忆。英国人作为统治者再也没有踏上苏伊士运河的土地。

她哭了。"真的要靠自己！"

她开始奋力竞选议员。

历史的年历翻过去二十多页。风云变幻，宦海沉浮。她失败，她胜利；再失败，再胜利。挫折与磨难像山一样挡在她面前，她从未气馁过。"支持我的是一种巨大的动力：苏伊士事件。"

那是她一生的转折点。

她的政治信条是："我们既没有永恒的朋友，也没有不变的敌人，唯有我们的利益才是永恒不变的。我们的天职就是追求这些利益。"[1]

三年多来，她企望使一个已经迈进中年的国家重新焕发青春。一切基于她的政治信条。经济、政治、防务、军队，整个国家机器，只受一种信息的控制：英国的利益和自己的力量。

她做着中兴英国的梦。在她的血管里，流着"日不落国"时代首相们的血液；而她的眼光，也同那些先辈一样偏执！

她的努力得到了报偿：近几年来英国国力的衰退速度明显放慢了。作为一个古老而保守的国家，它在国际事务中发挥的作用愈来愈引人注目。

---

[1] 这句话是温斯顿·丘吉尔说的。

"今天的英国，不再是艾登时的英国，也不是希思时的，更不是卡拉汉时的，而是她的，一个新的英国。"

2

英国对于马尔维纳斯事件的反应相当冷静。这个国家是成熟的，这个民族也是成熟的。尽管首相的电视讲话对每个人来说都不啻为晴天霹雳，但他们默默地接受下来。100年来，他们默默地接受了多少打击！外国记者预言的游行示威没有出现。商店照常营业。学校正常开课。人们默默地购买新闻号外，默默地读。甚至连平时那些喇叭声极其刺耳的汽车也默默地行驶。唯一与往日不同的就是在许多建筑物的顶部升起了英国国旗，被阴冷的风吹得啪啪作响。

她乘车前往议会。目击大街上的情景，她说："英国人民在一夜之间又成熟了10岁。"

在议会门口，记者们包围了她。闪光灯给她罩上了一层光环。她微笑着，显得十分镇定。

"发生了这样大的事，"一位记者说，"可你看上去却非常平静，为什么？"

她无语。为什么？为了英国！为了保持这副神情，她是作了一番努力的。平静？她觉得这个字眼是那般可笑。其实，她心中是狂澜万丈。她是个狂热的人，平静是她的外表。

她已有好几个夜晚不曾阖眼了。昨天夜里，她丈夫丹尼斯见她辗转反侧，亲自拿安眠药给她，她一接过去居然顺手扔出窗外，大叫："我睡不着不关你的事，你要睡先睡个饱！"

一贯以贤惠著称的她，一生中也没有几次用这种口气同丈夫讲话。

她的神经之弦已经绷到了快要断裂的程度。

从去年到今年，她碰到了多少不顺心的事情啊。北爱尔兰的危机、英国历史上少见的城市暴乱、工党对政府的四次弹劾、社会民主党声言将向传统的两党制挑战……

她运用"超人的智慧和果决的手段"处理了一切危机。"她在1981年扑

灭了一场火灾"，但她万没料到，另一场大火又在她身后燃烧起来。

福克兰素有"南大西洋门户"之称。"那是整个太平洋的钥匙"，200年前的一位英国海军大臣这样说道，"是全部海外领土的港口和钥匙。"它扼大西洋和太平洋航道要冲，与南极大陆遥遥相对。一旦巴拿马运河关闭，它将是保证两洋航线的重要基地。这个群岛的战略地位实在太重要了，以至于那位海军大臣常在睡梦中呼唤它的名字。

今天的福克兰，像一个进入成熟期的姑娘一样，显得更美丽更迷人：在它周围发现了丰富的石油和天然气，产量据说可达60亿桶！老天，又一个"北海油田"！石油大亨们贪婪的眼睛齐刷刷地投向那里，眼珠都快掉出来了。

一位英国议员说："我们宁可失去五个北爱尔兰，也不愿失去一个福克兰！"

这场大火对她和对大英帝国的利益来说都是非同小可的，她必须扑灭它。她知道如果扑不灭的话，她将会被烧死，但也不能退让半分。纵是险棋，也非走不可？ 她用坚定的声音说："请你提醒他们注意，梅厄夫人和甘地夫人都曾毫不迟疑地走入战争，而且都赢了。"

这实际是对阿根廷的宣战了。其实，从她接到阿根廷军队登陆福克兰的消息的那一分钟起，那个念头就根本没有动摇过：必须不惜一战？

"他们不要看错了人。"

他们真的看错了人。他们莫非不知道她的绰号叫"铁女人"吗？她生性好战。她最喜欢做的事是主动攻击别人。当年她决定"毛遂自荐"竞选保守党主席时，曾泰然地走进党主席希思的办公室，坦率而有礼貌地通知他："我将向你挑战。"这种事通常是在暗地里干的，她却如此大胆。希思被惊呆了，整个英国也被惊呆了。今天，一贯善于挑战的她受到了挑战，她当然要应战，而且要爽快地应战！

她走上首席讲台时，议会大厅里鸦雀无声。

"为了大英帝国的利益，"她说，"我代表执政党向议会提出：对阿根廷宣战！"

她扫视全场。事后她回忆那一刻的情形时说："忽然，一个念头攫住了我——我想见到丹尼斯。这个念头是那么强烈，以至于我几乎控制不住自

己。"丹尼斯不仅是她生活上的伴侣，而且是她政治生涯里最坚定的支持者。现在她比任何时候都需要得到支持。每次她发表讲话或演说结束时，总要有一个人第一个站起来使劲鼓掌，或大叫："讲得好！"这人就是丹尼斯。这里是议会，今天他没有资格作为听众的一员坐在下面。他不可能为妻子唱赞歌了。

一丝遗憾噬着她的心。正在这当儿，一个意想不到的情况出现了：全体议员们，执政党和反对党的，呼啦啦地全都站了起来，把手举得高高的，大厅里蓦地出现了一片森林。

"赞成！"雷鸣般的欢呼声仿佛可以将屋顶掀翻。

主持人数了一下，惊得目瞪口呆。又一个奇迹：全票？

议员们也被感动了。

怎么会不是奇迹呢？通常议会讨论重大问题，执政党提一个意见，反对党总要反对一通。而今天却没有一个反对者！这种情况自二次世界大战以来从未发生过。

"今天，是英国最心齐的一天。"一位专栏作家写道。

她回到家里。丹尼斯在门口等她。丹尼斯显然已经知道了议会开会的情况，用一种手势迎接她。这位前海军少校不止一次地把这种由纳尔逊[1]发明的手势的含意告诉她："国家命运在此一战。"

3

4月5日，伦敦各大报头版显著位置都印着两个触目惊心的黑体字：战争！

战争命令是今天凌晨发布的。在那一刻，军人们是怎样惊慌呀。这场战争是在未预想到地点、未预想到时间、未预想到对手的情况下爆发的，而且那么突然，简直可以说又是一个闪电战。国防部里像炸了窝似的乱成一团。

十几分钟后，混战又达到了一个新高潮。参谋们找遍了整个国防部，竟发现这里连一张福克兰的大比例尺地图都没有？

这场战争该怎么打呀？

---

[1] 英国著名海军统帅，曾于1798年在埃及阿布吉尔全歼运送法军的法国舰队。

　　然而，半小时之后，混乱消失了。军人们已经从极度震惊中恢复过来。国家的战争机器开始了紧张而有秩序的运转。

　　撒切尔夫人出任首相的这几年中，英国从维护本国利益的基点出发，不断加强军事实力。虽然它继续为"北约"承担防御义务，但是训练、战备、军队建设，都明显地打着本国的印记。其实，再蠢的人也明白，一旦战争突起，想靠别人的力量来保卫自己，纯粹是痴人说梦。

　　几年前，英军成立了一个快速反应司令部，称为"二星指挥总部"，可以随时指挥配备有为适应快速反应所需要的航空兵、伞兵、炮兵、装甲兵的合成部队，并有专门的应付突然事件的武器、军火、设备、后勤辎重储备仓库，可以直接调用，它还有调度和征购民用物资的权力。

　　英雄找到了用武之地！平时默默无闻的快速反应司令部一夜间为万人所瞩目。养兵千日，用兵一时。它果然不负众望！

　　几小时后，详细作战计划便在快速反应司令部里拟好，迅速上报战时内阁，旋即获得批准。

　　快速反应部队立即作好开拔准备。虽然要到万里之外作战，但这支部队是信心百倍的：平时他们不仅进行北约防御所需要的训练，还进行各种作战条件下的适应性训练。他们将去接近南极的地区，而前不久他们才在北极训练过。况且他们的武器完好率几乎达到100%。

　　30艘大型战舰在最短的时间内开到朴茨茅斯港，集结待命。与此同时，"海鹞"式战斗机、"轻剑"防空导弹和其他先进武器源源涌到这里。

　　上百艘商船立即应征。几乎散布在四大洋的商船接到命令后，用最快的速度就近卸货，尔后改变航向，一齐驶向南大西洋。这些船边航行边改装。6.7万吨级的"伊丽莎白女王二世"号离开美国时还是一条豪华的客轮，三天后，当一架美国直升机从它上空掠过时，飞行员吃惊得吐出了舌头。"两个硕大的游泳池已被牢牢焊上，变成了直升机平台。船首也变戏法般地出现了一个直升机坪。整条船完全变得叫人认不出来了。"

　　4月6日，仅仅是在内阁发布作战命令的第二天，一支拥有近百艘舰船和两万余人的特遣舰队，浩浩荡荡地驶出了朴茨茅斯港（其他商船将在航行中参加编队）。

4天之内，世界第二次受到了震动。

撒切尔夫人说："特遣舰队集结速度之快将永垂英国的军史。"

这是一个阴冷而多雾的日子。成千上万英国人自发聚集到军港外面，为舰队送行。人们的表情也和天气一样阴晦。上百年来，人们多少次在这里为英国舰队送行，被送走的将军们有纳尔逊，蒙巴顿，蒙哥马利……他们处在英国辉煌的时代；又以辉煌的胜利为英国赢来了赫赫威名。今天的英国已不能与往昔相比，阿根廷人又素以剽悍著称。此去凶多？吉多？人们的心理负担极其沉重。胜利是海市蜃楼，而失败仿佛才是可以触摸得着的东西。"这是无数次送行中最惨淡的一次。"即将赴死的年轻的士兵们都穿着新军服，伫立船舷向岸上的人们敬礼。深深地凝视代替了欢呼。有人低声吟唱苏格兰名曲《一路平安》，歌声悲怆，催人下泪。

"飞鱼！飞鱼！"

1

"'无敌'号装有金属撞角的舰首下浪花四溅，小山般的波涛被它碾作面粉。紧跟在后面的是它的姊妹舰'赫尔姆斯'号。英国仅有的两艘航空母舰正在驶向战云密布的南大西洋……"

加尔铁里坐在办公室里观看通过卫星传送的电视节目。他身边围坐着几个情报军官。

从空中拍摄的英国特遣舰队的场面真是壮观：大小军舰迤逦前行，望不到尽头。天空上各式各样的飞机像蝗虫一样：拦截机在高空，直升机在中空，反潜机在低空。潜艇在水面上露出礁石一样的舰桥。

"这真是史诗般的进军场面。"BBC解说员一副赞赏的口吻。

情报军官指着那些军舰依次向加尔铁里介绍。

"这是'热心'号护卫舰……'考文垂'号驱逐舰……'特里斯特姆爵士'号登陆舰……"

加尔铁里脸上挂着鄙夷的笑。

"特遣舰队的数量占英国海军舰只的2/3，"一位军官说，"但质量是100%。主力舰只几乎全在那儿啦。"

加尔铁里说："他们来得越多，越说明他们不一定真心想同我们打仗。不过是虚张声势罢了。"

荧光屏上出现了一艘银白色军舰的近景，顶部的两个大圆球十分醒目。

"'谢菲尔德'号！"一个军官叫道。

"怎么，特别有名吗？"加尔铁里问。

"这是英国最新式的导弹驱逐舰，舰上有号称世界第一流的火力系统和电子战系统。他们将这种军舰称作'皇家海军的骄傲'。"

另一位军官说："撒切尔夫人把她全部看家的本钱都拿出来了。"

"这更说明她的用意是恫吓而不是战争。她的主要对手在欧洲，为了这样一个小岛，她不值得孤注一掷。"加尔铁里的语气是那么自信。

英国特遣舰队已经越过阿松森群岛[1]了，距马尔维纳斯已没有多少天的航程了，但加尔铁里依然不相信他的将军们一再向他发出的警告：战争迫在眉睫。最初他不相信英国人会横跨一万多公里的大西洋，远征马岛。一支孤军，在茫茫大海里跋涉几十天，而其作战对象又是一个严阵以待的大陆国家，取胜的希望"在1%以下"。本世纪初，俄国波罗的海舰队远渡重洋征讨日本，在对马海峡全军覆灭[2]不会重蹈覆辙的。现在英国人真的来了，他又不相信他们会真打。

"我们处在原子时代，"他私下里对一位朋友说，"一场最有限的战争也有可能导致世界大战，从整个西方利益来看，撒切尔夫人不可能真打。"

促使他产生这种想法的另一个重要因素是美国。英国是美国在欧洲最好的朋友，而阿根廷则是它在南美最好的朋友。朋友的朋友依然是朋友，美国人一定这样认为。

"我是美国人养大的孩子。"他曾不止一次地这样说，坦率到令人惊讶

---

[1]　南大西洋中部的一个岛屿，是英国的领地，距马岛约6000公里。

[2]　1905年，沙皇为了解救被围困在旅顺口的俄国军队，派出以波罗的海舰队为主体的第二舰队出征远东，为日本联合舰队所败。

的程度。他之所以能登上总统的宝座，完全是由于美国的支持。作为回报，他上任后的第一件事就是访问华盛顿，并与美国签订了在拉美抵制马列主义进攻的"共同契约"。他及时地向萨尔瓦多和洪都拉斯提供了军援。

马岛事件爆发后，美国国务卿黑格将军飞到布宜诺斯艾利斯。他在公开场合威严地对黑格说："让我们以将军对将军的口气讲话。"但暗地里十分希望美国在这个问题上依旧像过去那样支持他，劝说撒切尔夫人接受马岛既成的事实。

"我对美国寄予无限的希望。"

时间在他的这种不相信与希望中一天天过去。英国特遣舰队也一海里一海里逼近了马尔维纳斯。

将军们的压力增大了。为了使这种压力今后不至于对他造成什么伤害，他又向马尔维纳斯增派了几千人的部队，使岛上的守军达到1万人。但这些军队既不进行高寒岛屿作战的训练，也不做抗登陆作战的准备；士兵们普遍没有配备御寒装具，每人只发一条薄毛毯，以致后来不少人因严重冻伤而截肢。

一位将军向加尔铁里提议：应当立即在马岛上修筑大型空军基地，否则大多数作战飞机就不得不从大陆起飞，到达战区上空后，只能作战两分钟。

"够了。"加尔铁里说，"以色列人一分钟就可以打一个漂亮的空战。"

又有人告诉他：马岛上粮食严重不足，是否能在英军到达前组织大规模运输，否则一旦战争爆发，后果不堪设想。

他只那么冷淡地一笑："马岛上有65万只羊，完全可以就地取食。梅嫩德斯将军[1]绝不至于笨得连这一点都想不到。"

不幸他错了。以后的事实说明，梅嫩德斯的确"蠢得连这一点都想不到"。

一天，马岛抗登陆作战计划和利比亚领导人卡扎菲赠给阿根廷5架飞机的简报同时送到他的办公桌上，他对后者的关心程度超过了前者。

"立即回赠卡扎菲几架飞机的新鲜水果与蔬菜，"他批示道，"越快越好。"

---

[1] 加尔铁里任命的马岛行政长官。后英军攻上马岛，他力主投降。

次月，他听说卡扎菲喜爱骑马，又亲自挑了几匹马送去。

4月底，英国舰队驶抵马尔维纳斯海域，立即对马岛实行海空封锁，宣布马岛周围200海里为禁区。阿根廷大陆与马岛的联系被切断了。

5月初的某日，空军总司令多索将军神色严峻地走进了加尔铁里的官邸。

"战争正式开始了。"多索冷冷地说。

"发生了什么事情？"

"我们的'贝尔格拉诺将军'号被击沉了，舰上大部分官兵壮烈殉国。"

那是阿根廷唯一的一艘万吨型巡洋舰。加尔铁里动容了。

"英国人要干什么？"

"他们本来也不是来作客的。"

"美国人呢？他们是干什么吃的？"

"我已得到确切消息，美国的大西洋同步卫星天天向英国舰队传送有关阿根廷与马尔维纳斯的情报。"

加尔铁里脸色发白。"我们被出卖了。"

电话铃大作。加尔铁里抓起送话器，里面传出一个急促的声音："英军攻占了南乔治亚岛[1]。'圣菲'号潜艇被击沉。"

加尔铁里一跃而起。

"去国防部！"

军事会议一直开到下午。当激动的加尔铁里和将军们离开国防部的同时，一份十二万火急的命令分别送到陆军和海军总司令部："以最快的速度增兵马岛！"

但是，一切已经迟了。这个仅仅在几天前还是可能的事情如今变得不可能了。英国人对马岛的封锁是那样严密，以致阿根廷的运兵船从布兰卡港开出几小时之后就不得不垂头丧气地折回。

加尔铁里震怒了。"继续增兵！不惜一切代价！"

无情的事实证明了这是徒劳的。英军对马岛实行的是环形的和立体的海空封锁，连海底都列为禁区。导弹核潜艇使马尔维纳斯水域的海底变成了死亡

---

[1] 马尔维纳斯群岛的附属岛屿。

世界。

阿根廷海空军并不具备反封锁的能力。

经过几次接触，白白损失了许多舰船和人员之后，阿根廷的将军们彻底绝望了。

"一点办法也没有了。"多索在加尔铁里面前把双手一摊。"现在我们唯一能做的事就是：等待英国人进攻马岛。"

"我等待他们进攻阿根廷本土！"加尔铁里失去了冷静。

"那倒不至于。"

"他们能办得出来。我想撒切尔夫人一定是吩咐她的部队这样做的。"

多索不以为然："将军，我不能不向您指出，过去您低估了英国人，而现在，又把他们看得太高了。"

加尔铁里仿佛没听见多索的话，陷入沉思，俄顷，又喃喃道："来吧，来吧。你有世界上最强大的舰队，我有火一样的人民。"

他的预言又一次没有实现。英军只是把马尔维纳斯包围得铁桶一般，却毫无进攻阿根廷大陆的迹象。人民确实爆发出了火一样激情。每天每天，他们都在无休止的示威和怒吼中消耗着过剩的精力。征兵局前排起了长龙，连老人和孩子都争着要上前线，"与英国佬决一死战"。但是，精神原子弹毕竟是精神的，它炸不死人。不论人民多么激昂，求战情绪多么强烈，却始终无法越雷池一步。于是，他们的情绪同在南部港口堆积如山而运不出去的食品一起慢慢地变质了。与他们形成鲜明的对照，马岛上1万多名阿根廷士兵们遭受围困，又冻又饿，士气非常低落。

"我们不是在等待胜利，"一位阿根廷老兵说，"我们在等死。"

在百般无奈的情况下，加尔铁里再次把空军司令多索召到他的官邸。

"只有一条路可走了，"他说，"从空中打击敌人！"

2

5月4日，南大西洋遇见了一个非常难得的好天气。才是拂晓时分，天空便是一片湛蓝，见不到一朵云彩。渐渐的，东方露出一丝红线，与蓝色的天和

白色的海相衬，给人一种强烈的美感。5点钟左右，太阳跃出了海面，大得令人难以想象，红得像熔化的铁汁。一艘军舰的轮廓映在朝暾中。

英军"谢菲尔德"号导弹驱逐舰正以30节的速度驶向马岛北部水域。今天，它将在那里担负警戒任务。

"贝尔格拉诺将军"号两天前葬身海底之后，特遣舰队每一艘船都接到通报：高度戒备，防范阿根廷人的报复。现在"谢菲尔德"号的全部武器都处于"零秒待发"的状态：最新式的电子设备加远程对空警戒雷达、导弹跟踪制导雷达、舰载反潜鱼雷系统、干扰火箭发射器系统等在紧张地工作。"海标枪"双联装舰对空导弹似一柄柄利剑刺向天空。"山猫"直升机的发动机时开时停，一旦有意外情况，它就会像山猫一样腾跃而起。

索尔特舰长站在指挥塔上，望着舰尾那一道弧形的白色浪圈，心情振奋。作为这艘价值2亿美元的驱逐舰的舰长，他是"骄傲和好战的"。他渴望战斗，渴望自己的军舰大显身手。几天来，他一直为见不着阿军飞机和舰艇的踪影而苦恼。他一再命令军舰向阿根廷海岸靠近。

10点钟，特遣舰队司令伍德沃德将军与他通话："我们的军舰怎么样？"伍德沃德曾是"谢菲尔德"的舰长，每次与索尔特通话，第一句必是这样问。

"好极了！"

"敌人呢？"

"不见踪迹！"

"他们会来的。"

"他们害怕'谢菲尔德'，不敢来找我！"

索尔特没有料到，就在他说这话的时候，死神的阴影已渐渐罩到了"谢菲尔德"的头上。

11点钟，旗舰再次向索尔特发来通报：马岛海域上空有阿根廷飞机活动。

其实，索尔特早就知道这一点。"谢菲尔德"的防空观察系统发现目标最大距离为400公里，那几架刚刚出海的阿根廷飞机如何能从它眼皮底下溜走？索尔特判断那是侦察机。不过，即使是战斗机也不必大惊小怪。阿根廷最新式的空对舰导弹是从法国购买的"飞鱼"导弹，最大射程为70公里。一旦敌人发射导弹，"谢菲尔德"上的指挥系统和"海标枪"式导弹作出反应只需40

秒钟，大大超过敌机和导弹的速度。

"已经进入电子时代的今天，谁能巧妙地运用导弹，谁手里就有锋利的剑。"一位军事观察家写道，"谁能严密地组织电子干扰系统，谁就有最坚固的盾。"

"我二者兼有。"索尔特洋洋得意地说。

几分钟后，飞机消失了。

"它们溜掉了！"他向旗舰报告。

他的自信害了他。他把一切都估计错了：目前雷达所发现的敌机不是侦察机，而是"超级军旗"式喷气战斗机，恰恰就是来攻击"谢菲尔德"的；飞机的突然消失并非遁去，那是阿根廷飞行员把飞机降到"令人难以想象的高度"——距海面只有10米的地方，超低空进入攻击区域。只有一点索尔特估计对了：飞机携带的是"飞鱼"导弹。

"飞鱼"是法国为了争取80年代精确制导电子武器优势而研制的一种导弹，体积小，射程远，命中率高，且威力大。其最大优点是雷达反射面小，只有0.1平方米，还装有不受敌电子干扰的自动定向仪。运载它的"超级军旗"战斗机也装有高性能的电子系统和多用雷达。两件先进的电子武器合而为一，令人生畏。现在它的攻击对象也是完全电子化的，这是一场名副其实的电子对抗！

就武器而言，双方都没有优势。在将来的电子战中，哪一方也不会有明显优势。那么，该怎样制造优势呢？

阿根廷飞行员在进行这种尝试了。

"超级军旗"式飞机的发动机大声轰鸣着，在身后吹起了数米高的浪花。迎面，大海呈圆弧形，风驰电掣般扑来。

"我知道'谢菲尔德'号上有先进雷达，"那位飞行员后来说，"只有利用它的盲区才可能接近。在镜子一样平的大海上，怎样去找盲区？我利用了地球曲线。也就是说，紧贴着地球。"

想得多巧妙？

11点10分，飞行员估计已经进入"飞鱼"的攻击航程之内，突然来了个急跃升，直刺蓝天。这样做是极其危险的，但他非如此不可，他要用"惯性导

航系统"进行攻击前的最后调整。他刚一拉起来便又紧急下降,这一上一下仅用了3秒钟。3秒钟,人只能做一次深呼吸,心脏只能搏跳4至5下,但是飞机上高性能的电子设备已准确地测出了"谢菲尔德"的位置(相距38公里)以及"飞鱼"所需要的种种复杂数据。

虽然只是那么短暂的一瞬,它还是没能躲过"谢菲尔德"的"眼睛"。它被雷达捕捉到了,却又被操纵雷达的人轻易放掉了。一个军官虽然对这稍纵即逝的目标起了疑心,但他毕竟自己说服了自己。

"也许我眼花了。"

他铸成了大错?

"超级军旗"肚皮下红光一闪,一枚"飞鱼"呼啸而出。"飞鱼"飞得更低,只高出浪尖约1-2米,似一道闪电,直奔"谢菲尔德"。

导弹刚发射出去,"超级军旗"立即掉头返航。"飞鱼"是由自身的电脑控制的。至于是否能击中目标,飞行员回基地后才能知道。

"谢菲尔德"悠闲地行驶着,丝毫没料到即将降临的灭顶之灾。索尔特仍站在高处,目光炯炯地扫视着海空。

他不愧是一名训练有素的海军军官,当远处有一种异常的嗞嗞声传来时,他马上警觉了。那声音是那么小,几乎淹没在浪涛声里,但他的耳朵是欺骗不了的。

他回顾。蓦地,一阵痉挛掠过他的面孔。他看见了它!他对它毫不陌生。皇家海军仓库里有这种导弹。他也熟知它的性能。

"飞鱼!飞鱼!"他心中惊呼道。

他是沉着的。此刻,他的大惑不解超过了对死亡的恐怖。这枚导弹是从哪儿打来的?是从UFO上吗?

他明白现在做一切都来不及了,唯一来得及的就是发出一声呼喊:"隐蔽!"

话音刚落,"飞鱼"已经扑上来与"谢菲尔德"接吻。那是疯狂的接吻啊,火光如闪电,声响如雷鸣。一股浓烟冲天而起,形成一个蘑菇形状。片刻后,一条条火龙窜到了甲板上,吞噬着水兵们。

索尔特和全体官兵在这种突如其来的打击面前表现出了沉着和勇敢。他

们与大火搏斗了5个小时，直到最后弄清这个打击确实是灾难性的，索尔特才下令弃舰。"飞鱼"准确地击中了"谢菲尔德"的心脏：控制舱（由电子计算机操纵的武器系统的神经中枢），又冲着上部和外部爆炸开来，使舰上动力、电力和消防系统全部遭到破坏。

悲愤的水兵们划船离去时，含着眼泪唱海军军歌。"谢菲尔德"在歌声中徐徐沉入海底。年轻的它是多么不情愿死亡啊。它那尖锥形的主桅在水面挣扎了那么久，似乎在呼救。一块两平方公里的油污在以后的几天中一直聚集在它沉没的地区不愿散去。那是它的血。然而，假如它能够知道它的死亡所带给人们的启示远远超过了它的生存价值时，它也许就不会遗憾了。

这场战斗以其众多的"第一"引人注目。外国军事评论家称它是"第一场涉及空间时代的导弹及复杂的电子系统的海战"；空对舰导弹已问世多年，但这枚"飞鱼"却是海战中发射的第一枚导弹，自然，"谢菲尔德"是导弹的第一个牺牲者。

"谢菲尔德"沉没的意义直到战争全部结束后才渐渐为人所知。它带给了军人们多少思考，多少震动！在有些国家的国防部里，甚至刮起了"谢菲尔德旋风"。对它的研究一直坚持到今天，并将继续下去。

"它的沉没是现代海战的转折点，"伦敦国防战略研究所一位专家说，"标志着海战格局将发生很大变化。"

以往的海战都是以大兵舰、大口径火炮、巨型航母为最高追求目标的，谁拥有这些，谁将获胜。可是在电子战日益发展的今天，人们对这种经验提出了疑问。一枚仅值20万美元的"飞鱼"轻易地结果了身价2亿美元的"谢菲尔德"的性命，更是从根本上动摇了往昔的海战观念。军事专家预测，从"谢菲尔德"被击沉一事中可以看到，未来的海战将是一种"捉迷藏"的游戏，飞机、军舰躲在相距很远的地区，伺机用导弹发动突然袭击。"二次大战以来的传统战法受到了最严重的挑战，并势必为新战法取而代之。"

"谢菲尔德"从这个世界上永远地消失了，可是作为一种战争时代结束的象征，它的名字将为人们所铭记。

3

5月4日的海战像给布宜诺斯艾利斯打了一针强心剂，本来已经有些委顿的人民再度狂欢起来。他们聚集在总统府外，无休止地高呼："加尔铁里，决战！加尔铁里，决战！"

"我们将会胜！"

"我们差不多要胜！"

加尔铁里和将军们站在落地式玻璃窗前望着大街，神情肃穆。

"为了人民，"加尔铁里说，"让我们同英国佬决战吧！"

5月25日是阿根廷国庆节。"我们将以置敌人于死地的战斗形式来庆祝这个不寻常的节日。"加尔铁里在5月24日夜晚向将军们宣布。

"重点是敌人的航空母舰和运兵船，"他说，"使用'飞鱼'打击它们。"

次日下午，阿根廷飞机出动，对英国特遣舰队发起突袭。南大西洋上一场最激烈的海战开始了。

那可谓真正的海空战奇观！阿根廷各式各样的飞机从空中猛扑下来，被撕裂的空气发出刺耳的啸声。炸弹激起的水柱超过了舰身好几倍。英国士兵们惊恐地望着天空，那里布满防空导弹和高射炮火的闪光。阿机令人难以置信地一次又一次穿过这片火网，在几乎紧贴着英舰桅杆的地方做各种规避动作，以摆脱具有精确制导的防空导弹。一架飞机在攻击时由于飞得太低，碰到了浪尖，一团火球骤起，飞机粉碎。

两架携带着"飞鱼"导弹的"超级军旗"式战斗机重演故伎，超低空飞向特遣舰队的旗舰"无敌"号航母。如果打掉"无敌"号，便会使整个英国舰队处于群龙无首的境地。这将是致命的一击，关系着海战的胜负！

"飞鱼"出膛了。海面上有两道嫣红色的火光。

担负护卫任务的"考文垂"号驱逐舰舰长及时发现了这一情况，命令本舰开足马力迎上前去。他要用自己的舰来挡住"飞鱼"。"考文垂"号向空中发射铝箔，干扰"飞鱼"的飞行方向。结果，一枚"飞鱼"击中了"考文垂"号，另一枚"飞鱼"也偏离了轨道，一个猛子扎进另一艘军舰"大西洋运送

者"号的肚子里。

这两艘军舰遭到了与"谢菲尔德"同样的命运。

喋血大战持续到暮色降临时分才结束，双方均损失惨重。当加尔铁里听说英国人的航母和运兵船依然无恙时，他狮子般地发怒了。

"只有打掉他们，才能解马岛之围！明天再战时，全力攻击他们！"

空军司令多索说："我们已经无力攻击航母了。"

"为什么？"

"'飞鱼'导弹没有了。"

加尔铁里如受剑刺。

战前，阿根廷一共从法国购进了9枚"飞鱼"，几场海战便使其告罄。加尔铁里对这一情况是了解的，只是他在头脑发热时将它忘了。

"如果再多几枚'飞鱼'，"多索说，"今天我早就叫'无敌'号葬身海底了！"

加尔铁里颓然坐下。

"不是已通过秘密渠道去购买了么？有结果么？"

"法国人不仅不卖给我们，还严禁第三国转让。"

加尔铁里的脸抽搐起来。

"不够朋友！"

"还有，欧洲共同体十国已联合起来对我们进行武器禁运。联邦德国和荷兰为我们制造好的4艘军舰，也拒绝交货。"

"为什么？"加尔铁里用手撑着额头，"他们都变成了我的敌人？为什么？为什么……"

多索走了，他身后丢下的一句话飘进了痛苦的总统耳中："靠别人的武器打仗，只有受制于人！"

深夜，当总统府侍卫长拿着马岛行政长官梅嫩德斯将军发来的特急电报走进加尔铁里的寝室时，听见熟睡的总统正发出梦呓："飞鱼！飞鱼！"

"如果你的剑不够长，向前跨一步"

1

"无敌"号航空母舰上的官兵们遇到了一个非常奇怪的情况：一贯精力充沛的、常常整夜整夜工作的伍德沃德将军竟在大白天关起舱门睡觉了。副官挡住了一切企图见他的人。

"司令官说他要睡觉，谁也不许打搅。"

这是5月下旬一个阴沉沉的日子。南大西洋的战斗暂时呈现沉寂状态。虽然空中不时还有一点小接触，但击落飞机的事已有些罕见了。这种平静来源于不愿作美的天公。几天来天气一直十分恶劣，暗云低垂，十几米开外便是晦暗的一片，有时信天翁快飞到脸前都无法察觉。不过，战场上的平静总是酝酿着更大的不平静。真正激烈的厮杀尚未到来。特遣舰队的官兵们都明白这一点，丝毫不敢放松。备战工作在加紧进行。按说，司令官这时候应当比谁都紧张，可他居然睡起觉来，怎不令人诧异？

其实，如果你能够进到他的舱里看一看，就不会诧异了。

只有副官清楚他在做什么。

因为有紧急电报，副官一共进舱三次。第一次是上午10点，第二次是中午1点，第三次是下午4点。每一次他都看见伍德沃德伫立在那张1/300000的福克兰地图前沉思，像一尊雕塑。他在这6、7个小时内显然没有挪动过一下：烟蒂和烟灰都在脚下同一个地方。

他没有睡觉。他怎么能睡觉呢？自从舰队离开朴茨茅斯以来，他的军装再也不曾脱过。他舱里的灯光总是整夜亮着。有时实在困倦，就伏在桌上打个盹。今天他把自己关在舱里并传出话说要睡觉，真实的动机是不可告人的：大战在即，他偏要像著名的统帅那样显得优哉游哉，有一种泱泱大将风。

这里指的"大战"除了他与几个重要的将领外，尚不为别人所知：他将在明天攻打福克兰岛。战后，他的这种举动或许会传为美谈。舰上多的是随军记者，不愁他们不将此事大肆渲染后传播出去。

现在的他，心情激动得无法自持，远远超过了他被任命为特遣舰队司令的

时候。明日一战，干系重大！特遣舰队万里远征，成功与失败的关键也就在明天。他深深懂得，这一战对于他，对于他的舰队，对于英国，对于"北约"乃至整个西方，都具有无法估量的意义。胜利的情景他不敢想象，失败的情景他更不敢想象。他几乎在地图前站了一天，运筹着战斗的每一个细节。他觉得在自己身后有那样多的眼睛在盯着他，全部英国人的，不，全世界的。但是，他只感到那一双眼睛是存在的，给他力量，给他希望，也给他一种莫名的震动。

那是她的眼睛。

战时内阁决定出兵的当天，国防部和快速反应司令部便着手讨论特遣舰队司令人选。国防部长诺特说："我们英国有一个铁的首相，她下了铁的决心，我们也要找一位铁的司令官！"

快速反应司令部推荐了他。

他听到这个消息后，简直不相信自己的耳朵。国防部的官员们也不相信自己的耳朵。他和他们的反应完全一致：瞠目结舌。

一位享有盛誉的将军说："他不行。他还是一名'童子军'。"

一家报纸迅速地在报道中使用了这个字眼。

这种比喻是恰如其分的，至少在将军的行列中是这样，今年49岁的他，前不久才升为少将。而在英军中，参加过二次世界大战、苏伊士战争的老将军们几乎可以组成一个联队呢。在他们面前，他算什么？

快速反应司令部坚持己见。于是，激烈的争论开始了。反对者的理由：军队中有的是身经百战的军人，而他，甭说"百战"，连一仗也没打过；若派他率领特遣舰队，"无疑将成为第二个罗日捷斯特文斯基[1]"。支持者的理由很简单：他是海军青年将领中的佼佼者。

这也不是过誉。当年，他以优异成绩从海军学院毕业后，又多次到各种军事院校进修，总是学生中的凤毛麟角。作为最优秀的潜艇和驱逐舰指挥官，他得到了"海狼"的绰号，一度出任国防部海军作战计划处处长。他最大的特点是，特别勤奋好学，善于接受新事物，被同行们称为"好动脑筋的军官"。

两种意见相持不下，只好上报，由战时内阁裁决。撒切尔夫人在认真听

---

[1] 俄国海军将领，曾率领波罗的海舰队远征日本，兵败被俘。

取了汇报之后，毅然在他的名字下划了一条红杠。

"让这个人去！"

据说，撒切尔夫人在特遣舰队出发前专门召见了他。

"你需要什么？"首相问。

他的回答叫人好吃惊："权力。"

"什么权力？"

"真正指挥特遣舰队的权力。我不要别人干涉我，包括您和战时内阁。"

他和撒切尔夫人的这种行动现在已成为西方军事家们一句时髦的名词了：委托式指挥法。以色列人学得最快，并加以运用得也最快。其实，英国人得到这个名词的发明权真是不够公平的。岂不闻"将在外，君命有所不受"乎？它的真正发明权在中国！

首相的亲自选择并没有能够消除舆论界和军界乃至特遣舰队官兵们对他的蔑视。大军出发的当天，有的报纸还评论说：让他去指挥这样一场复杂的战争，"无异于拿重大的政治问题开玩笑"。

一个多月来，他以自己的行动回击了那些看轻他的人们。特遣舰队所取得的战果，也为他赢得了官兵们的信任——

舰队尚未到达福克兰水域，他就派出一支精干的突击队，一举攻占南乔治亚岛，在浩瀚的大洋中找到了一个立足点。一位参加过二次世界大战的老将军在得悉这一情况后拍来一份电报，只有一个字：

"marvelous（妙得不可思议）！"

为了迅速完成对福克兰的封锁并打击阿根廷海军的有生力量，他冒着"擅自对战略性军事行动做主"的风险。命令核潜艇将200海里禁区以外的"贝尔格拉诺将军"号巡洋舰击沉。统帅部赞许他"干得好"。

5月4日"谢菲尔德"号被"飞鱼"导弹击沉后，全舰队头上罩着一片阴云。记者们称那是特遣舰队"最黑暗的一天"。他却说："这是他们的胜利，也是他们的失败。他们的绝招已经暴露无遗了。"接着，他迅速采取防御措施，并派遣"特别空勤团"上岸捣敌人的老窝，炸毁"超级军旗"式飞机。

他创造了边航行边训练的新方法，甚至路过一些不知名的小岛也要进行

登陆演练，对部队要求极严。他说："演练是不流血的战斗，战斗是流血的演练。"

"鹞"式飞机本来是为反潜设计的，但当他察觉到舰队防空力量薄弱时，便当机立断，使用这种飞机进行防空作战。结果，它们在同阿根廷的"幻影"、"天鹰"飞机空战时出尽了风头。它们在格斗中显示出来的优异性能连他们的设计者都为之震惊。"北约"一位防空专家说："这真是一个奇迹！"

他为自己所取得的成绩沾沾自喜，他毕竟没有辜负首相的栽培，同时又感到肩上的担子一天天加重。昨天的胜利并不能代表明天，明天的失败却可以将昨天一笔勾销。他的首相当然在看他怎样打击阿根廷的海、空军，但更要看的是他怎样争夺福克兰。

阿根廷拥有南美最强大的陆军，战斗力不可小觑。就福克兰而言，岛上的阿军光人数就超过了特遣舰队里的陆军部队，更不用说他们已经以逸待劳有一个月了。进攻的基本常识是以多击少，现在他却要以少胜多。

这一仗怎么打？

几天来，他苦苦盘算。吃饭、睡觉都在想。上厕所甚至都带着地图。有时，他站在军舰的顶部长时间地眺望福克兰，防空警报拉响了也不肯离去。

"未来的战斗是艰苦的。我是司令官，首先应付出艰苦的劳动。"

终于，一个大胆的作战计划在他心中酝酿成熟了。他决心用自己为数不多的陆军部队在陆地上创造一个奇迹。作为一个海军军官，他最崇尚东乡平八郎[1]的名言："如果你的剑不够长，向前跨一步。"东乡正是这样做的，拿破仑也是这样做的，还有纳尔逊、隆美尔、巴顿……许多优秀的军事统帅所做略同。他一直把它作为座右铭。今天他又以它来指导自己的行动。他将去做他的前辈们做过的事情。情况正是这样，他手中只有一柄短剑，然而他要去刺杀对面的敌人并一定要把他刺死，除了上前一步，别无他途了。

"向前跨一步！向前跨一步！"他的布满血丝的双眼，迸射出坚决的光芒。

---

[1] 日本联合舰队司令，曾以在对马海峡全歼俄国波罗的海舰队而闻名于世。

2

世界被黑暗统治着。没有星光，没有月亮。柔和的海风阵阵吹来，像少女用手轻拂人的脸颊。南大西洋的夜晚显得那么宁静。福克兰岛上有几点嫣红的亮光，时而闪烁，时而又为夜色所吞没。那是牧羊人的篝火吧？侧耳听，果然有风笛的声音，细得像一条快要扯断的丝线，但又袅袅不绝。一首古老的忧伤的曲子，使人平添一杯思乡愁绪。战争，在此刻，仿佛远离福克兰了。

战争，在此刻，真的来到了福克兰。

凌晨两点，英国特遣舰队的"勇猛"号和"战无不胜"号攻击舰满载着突击队员悄悄驶离了舰群。其他军舰并不了解它们的去向，就连突击队员们也不了解，但他们是心照不宣的：今夜将攻打福克兰岛。

接近三点钟，突击队司令官穆尔少将向他的部下宣布将在福克兰岛北部圣·卡洛斯港实施秘密登陆。这时，1000名脸上涂了黑油作为保护色的突击队员们你望我，我望你，心中的吃惊无法用言词形容。

来自陆军的突击队员们出于职业本能，到达福克兰海域后就反复猜测伍德沃德将派他们在哪里登陆。他们想到了斯坦利港，想到了达尔文港，想到了福克兰湾，多尔芬角，华耳角……其中谈论最多的就是斯坦利港。斯坦利港是福克兰的首府和经济、政治、文化中心，居住着全岛1/2的人口。在这次事件中它一跃成为与纽约、伦敦、巴黎齐名的"世界城市"。如果将它一举攻克，便至少在心理上意味着福克兰岛的再度易手，其他地方就不值得一谈了。而且，斯坦利港海滩宽大，十分便于航空兵和大部队登陆作战。纵观福克兰全岛，似不再有比它更理想的登陆点了。

他们的猜测在第一阶段战事中仿佛得到了证实：特遣舰队主力全部游弋于斯坦利港外。空中攻击更是无日无之。前天和昨天，甚至有部队企图强行登陆，但根本没挨着边就被一阵猛烈的炮火驱回。英国和西方舆论界也一致认为伍德沃德准会选择斯坦利作为第一攻击对象。一家英国报纸甚至报道了英军登陆的情景：突击队员乔装着牧羊人，夜间上岸，天蒙蒙亮时赶着羊群大咧咧地走向阿军阵地，阿军士兵们完全不知道发生了什么……

　　阿根廷人显然也和大部分人的想法一样：阿军70%的主力在斯坦利港枕戈待旦。

　　有谁会想到圣·卡洛斯呢？那个港湾地形复杂，航道狭窄，连稍大一点的船只靠上去都非常吃力呢，谈何登陆作战！而且它又是在全岛的最北部，最易受到从阿根廷大陆起飞的飞机的攻击，伍德沃德一定是昏了头，否则怎么会找这样一个该死的地方？

　　其实，没有哪个人的头脑能比伍德沃德更清醒了。他并不是没有想过斯坦利。如果他拥有强大的陆军部队的话，他也许真的要拿它开刀。但现在的情况是，阿军在人数上占有优势，而他对于为数不多的陆军部队每一个人进行使用时都要精打细算。他不能硬拼。登陆斯坦利便是一场硬拼，他无疑将扮演失败者的角色。他没有长剑，他要巧妙地使用手中的短剑。于是，他想到了那个任何人都不曾想到的地方。

　　对圣·卡洛斯的侦察增强了他的信心：阿军在该港只放了40名士兵。这意味着那将是一场无抵抗的登陆。

　　登陆只能是一次偷袭。如果阿军稍微有所察觉的话，全部计划便将成为泡影。为此，他采取了大量的战略、战场伪装措施和佯攻行动，成功地一直把这个秘密保持到几天前。所有的人，敌人和自己人，都被蒙在鼓里。当他把自己的想法提交主要将领讨论时，众人无不愕然，只有突击部队司令官穆尔少将似乎是冷静的，淡淡地说了一句话："好，能人所不能！"

　　登陆部队出发前，伍德沃德亲自向穆尔面授机宜。据说，在他们之间又重复了一次那种意味深长的对话。

　　"你还需要什么？"伍德沃德问。

　　"权力。"

　　"什么权力？"

　　"真正指挥突击部队的权力。你不要干涉我在岛上的行动。那里只有胜利！"

　　"我给你全权！"

　　3点20分，两艘攻击舰驶抵圣·卡洛斯港水域。

　　穆尔将军的命令短促而又坚决："国家命运在此一战！登陆！"

几十条橡皮艇从攻击舰上放了下来，如离弦之箭射向黑黝黝的圣·卡洛斯。直升机把一个个突击小组和可以放大自然光数千倍的成象激光夜视器抢先运到岸上。突击队员们用"田径运动员那种惊人的速度"在一团漆黑中跌跌撞撞地奔跑着。每一颗心都是悄悄不安的，又是激奋的：我们踏上了福克兰的土地！

奇兵、奇袭，收到了奇效。完全不存在抵抗的问题。突击队第一排枪弹的火光划破黎明前的黑暗时，四十名阿根廷守军便逃跑了。四个小时后，突击队全部登陆完毕，未折一兵一卒。在部队于滩头阵地展开，挖掘堑壕，抢修导弹和炮兵阵地的同一时刻，"无敌"号航空母舰上发出的一份电报越过大西洋向伦敦飞去：

"0330我军登陆成功。"

第二天，英国国防部和快速反应司令部里一片欢快气氛。人们相互见面时都打着丘吉尔最爱打的那种象征胜利的手势。这一天你听得最多的话是："以奇制胜！"

3

天刚破晓，阿根廷空军便对圣·卡洛斯港登陆的英军进行猛烈轰炸。"比扣拉"强击机发出恐怖的怪叫，一次又一次向地面俯冲。有时它们如蜻蜓点水般地拉升，有时便永远地留在地上了。"幻影"战斗机的空对地火箭密如乱箭，打到地面上，一排尘土阵起，英军士兵的身体在尘土中痛苦地抽搐着。高达十几米的硝烟笼罩圣·卡洛斯，分不出这里是白天还是夜晚。

"当时，我苦苦地撑着，"战后，穆尔将军在一次集会上说，"我不止一次感到我快要撑不住了。阿根廷空军的英勇几乎将这次奇袭的效果全部抵消。如果阿根廷陆军再从正面捅上一刀的话，那便是我们的末日了。感谢上帝，他们没有来。直到今天我还对这一点感到奇怪和不可思议。"

全世界的军人都感到不可思议。

阿根廷空军孤军奋战了一天，但陆军却没有一个士兵出现。他们当时为什么没有及时地攻打立足未稳的英军突击队，至今仍是一个谜，也许它会像滑

铁卢战役中拿破仑的援军为什么没及时赶到一样成为一个永远的历史之谜了。但有一点是清楚的：阿根廷陆军司令部被英军在圣·卡洛斯的登陆弄得目瞪口呆。他们没有做出决策是真的，他们反而在喋喋不休地抨击英军的举动"是前所未有的冒险"和"违反海战的规则"。

实在是荒谬得可笑。战争还有什么"规则"吗？胜利者就是强者，失败者就是弱者，这才是"规则"？

阿根廷空军的轰炸虽然猛烈异常，但是后劲不足，有的飞机甚至尚未到达圣·卡洛斯上空就把炸弹丢在海里匆匆返航了。穆尔对这一点也感到迷惑不解。

对于阿根廷从大陆起飞的飞机来讲，航程太远，油量不够。

加尔铁里受到了惩罚。当他拒绝那位将军提出的在马岛修筑大型空军基地的时候，如果能预见到今天，也许就会做出另一种决定了。

黄昏时分，战斗沉寂了。英军突击队虽然付出了惨重的代价（4艘军舰被炸沉），但他们的赌账付清了：守住了极其脆弱的滩头阵地。他们继续留在福克兰的土地上。

是夜，特遣舰队用最快的速度向滩头阵地运送人员、武器装备及各种补给品。

第二天，很多突击队员写好了遗书，还有一些人则把女友和亲人的照片摆在堑壕旁边。"今天无疑将有一场血战。"穆尔说，"我们决心一死报国。让敌人来吧，我们等着呢。"

他们等到的却不是敌人，而是蹦蹦跳跳的企鹅、噪叫的信天翁和从南大西洋上吹来的潮湿的风。

整整一天，阿根廷人没有出现。陆军没有，海军没有，曾使英国人丧胆的空军也没有。

晚上，伍德沃德从旗舰上向穆尔发问："怎么样？"

穆尔兴奋地大呼："我争取到了最关键的一天！"

这一天，更多的人员与物资源源不断地涌上岸来，其速度之快，恐怕任何国家的军队都望尘莫及：登陆场已扩大到150平方公里。敦刻尔克的经验看来是帮了他们的忙。

其实，今天对于阿根廷人来讲也是至为关键的。他们本来可以通过血战将英国人赶下海的。距圣·卡洛斯仅40公里的达尔文港就驻有阿军一支精锐部队约2000人，斯坦利也有足够的直升飞机可以向圣·卡洛斯运送部队，然而他们没有这么做。他们失去了这一天，失去了宝贵的战机。不，他们已经失去了战争的胜利。

第三天，阿根廷的飞机再次出现了。陆军部队也开始向圣·卡洛斯运动。当一名陆军少校率领部队登上圣·卡洛斯附近的布迪峰的时候，他被吓呆了。

"我似乎看到了突然出现在罗马城下的迦太基军团。"他在给妻子的信中写道，"那么多的英国人像蚂蚁一般地忙碌着。稍大一点的甲虫是轻型'蝎子'坦克。他们的阵地、堑壕与导弹工事完全无懈可击。海滩那边还有数不清的英国兵在列队，钢盔在阳光晒照下闪闪发光。使我更为恐骇的是，这样大的场面，这么多的人，竟没有一点声音。光是这样沉寂就给人一种无坚不摧的力量。在这一刻我感到，胜利……"

信只写到这里便中断了，原因是在他写信的那个夜晚，向前神速推进的英国人攻占了他们的阵地。他牺牲了。他的士兵在睡梦中当了俘虏。

4

英军的挺进速度的确是惊人的。

英军站稳脚跟之后，立即从圣·卡洛斯出发，分兵两路钳击斯坦利港。斯坦利港大军云集，原来是准备从正面抵抗英军的，可现在情形发生了180度的逆转。"如果把斯坦利比喻成一个巨人的话，那么英军就是在巨人的背后发起的突袭，而巨人则反应缓慢，迟迟转不过身来。"

各处的抵抗都是微弱的。

直到现在，突击队员们才渐渐看到了伍德沃德选择登陆圣·卡洛斯这一手的厉害，每当以较小的代价夺取了阿军据点与阵地的时候，他们都深深地感激他们的司令官。尤其是突击队第二营650人攻打古斯格林机场，全歼惊慌失措的阿军1600人，创造了罕见的以弱击强的战例后，他们简直把伍德沃德看成

一个神了。

"这是伍德沃德的胜利！"

一个士兵激动地说："司令官，我们无条件地服从你！"

但是，穆尔将军并没有无条件地服从他。

突击队开始挺进后，伍德沃德鉴于岛上阿军人数占优势和地形极其复杂这两个特点，要求穆尔采取"逐步推进，稳扎稳打"的战术，不要轻易冒进，但小试牛刀之后，穆尔发现阿军由于没有料到英军会从一个完全想象不到的方向来袭，"头上罩着一片惊慌"，几乎到了不堪一击的地步，他当机立断，决定改变战术。

"采用'蛙跳'战术！"他向突击部队发出命令。

"蛙跳"战术是英军创造的在严寒沼泽地带作战的一种方式，就是把徒步机动、乘车机动和空中机动结合起来，交替跃进，尤其是大量使用直升机分段运载部队与装备，速度奇快。

一位参谋人员问他是否要请示一下伍德沃德。

"不用，我自己做主！"穆尔狠狠瞪了参谋一眼。

他没有服从自己的指挥官，而他的下属也没有服从他。他命令英国王牌军第五步兵旅旅长威尔逊攻打鹅湾。可是，当他们所乘的"伊丽莎白女王二世"号船过弗兹罗港时，威尔逊发现这里的阿根廷守军已撤离了。这个意外的发现使他"双目生光"。他立即命令部队迅急登陆，占领了这个战略地位极其重要的港口。

这些"不服从"只给英军造成了这样一种后果：胜利时间大大提前了。

五月的最后一天，两路英军兵临斯坦利城下。在他们面前，只剩下最后一道防线（也是最强的防线）："加尔铁里防线"。1.5万名阿根廷士兵全部聚集在这条防线后面，准备与英军决战。穆尔将军冒着炮火来到最前线，拒绝了参谋人员一再要求他隐蔽的恳请，仁立高山，用望远镜长时间地眺望敌人阵地。

"斯坦利！斯坦利！"他低声呼唤，激动的脸庞上涂了一层红光。

最后一幕

斯坦利三面临海，一面靠山。那些以英国人名字命名的山峰间贯穿着一条以阿根廷人名字命名的防线。防线同山势一样险峻：地雷密布，炮位林立。几条倒刺铁丝网像蝮蛇一样弯弯曲曲地盘在山脊上。其中尤以肯特山地段的防线最为牢固。那是这一带最高的山峰，如果占领了它，不仅可以对其他山峰进行俯攻，还使整个斯坦利港暴露在炮火之下。梅嫩德斯将军意识到这座山峰的重要性，在这里布下重兵。钢铁的防线，丝毫未受到损耗的部队，预示着这里将爆发一场惨烈的大战。斯坦利港也有的是精兵强将，随时可以增援并出击。但这一切并没有发生。自英军登陆圣·卡洛斯以来，失败的情绪像瘟疫一样在阿军中传播着，再加上长期受到封锁，粮食和药品发生恐慌，军心已去，收拾不来。6月1日，当英军机降部队和伞兵突然出现在肯特山上的时候，一场意想不到的大崩溃开始了。那里没有发生战斗，只发生了一场屠杀。阿根廷士兵们头一回领略了廓尔喀战士们[1]的长刀的厉害。这种厉害后来又被大大地加以渲染，使部队本来就不甚强的战斗意志进一步受到摧毁。肯特山的失守对于阿军来讲虽然是沉重的一击，但"加尔铁里防线"大部分要害地段仍为阿军所控制，如果集中优势兵力实施反冲击，或能夺回失地也未可知，可是阿军连一次反冲击也未组织过，甚至"没有用炮火进行猛烈还击"。梅嫩德斯觉得，连重兵扼守的肯特山都守不住，其他地方更不必说了，于是将部队一再收缩，从1.2万多平方公里的防御地幅，最后收缩到只剩十来平方公里的一个马蹄形防御圈内，被英军铁臂合围。1万多人拥挤在这个狭窄的圈子里是一种什么样的情形，那是无需描绘的。每一发炮弹都不会落空。士兵们对死亡的恐怖大大超过了对胜利的信心。白天，英军从山上、海上不停地轰击斯坦利，并派飞机投撒劝降传单；晚上，从四面八方向阿军阵地播放阿根廷流行歌曲。女播音员用缠绵悱恻的声调广播道："赶快回家吧，在电视中观赏一下世界杯足球赛多么畅快……"

1　廓尔喀是尼泊尔的地名，该地区的人以剽悍、善战闻名于世。英国每年从那里招募500名雇佣军。

6月14日凌晨，英军对斯坦利港发起总攻。没有激烈的炮火互射，没有拉锯般的反复争夺，没有肉搏，一切"显得像小孩子游戏打仗一样幼稚"。这场全世界注目的马岛战争的最后一战竟是如此平静，平静得近似滑稽。英军第三突击旅在付出极小代价攻占了穆迪·布鲁克兵营之后，远远望见斯坦利港上空飘起了白旗。英军士兵们的泪水一下涌上了眼眶。

在英军发起总攻的23个小时之后，梅嫩德斯将军用颤抖的手在投降书上签了字。

战争终于结束了。但是，签署投降书并不是这场战争的最后一幕，最后一幕仍然发生在序幕拉开的地方。

一个寒冷的夜晚，已经辞去陆军总司令和总统职务的加尔铁里正用手支着头坐在壁炉前打盹，敲门声惊醒了他。他去开门。随着一阵寒风，两名警察出现在他面前。

"你就是前总统莱奥波尔多·加尔铁里吗？"警察神色冷峻。"你被捕了。你被指控要对这场失败的战争负全部责任。"

加尔铁里噙着泪水的双眼深深注视着警察，良久无语。

几个月后，加尔铁里被释放了，但他已被迫从军队中退伍。他将去首都郊区一幢楼房的第19层去过痛苦的下野的落魄生涯。当他拖着沉重的身躯登上楼顶的时候，阿根廷的一艘军舰正在"贝尔格拉诺将军"号巡洋舰被击沉的地方投放花圈。

恶魔导演的战争

一位退役的英国陆军上校说，1982年世界上进行了两场战争。英国与阿根廷的福克兰群岛之战是"昨天的战争"，而以色列在黎巴嫩进行的战争，则是"明天的战争"。各国国防部都在悄悄地然而却是认真地研究着这场战争。

这是一场由以色列蓄意挑起的非正义的战争，导演这场战争的人物是以色列前国防部长沙龙。

冒险家

阿里尔·沙龙拖着肥胖的身躯登上这座楼房顶部的时候，已经累得上气不接下气了。他的极其沉重的喘息声在老远就能听到，不由得令人想起乡村里刚刚干过重活的牛。

他身旁簇拥着十几个彪形大汉，一律将手插在裤兜里。稍有军事常识的人一看就明白，他们握着枪。

在通往平台的门口，沙龙被一个人挡住了。

"国防部长阁下，为了您的安全，我们只允许您在外面待10分钟。"

"20分钟。"

"10分钟。"

"20分钟！"

沙龙的口气不可争辩。

"部长阁下，您大概忘了您这是在什么地方了吧？这不是特拉维夫，是

贝鲁特。"

沙龙淡淡一笑："你忘了我是谁了吧？"

那人无可奈何地耸耸肩。

这是1981年1月的一个黄昏。夕阳正欲与浩瀚的地中海接吻，那样大，那样红。红得像鲜血，竟给人一种不祥之感。远处，黎巴嫩山上的皑皑白雪也被涂上了一层金黄色的光芒。商店的霓虹灯已经开始令人眼花缭乱地闪烁起来。车流如水。爵士音乐随着海风一阵阵地飘过来。此刻，是贝鲁特这"东方的巴黎"最热闹的时候。

这是一座很高的楼房。沙龙用沉沉的目光俯瞰着整个城市。

他身旁那些人的神情严峻极了，数十只眼睛紧张地搜索着四周，一旦发现可疑目标，他们就要先敌开火。

是的，这是贝鲁特。现在世界上还有哪座城门能比它更不安全？

自从1975年黎巴嫩内战以来，这里常常发生战斗，流血事件无日无之。市民们对枪声已经习惯了。如果哪一天不响枪，他们反倒会感到奇怪。一位驻黎巴嫩的外交官这样形容说："在贝鲁特，每一扇窗户后面都可能藏着一个冷枪手。"

对于以色列人来讲，贝鲁特岂止是不安全的地方？它也许是一座坟墓呢。

所罗门[1]子孙们的两个宿敌都在这里——巴勒斯坦解放组织总部设在贝鲁特西区，叙利亚在它四周驻扎着重兵。

巴勒斯坦解放组织没有国家，但它们在黎巴嫩建立了"国中之国"。贝鲁特更可以强烈地感到他们的存在：穿着草绿色军装的巴解战士在大街上游弋；马兹拉大街以南哨卡重重，过往行人与车辆一律得接受检查；西区和福克拉尼区的建筑物上到处飘扬着巴解的旗帜；巴解总部大楼附近，高射炮管子密密麻麻地从掩体后面伸出来，像刺猬身上的刺……

沙龙，以色列国防部长，竟敢亲潜此地。

每一分钟都面临危险。他毫不在乎。

两天来，他像魔影一样走遍了整个城市，对每一条街道、每一个重要建

---

[1] 古代以色列国王。

筑物都做了细致观察。他在为未来的战争准备第一手材料。

这很值得写在战争史上：一个国家的国防部长竟在战前潜入敌方的首都进行侦察！

有人说："以色列人总是不断变出一些新花样，叫世界目瞪口呆。"

如果沙龙的行踪被百倍仇恨他的巴解和叙利亚军队察觉，生还的希望也许不足1%。

许多冒险家偏偏是从这"1%"中幸运地走过来的。

现在他一动不动地站着，观察着，脸色平静，与他的焦躁不安的保镖们形成鲜明的对照。

一家西方报纸曾这样报道：

"沙龙把冒险当成自己的第一事业。"

沙龙的冒险生涯是从第一次中东战争（1948年）结束时开始的。

当时，以、阿两军正处于紧张的对峙状态。一天，以军司令官达扬接到一个报告：阿拉伯联军的一支突击队捉住了两名以色列士兵。达扬连忙召集会议，商量营救办法。

会议开了两个小时，只有一条路能走得通：抓几个阿拉伯联军的士兵，交换自己被捉去的士兵。

这也令达扬颇费踌躇。阿拉伯人无疑已加强了戒备。如果派去抓人的人再被人所抓，怎么向上峰交代？

担任指挥所警戒的是亚历山大罗尼旅。该旅一位年轻的排长获知了达扬的想法后，招呼了几名士兵，登上一辆吉普车，径直向阿拉伯联军的阵地开去。

有人企图阻止他们："谁给你们正式命令了？"

"大卫！"那个排长答道。

"不要冒险！这样做是白白送死！"

"死亡不属于以色列！"

吉普车在荒凉的沙漠上急驰，如离弦之箭。越过停火线时，阿拉伯人发现了他们，子弹像雨点一般地泼洒过来。

吉普车并不减速。那排长一面还击，一面大声吼叫着。其他以色列士兵也跟着他一起吼叫。

那是一种野兽般的令人恐怖的吼声。

阿拉伯人惊呆了。

吉普车在阿拉伯联军的堑壕前停下，那个排长和几个士兵闪电般地跃下来，把两个阿拉伯士兵抓上车。

等到其他人明白过来发生了什么事情，再次射击时，吉普车早已扬尘而去。

这个排长便是阿里尔·沙龙。

达扬嘉奖了这个年轻人，并与他一起合影留念。

事后，有人斥责沙龙擅自行事，是拿士兵的生命去做冒险的赌注，可是达扬却毫不犹豫地把他提拔为一支新组建的突击队——101部队的指挥官。

随着他职务的提升，他不断地拿越来越多的士兵的性命去满足自己冒险的欲望。

第二次中东战争爆发的时候，以色列的将军们都把目光集中在这个米特拉山口上。如果把西奈半岛比作一个人的话，米特拉山口就是他的心脏。只有夺取它，才能打开通向苏伊士运河的道路。

作战计划在总参谋部紧张地制定……

一个宁静的清晨，米特拉山口上空突然出现了数不清的彩色降落伞。

这是以色列唯一的伞兵旅——202部队——在旅长沙龙的命令下突袭米特拉山口。

28岁的沙龙被一种渴望当英雄的欲念折磨着。他希望一战成名。他又一次做出了冒险的决定。

这儿的黎明静悄悄。米特技山被一层淡淡的晨雾笼罩着，不见一个人影。

沙龙笑了："埃及人在睡觉。"

伞兵旅摆开战斗队形，不声不响地向米特拉山口运动。

突然间，枪声大作。以色列士兵呼啦啦地倒下了一大片。

饱有战斗经验的沙龙一听枪声就明白过来：埃及人埋伏了重兵。

偷袭不可能了。撤退吗？沙龙连想也没想过。那样做把他的脸往哪儿搁？他命令："强攻！"

伞兵们向山口猛扑。

埃及人火力真猛。伞兵们像被刈割的芦苇一样纷纷倒下。

有人提议："撤退吧。这着险棋，我们也许从一开始就没有走好。"

沙龙大叫："我就喜欢走险棋！"

他亲自率队冲锋。

经过苦战，以军在付出了沉重的代价之后，终于占领了米特拉山口。

沙龙并不停留，继续向西挺进。

他成为第一个到达苏伊士运河的以色列人。

……

此刻夜幕渐渐笼罩了贝鲁特。

沙龙乘坐一辆很不引人注目的半新的"沃尔沃"小轿车来到西区的哈姆拉大街。他要对这一带进行更仔细的侦察。

这是贝鲁特最繁华的一条街，有"中东的纽约第五街"之称。商店林立。高楼鳞次栉比。每个国家的人都可以在这里发现他们国家的最新的产品。

汽车在以法国著名的时装设计师卡丹命名的巴黎时装店前停下。

游人如织。人们在逛街、购物、交谈，坐在街旁的凉篷下喝咖啡，或在长椅上休息。

沙龙久久地望着。

一阵哀伤的歌声飘过来。他听出那是黎巴嫩著名歌手菲露兹的声音。

　　回来吧，贝鲁特，
　　回来吧，韶华时光。
　　3000年的古城，
　　何时让我重睹芳华。
　　……

3000年历史的古城！腓尼基和古罗马的名城！如今你几经战火，已被糟蹋得不像样子了。

沙龙倾听着，若有所思。

汽车重新启动时，他对随从们说："如果我不得不进入黎巴嫩的话，我

将避免进入贝鲁特。"

"为什么？"

"它是黎巴嫩首都，是一个住着成千上万老百姓的首都。"

主战派

1982年6月的一天。

内阁会议已经持续了八个小时了。每逢商议重要事情，以色列的内阁会议必是"马拉松"式的。

今天的议题：是否进军黎巴嫩。

自从1970年"黑九月事件"以来，中东各国的巴勒斯坦人渐渐都聚集到黎巴嫩来了；这儿离以色列最近。也就是说，离他们失去的家园最近。

他们渴望重返家园。

这是正义的要求，得到了全世界人民的支持。

巴解游击队以黎巴嫩为基地不断出击。

沙龙提出："要一劳永逸地解决巴解问题。"

有个议员问他："你所说的'一劳永逸'是什么意思？"

"进军黎巴嫩！"

"侵略一个主权国家么？"

"为什么非要用'侵略'这个字眼？不能换一个好听点的吗？"

世事如此。强暴可以用任何美丽的词来描绘自己的行动。

内阁分成了两大派。一派主战，一派主和。

无论哪一派，对于消灭巴解组织这一宗旨其实是绝无分歧的，只是手段不同罢了。有人形容得好："主和派是化装成美女的蛇，主战派是张开血盆大口的蛇。"

沙龙是最坚定的主战派。

今天，他依然侃侃陈词："为了以色列的安全，为了犹太民族的生存，我们必须进军黎巴嫩，必须将巴勒斯坦游击队全部赶走，赶得远远的。要让他们的头目像俄国十月革命后在巴黎街头喝咖啡聊天度日的白俄那样。"

一个议员不以为然地说："解决问题的方式各种各样，为什么非要用战争呢？"

沙龙道："巴解的问题只能用战争方式解决！"

"恐怕是要用沙龙的方式解决吧。"

在一片哄笑中，沙龙涨红了脸。

他可以算是以色列内阁中最不受欢迎的人。许多议员看不起这个出身卑微、言语粗鲁的将军。是的，现在他是以色列的国防部长，但他从以色列国防军中的一个小班长升到今天这个显赫的地位，不是凭借权势和学历，而是靠战功。以色列建国以来的数十次战争，哪次少了他！他多次负伤，几乎死过几回。这经历本身就让那些政客们很不舒服了。再加上他为人刚愎、残暴、目空一切，因此人们讨厌他、憎恨他，但同时又有点怕他。在背后，他们给他取了许多难听的绰号：杀人不眨眼的刽子手，残忍的推土机，权欲熏心的大象……

他听后付之一笑："我是个粗人，他们怎样形容我都可以。"

一个议员说："以色列最宝贵的是男人。你为什么总想把他们往坟墓里送呢？巴解不过是乌合之众拼凑的小集团而已，不值得大动干戈。"

沙龙狠狠一挥手："不，那是一支正规军！"

沙龙的话不错。近几年来，巴解的力量一天天壮大起来。他们在黎巴嫩南部建立了永久性的基地和设施，甚至盖了好几座巨型武器弹药库，储备了上万吨弹药。巴解的部队也日益正规化：换上了统一的军装；加紧训练；装备日益精良。

"他们甚至在最近建立了一支坦克部队！"沙龙说。

"他们是不是马上要成立空军呢？"

讥笑声。

沙龙的脸由红变白。

"我去过黎巴嫩，我去过贝鲁特！"他加重语气道，"我最清楚他们在干什么。你们可知道，波福特古堡[1]里有一个地下工事，他们已经挖了十几年

---

[1] 巴解在黎巴嫩南部的一个重要据点。

了！是不是要让他们一直挖到耶路撒冷呢？"

他突然愤怒了，真实地愤怒了。他一面用近似吼叫的声音说着，一面拍桌子，整个大厅仿佛都被这种混合的声音震动了。

他一发怒就爱拍桌子，而且从来不顾场合——不管在什么地方，也不管面前是什么人。

反对派议员们并不示弱，也拍起了桌子。一个议员指着沙龙的鼻子说："入侵黎巴嫩是个政治问题，会牵动整个世界。你不过是军人，不是政治家。你不懂政治！"

这时，一直默不作声地坐在旁边的总理贝京慢吞吞地开了口："啊，不能这么说。那是你不了解沙龙的本质。你们难道忘了阿里什问题了？"

一句话令众人无言以对。

1977年是世界公认的"萨达特年"。

这位埃及前总统采取和平主动行动，力排众议，造访以色列，使埃、以两国结束了长达30年的对峙状态。

萨达特提出和平建议以后，沙龙向以色列内阁提出了一项议案：将西奈首府阿里什归还埃及。

就像全世界被萨达特的行动震动了一样，以色列内阁被沙龙的提案震动了。

"沙龙是不是疯了？"

西奈、阿里什，那是以色列的将士们用多大牺牲夺来的啊！如今轻易地拱手相让，是什么意思？

一个议员高叫："不能还！沙龙，你知道吗？我们的孩子们在那里洒下了多少鲜血？这样做太便宜萨达特了！"

"沙龙，"另一个议员用质问的口气道，"把阿里什还给埃及，你想用来交换什么？"

"主动！"沙龙大声说，"换取我们已经失去的主动。"

对沙龙的提案进行表决，这位将军遭到了惨败。

连他的朋友，总理贝京也不支持他，说："沙龙的建议是不可接受的。"

后来，沙龙又几次向内阁提出这个建议，均遭拒绝。

不久，萨达特和以色列前国防部长魏兹曼举行了一次私下会晤。萨达特

说："犹太人是一个智慧的民族。我很奇怪为什么在我提出访问耶路撒冷以后，你们没有做出相应的反应。如果你们提出把阿里什归还我们，那么你们就占了上风，我就不会净得一分。幸而你们当时没有想到。"

他很得意地笑了。

后来，在世界舆论的压力下，在埃及的坚持下，以色列终于将西奈归还了埃及人。

有个将军对沙龙说："历史证明了你是对的。可是，当初你怎么会想到那种提议呢？你是个军人，有人说你是强盗发善心。"

沙龙说："不是发善心的问题。我早就看到，西奈迟早是要还给埃及人的。不论从政治角度来看还是从军事角度来看，西奈对于以色列都是个沉重的包袱。这一点已为第四次中东战争所证实了。只有甩掉这个包袱，我们才能争取主动。与其在我手而失去主动，不如交给对手而摆脱被动。"

那位将军发愣了。他一点也想不到从沙龙这个揪揪武夫的嘴巴里能吐出这样的话来。

沙龙在意味深长地说完这段话后，突然笑了，笑得很响，很长久，令人听后心里发毛。

"其实，西奈算得了什么？在我眼中，它只不过是个囊中之物罢了。以色列什么时候想要，只要给我一个装甲师，我保证把它拿过来！"

好狂妄？

一位反对派议员拍案而起："叙利亚在黎巴嫩驻有重兵，如果一旦入侵，便肯定要与叙军发生正面冲突。你有把握打胜吗？"

没有回答。

"现在的叙利亚军队可不是赎罪日战争[1]时那个样子了。他们有世界上最先进的T-72坦克，有米格-23、米格-25飞机！更重要的是，他们有萨姆-6地对空导弹！你难道不知道吗？"

没有回答。

1　指第四次中东战争。战争爆发的那天正是以色列的赎罪节。

"贝卡谷地[1]已经布满了萨姆-6，你的"长臂"[2]能发挥应有的作用吗？没有"长臂"，靠什么制胜？"

依旧没有回答。

"你要明白，是萨姆-6！"

> 苏联的萨姆升天，山姆大叔飞机落地。
> ……

这是第四次中东战争期间大马士革的孩子们最爱唱的一首歌谣。他们亲眼看到了苏联制的最新式的防空导弹萨姆-6是多么名不虚传：一道白线向以色列鬼怪式飞机射去，瞬间便击中了它，于是一团黑云坠落下来。

萨姆-6是一种灵活的防空武器，发射架是一辆履带装甲车，导弹长6米，一辆车上装3枚。它的射程为30公里。瞄准器自动搜索敌机，哪怕是超音速飞机。两个雷达向导弹发射系统的电子计算机提供目标的定向波束，电子计算机在几分之一秒内就可以计算出飞机的高度、方向、速度，并操纵导弹发射。

萨姆-6弹体不大，但威力是吓人的。即使不直接命中飞机，而只在附近爆炸，弹片也能将飞机打落。

第四次中东战争中，萨姆-6成了以色列飞行员们的克星。

战争的第二天，以色列空袭大马士革，第一攻击波有8架飞机，其中有7架永远不能返回以色列了。

叙利亚最高统帅部把飞机残骸放在马兹拉阿区公园里展览。

在埃及战场，情况更加糟糕。以色列空军再也不能重演六日战争[3]时的胜利了。一架又一架鬼怪式和海市蜃楼式战斗机冒着浓烟栽进荒凉的沙漠里。

最后，以色列不得不采取这样的办法：派出突击队，从地面摧毁萨姆-6导弹阵地。

---

1 黎巴嫩境内的一条山谷，靠近叙利亚。

2 以色列空军号称"长臂"。

3 第三次中东战争。因为只打了6天以色列就获得了胜利，故名。

以色列空军重新回到了天空，却是很不光彩地回来的。

萨姆—6一下成了举世瞩目的武器"明星"。

1981年，叙利亚将大量萨姆—6导弹部署在黎巴嫩的贝卡谷地。

世界上第二次导弹危机爆发了。第一次的对手是美、苏两个大国，地点在古巴；第二次的对手则是这两个大国各自的小兄弟，地点也在第三国。

以色列扬言要摧毁这些导弹。

叙利亚人鄙夷地说："你们来吧！"

沙龙不曾去过贝卡谷地，可是他看过一名化装成记者的"摩萨德"[1]特工人员在贝鲁特—大马士革国际公路上偷偷拍摄的录像片：贝卡谷地的山头上到处是叙利亚人的帐篷。一枚枚乳白色的萨姆—6导弹骄傲地把它尖尖的鼻子刺向天穹。真多呀，多得数不过来。

路透社一位到过贝卡的记者写道："那幅情景谁看了都会心寒的。"

关于对叙利亚的作战方案，沙龙早在肚子里酝酿成熟了，但他绝不能在这种会议上讲出来。

他始终保持沉默。

辩论没有结果。

然而，有些注定要成为风云人物的人总是机运亨通的。6月3日晚上，以色列驻英国大使在伦敦遇刺，凶手自称是巴勒斯坦解放组织的人。

其实，巴解早就停止了一切恐怖活动。巴解执行委员会主席阿拉法特通过几十年的斗争实践痛切地认识到：恐怖活动非但不能复国，还只能帮自己敌人的忙。刺杀以色列大使的人是从巴解分裂出去的尼达勒和他的几个伙伴。

不幸，他们所制造的苦果却要由整个巴解组织来吞食。

6月4日，星期五。有些国家的习俗，把星期五看作不吉祥的日子，人们称其为"黑色的星期五"。以色列内阁在耶路撒冷的办公厅里举行秘密会议，讨论驻英大使被刺事件。会议一直开到第二天，终于做出了决定：批准国防部长沙龙的战争计划。

沙龙步出办公厅时，脸上没有丝毫表情。贝京问他：

---

[1] 以色列情报机关的名字。

"你需要多少时间准备？"

沙龙笑了，那是一种冷冷地笑。他没有回答。

还需要准备什么？他早就将一切准备就绪。从他当国防部长那一天起，他就开始准备了。

对别人来讲，这场战争是突发的。对沙龙来讲，却是蓄谋已久的。

"今天是星期日"

联合国维持和平部队司令官卡拉汉少将亲自驾驶着汽车奔驰在宽阔的柏油公路上。

今天是6月6日，星期日。碧空如洗，太阳放射出种懒洋洋的光。漫山遍野的油橄榄一片葱绿。农民们在地里忙碌着。黎巴嫩—以色列边境地区呈现一片升平之景。

近日来，北线无战事，卡拉汉将军没有多少事情做。现在他四处顾盼，脸上带着微笑。他的心情同这天气一样好。他准备办完公务后到附近的小镇上去喝一杯呢。

不久前，他得到过这样的情报：以色列可能会入侵黎巴嫩。他不以为然。他的部队就驻扎在黎、以边境上，是以色列入侵黎巴嫩的必经之路。近来，以军没有任何调动和备战的迹象啊。

现代化战争是立体战争。如果要大规模入侵，准备工作将是极其艰巨的，大量的。那无论如何也不可能瞒过卡拉汉的眼睛。他是老练的职业军人，又与以军近在咫尺。

可是当他走进以军前线总部时，一种本能的军人的嗅觉使他察觉到了某种突如其来的变故。

总部里充斥着一种逼人的气氛：参谋人员快速出进；电话铃声刺耳地响；他所见到的每一个男女的脸上都是清一色的冷峻的神情。

更令他惊讶的是，他竟然在这里看到了以色列国防军总参谋长埃坦将军。

后来他在回忆当时的情形时说，一个可怕的字眼从他头脑中闪过：战争！

埃坦将军用坚定的声音向他宣布："再过28分钟，以色列国防军将进入

黎巴嫩！"

卡拉汉心里充满了受骗与愤懑的情绪，脸色发白，高声质问："为什么？你们这样做是为什么！"

"为了加利利的和平[1]！"

"我是联合国军的司令官，我不允许你们这样做！"

埃坦冷然道："我们以色列人做事，从不需要任何人批准。"他把电话送话器递到卡拉汉面前，"向你的部队发布命令吧。"

"发布什么命令？"

"为我们的军队让开道路！"

卡拉汉像一只斗败的公鸡，垂头丧气地站在联合国维持和平部队的哨卡外，望着以色列军队潮水般地向北涌去。

走在最前面的是长蛇一般的装甲车和卡车纵队。号称"巨无霸"的百人队长式坦克、半履带运兵车、配备机关枪和导弹的吉普车，全部在车前铺上红布，以便以色列空军识别。尾随在它们后面的是通信车、补给车和救护车。最后是巨型的175毫米自行火炮。这种炮虽然走在最后，却担负着先锋部队的炮火警戒任务。它可以摧毁先头部队前方三十公里内的任何目标。庞大的车队迤逦而行，望不到头。扬起的尘埃遮住了天空，遮住了太阳。大队走了整整一天还没有走完。

卡拉汉感到了一种强烈的羞辱。他被愚弄了。这些千军万马就像变戏法似的在一眨眼的工夫内从他眼皮底下冒了出来。他们就藏在附近，可为什么自己竟一无所知？

他低估了沙龙组织和隐蔽部队的能力。其实，以色列早就在以、黎边境的加利利群山中集结大军，保密工作极为出色。

现代化战争不得不如此。

卡拉汉掏出记事簿写道：

"以色列破坏了停火协议，开始进攻黎巴嫩。今天是1982年6月6日，星

---

[1] 加利利地区是以色列境内与黎巴嫩接壤的一个地区，经常受到巴解的袭扰。以色列此次行动的代号就是"为了加利利的和平"。

期日。"

星期日，又是星期日！近代史上有多少次突然袭击是在星期日发生的？

"进攻！"苏伊士运河战争中，沙龙对他的士兵这样说。

"进攻！"六·五战争中，他又这样说。

"进攻！"赎罪日战争中，他还是这句话。

今天，他再次大声向他的将军们疾呼：

"进攻！"

草绿色的敞篷吉普风驰电掣般地向北飞奔。沙龙坐在车上。由于他实在太胖，远远望去，整个吉普车的空间好像全被他占据了。

两侧，是以色列国防军的装甲纵队。

以色列士兵们看见他的吉普车，他不断地向士兵们打着他们所熟悉的手势：向前！进攻！

在许多坦克的炮塔上用白灰刷写着这样的标语："阿里尔·沙龙——犹太之王。""沙龙万岁！""沙龙，你是以色列国防军的骄傲！"

看到这些口号，沙龙得意非凡。他对于荣誉和赞扬并不能像有些人那样报以训练有素的微笑。他不会掩饰自己。

中午，他与士兵们一起用饭。他坐在弹药箱上，衣服敞开着，一边吃一边与士兵们说笑。这时候他一点也没有国防部长那无限尊贵的架子。

他对自己的司机大喊：

"拿鱼子酱来，拿伏特加来！大家共享！"

沙龙出生在苏联的基辅。这种俄罗斯民族的嗜好是他的父亲传给他的。

如果说，以色列的有些政客像讨厌苍蝇一样讨厌沙龙的话，那么许多军官士兵却像拥戴英雄一般拥戴他。因为他十几年来出生入死，屡立战功。他的指挥口号不是"给我冲"，而是"跟我上"。几乎在每一次战争中他都要负伤。

吃毕午饭，沙龙登上他的吉普车，扬起一只胳膊："士兵们，我只给你们下一道命令，那是至高无上的命令：进攻！"

他简直是为进攻而生的。

第四次中东战争爆发的第一天，以色列苦心经营数年的"巴列夫防线"全线崩溃，以军在西奈半岛节节败退。

埃及人的突然袭击粉碎了以色列不可战胜的神话，结束了自己的士兵上街只能穿便服[1]的历史。痛苦的一页翻过去了。

以色列全国紧急动员。

在这种时刻，人们又想到了沙龙。

在以色列总参谋长哈伊姆·巴列夫提出要沿苏伊士运河建造一条堪与"马其诺防线"媲美的立体防线时，附和者有之，赞美者有之，积极支持者有之，军界更是一片叫好声，只有一个人坚决反对，那就是沙龙。

"现代化战争应以进攻为主，防御为辅。"他力陈己见。

没有人重视这个原来出生于俄罗斯土地上一个农民家庭的人的意见。

他发怒了："巴列夫防线实际上是无用的摆设！"

就因为这句话，他得罪了那样多的人。

但是，战争的进程却做了无情的结论：他是对的。

他被任命为南部军区司令。

前线，以军继续溃败。埃及军队太强大了。为了战争，他们足足做了7年的准备。沙龙却在这样的时刻做出了一个令全世界吃惊的决定：进攻。

在许多人眼中，当时西奈以军要想扭转颓势，转入进攻，几乎是天方夜谭式的神话。

沙龙来实现这个神话了。

战争爆发后的第11天，黄昏，落日放射出惨淡的灰光，笼罩着埃及第2军与第3军接合部的苏伊士运河渡口。不远处就是大苦湖，波平如镜。越过大苦湖就是埃及本土。

一支坦克部队从地平线上出现了，径直向渡口开来。那是13辆T—54、T—55苏制坦克。守卫渡口的埃及士兵放心了。那是自己人。

坦克部队越来越近。现在，已经可以清晰地看见坦克上的乘员了。他们穿着棕黄色的埃军制服，用纯正的阿拉伯语大声传递着口令。

埃及士兵们做梦也没有想到这实际上是沙龙的部队。他们奉命来夺取渡

---

[1] 在第四次中东战争爆发以前的历次战争中，埃及军队均被以色列打败。埃及老百姓常常羞辱士兵，因此他们上街都不敢穿军服。

口。至于那些坦克，全是在上一次战争中缴获的。

后果不用说是极其悲惨的：渡口的埃及士兵在没有明白发生了什么事情的时候就被全部打死。以色列人控制了渡口。

天色完全黑了，沙龙的装甲师源源不断地开到，趁着夜色在大苦湖渡河。

自己的军队在前线败退，他却敢于孤军插入敌后。这个行动的本身就可以刻画出沙龙的性格。

英国一位将军发表了自己的看法。"这是军事史上最大胆的行动之一。"

第二天，沙龙的部队已全部来到埃及的国土上。

沙龙兴奋地用步话机向大本营报告，他的激情无法遏止。

"以色列人第一次踏上了非洲的土地！"

他开始了进攻。

在敌国土地上作战是极其艰苦的，但他没有动摇进攻的信念。连天的炮火中，他光着头，乘着敞篷吉普与士兵们一道冲锋。

在苏伊士城城郊，他的司机被打死了，他的头部也负了伤。他换了一个司机，用纱布裹着脑袋，继续向前冲。

沙龙的妻子在报纸上看到丈夫光着头，缠着绷带的照片，打电话对他说："你要是把钢盔戴上，那就比较好一些！"

沙龙回答："我的钢盔别有用处。我要拿它在特拉维夫打碎一些人的脑袋！你一定知道，我指的是谁！"

沙龙的渡河成功改变了战争的态势，成了这次战争的转折点。以色列重又把主动权夺回手中。埃及第2军和第3军的退路被切断了，失去了生命一般的补给线，陷入重围之中。但他们仍在用令人感动的顽强精神苦战，直至停火。

正如以色列第三次中东战争的胜利与摩西·达扬的名字紧紧连在一起一样，第四次中东战争与沙龙的名字是分不开的。

现在，以色列军队在侵入黎巴嫩后高速向北挺进。

沙龙明白：无论是过去还是现在，乃至将来，闪电战都是最有效的法宝。他命令部队不顾一切直捣黎巴嫩首都贝鲁特。

坦克部队的前锋到达列坦尼河时，渡口上一座哨所里的巴解战士未经战斗就撤走了，由于十分仓促，有一杯刚煮好的咖啡没有来得及喝，留在桌上。

当以色列坦克部队全部渡过河，炮兵部队也随后来到渡口时，一位军官走进了那个哨所。他端起那杯咖啡。咖啡还是温热的。

小斯大林格勒

在特拉维夫的以色列总参谋部作战指挥室十万分之一的军用地图上，三支巨大的箭头缓缓向北移动着，一齐指向贝鲁特。

沙龙多年来对黎巴嫩的作战构想今天得以实现：兵分三路，齐头并进，采用闪击战术，在最短的时间内包围贝鲁特。

左路军从西部进入黎巴嫩，侵占沿海港口城市，切断巴解海上补给线；中路军从加利利地区向北直取黎巴嫩重镇哈斯贝亚和列坦尼河北岸的贝特丁；右路军开辟东部战线，目的是肃清黎巴嫩南部一个方圆140里地区的巴解游击队，以色列称这个地区为"法塔赫地带"，因为巴解组织最活跃的战斗部队"法塔赫"常在该地出没。

黎巴嫩南部，巴解游击队的据点和堡垒星罗棋布，有些是永久式的，有些则是游击式的。前者坚守，后者见敌人来时，马上撤走，阵地上不见一个人影。敌人走后，他们复又出现。这是巴解从越南学来的经验。

以军遭到巴解的顽强抵抗。

沙龙向部队发出这样的命令：能攻克的据点，迅速攻克；一时不能攻克的，只派少数精兵予以牵制、包围，大队人马绝不纠缠，继续快速向最终目标前进。待整个作战构想完成后，再腾出手来收拾这些孤立的据点。

他需要时间。现代化战争最宝贵的就是时间。

以色列人的军事原则是：兵贵精而不贵多。平时养兵不过十几万，然而训练有素，打起仗来能以一当十。

沙龙曾说，昔日战场的教条是依赖庞大的火力和兵力粉碎敌人，这种教条现在已被机动性、声东击西和速度所取代，目标是使一个可能人数较多、装备较重的敌人手足无措。

在政治上，以色列是臭不可闻的，然而它的军事原则，却引起了许多国家的注意。

沙龙的这一招果然管用。试想，就是为了对付进攻而建造的堡垒等来的却不是进攻，那它还有什么用处？随着腹地的陷落、后方的丧失、补给的中断，巴解的军心受到影响。

那些堡垒和据点对付集团进攻是充满信心的，它会像肉磨子一样发挥效用。可是面对一支速度极快、机动性特强，并根本不与其纠缠的部队，充满信心的该是后者了。

与此同时，沙龙却动用了较强的空、陆力量来保护后勤补给线。

军人有一句行话，称后勤补给线为"血线"，也就是血管之意。

为了保证作战计划顺利实施，沙龙集中了陆军常备兵力的近半数和空军、海军的大部，共约十万人，以取得战场上的绝对优势。

以色列与黎巴嫩都在地中海东岸，战前，以色列海军举行了一系列海上演习与两栖登陆演习。

战局推进中，沙龙及时使用了他的海军。6月7日西路以军逼进西顿时，以海军从海法港出发，在海上对西顿实施登陆，完成了对这一地区的包围。7月27日以海军快艇炮击贝市西区海滩，支援陆军。8月11日，在贝市南区以军在舰炮支援下，攻占了纳比亚齐。

巴解在黎巴嫩南部的主要基地相继被占领：刚建立不久的一支坦克部队遭到全歼；成千上万吨储备武器弹药落到了以色列人手中；3000名战士英勇牺牲，6000名被俘。大批战士转入地下。

三天后，以色列军队到达贝鲁特，完成了对巴解总部和剩余的巴解主力的最后包围。

一位美国军事发言人在评价以军的这次进攻时说："沙龙所得到的，正是法国和美国先后在越南尝试而失败的。"

以色列的军用皮靴踏在波福特古堡满是瓦砾和鲜血的石梯上，发出橐橐的声响。

这个曾经是巴解重要基地的古堡在浴血抵抗了三天之后，终于陷落了。

激战方殷，硝烟尚未散去，沙龙就赶来视察。他还派人去请总理贝京。贝京自从开战以来就一直住在北方军司令部的指挥中心里，离此地没有多远。

沙龙站在由古代十字军建造的古堡的最顶部，昂首四顾，仿佛周围一片

旷野。

这位54岁的犹太人过早地发胖了。每挪动一步，下额上的肥肉都要剧烈抖动。也许是为了不至于使他那沉甸甸的、圆鼓鼓的肚皮坠到地面上，他最喜欢用一条美国南方警长所佩戴的那种宽腰带。他有一头银发，现在被微风吹动，一根根地竖了起来，似乎在向人们隐示着他那残忍的性格。

蓝色的大卫星[1]在他身旁飘扬。他拿起旗帜的一角，轻抚着，脸上露出征服者的微笑。

对这样的时刻他已期盼好久了。

他渴望征服，当然不止一个小小的黎巴嫩。

80年代的第一年，沙龙向内阁提出了一个野心勃勃的"大以色列计划"，这个计划不仅把从约旦到地中海的大片土地划入以色列版图，而且还想把以色列的影响扩大到东起伊朗、阿富汗和巴基斯坦，北至土耳其，南达南非的广大土地。

狂妄到了极点！

这是以色列80年代的伟大战略，沙龙说："今后我所做的一切，都是为它服务的！"

他有一盘棋。黎巴嫩不过是个卒子而已。

一群记者拥上来为他拍照。所有的焦距都对准他。镁光灯嚓嚓作响。

一位记者向他发问："沙龙将军，您为什么要发动这场战争？"

对这话，沙龙早已成竹在胸。"我们发动战争的目的在于消灭战争。"真是天使般动听的声音。

又一位记者问："您的军队要走到哪儿才停呢？"

"不会超过40公里。"

"将军阁下，听说你讲过：如果您不得不进入黎巴嫩的话，您将想方设法避免进入贝鲁特。是这样的么？"

"是的。"

"有消息说，以色列今天已经兵临贝鲁特城下了。"

---

[1] 以色列国旗。

265

"有这样的事？"沙龙笑着耸耸肩膀，"不可能吧？"

"沙龙先生，说句不客气的话，我觉得你在欺骗我们。"

"哪里的话！"

"我想起了前总理本·古里安关于您的一句著名的话：'假如沙龙能戒除不说真话的陋习，他可能会成为一个模范的军事领袖'。"

沙龙脸红了。

他在骗人。他常常骗人。

贝京也骗人，达扬也骗人，但他们都高明得多，不像沙龙，军队早已进入黎巴嫩80公里了，他还说"不会超过40公里"。

有一位军官来向沙龙报告："我们已完成了对贝鲁特的包围。巴解总部和他们的头目都在包围圈中，现已查明的有阿拉法特、阿布·伊亚德、哈立德·哈桑、阿布·马威……"

沙龙兴奋地击拳："干得漂亮！"

几分钟前他还承认他曾说过将避免进入贝鲁特的话，可他已经忘了。

公元前552年，贝鲁特经历了它的第一次毁灭，起因是海啸与大火。今天，公元1982年，它是不是面临着第二次毁灭呢？

炮弹与空气摩擦发出咝咝的怪叫声，从人们头顶掠过，一颗，两颗，三颗……接着便数不清了，最后变成了弹雨，不间歇地向贝鲁特西区倾泻。飞机在空中盘旋，扫射，投弹。它们飞得很低，机翼上的大卫星清晰可见。有一架飞机还差点撞到海滨旅馆"夏园"的大楼上。

以色列向贝鲁特西区发动了进攻。

巴解执委会主席阿拉法特向他的战士们宣布，向全世界宣布："我们将战至最后一人！"

巴解一位高级军事领导人严正驳斥了沙龙要他的部队放下武器投降的无理要求，说：

"你们或者看见我的尸体，或者看见我活着前进！"

钢铁般的誓言。空前的血战。

贝鲁特西区完全被硝烟和火光笼罩了。枪声、炮声、坦克的隆隆声、飞

机的尖啸声、大楼坍塌的轰鸣声，交织成一支战争交响曲。

最激烈的战斗是在烈士广场上展开的。硝烟蔽日。战争把白天变成了黑夜。广场上为纪念1915年反抗奥斯曼帝国统治而被杀害的11名烈士而竖的雕像，被炸得身断肢残，再次成为"烈士"。广场四周的建筑物已被夷为平地。断壁残垣中随处可见鲜血和尸体。

巴解战士面对数倍于己的敌人，死战不退。他们不仅要与以色列人作战，还要应付以色列在黎巴嫩的盟友——基督教长枪党的袭击。长枪党不过是一群乌合之众，但以色列军队却是世界公认的最强大的军队之一。对巴解来讲，这将是一次怎样严峻的考验！

一个巴解战士在抱着燃烧弹扑向敌人坦克时向自己的伙伴们大呼："同志们，去死吧。光荣地去死吧！我们的事业是正义的！"

他们的事业是正义的。他们由1964年的17条枪发展到今天40000多人，获得了世界上120多个国家承认，并在80多个国家和国际机构设立了办事处，不足以说明这一点吗？

为正义而战的巴解战士们战斗得格外英勇。每一条街道，每一个据点，每一座房屋，都可以告诉你一个甚至几个催人泪下的故事。

以色列的坦克隆隆驶进"苏克"区，准备向巴解总部的侧后迂回。在一条大街的拐弯处，士兵们忽见左近一间小屋门前火光一闪，又听得轰的一声，头一辆坦克熊熊燃烧起来。

后面的坦克不得不停止前进。恰在此时，那间小屋门前，火光又倏地一闪。

第二辆坦克猛地一颤，履带哗哗地滚了下来。

有人高叫："那里有榴弹发射器！"

话音未落，第三辆坦克又中弹了。

这些钢铁甲虫迅速四散爬开，但仍然有几只挨了榴弹。

以色列士兵们是怎样恼怒啊！他们先用机关枪猛扫那间小屋，又使用了火焰喷射器和掷弹筒。终于，小屋沉寂了。士兵们冲进去一看，不禁惊得倒吸一口凉气：屋中只有一具孩子的尸体，充其量也不过十三、四岁。至死，手中还紧握着一具榴弹发射器。

以色列副总参谋长亚当亲自指挥坦克部队攻占了巴解的一个据点后，心头充满了胜利的喜悦。他呼唤随军记者："给我拍张照片！"

亚当倚着一辆坦克，摆好姿势。他那副得意的神情就象他得到了整个世界。

记者刚要按动快门，忽听一声令人心悸的喊叫："小心！"

亚当猛回头，顿时惊黄了脸。三个巴解战士正跳下一堵矮墙，闪电般地向这里扑来。

四周尽是以色列官兵，可都被这突如其来的进攻弄乱了方寸，一时不知该怎么办才好。

亚当的随从们倒还冷静，迅速举起冲锋枪来。

可是已经太迟了。巴解战士向亚当投出了手榴弹。一声巨响，亚当栽倒在血泊中。

冲锋枪齐射。三个巴解战士的身体在弹雨中像触电般地抽搐着，扭动着。

他们本来也不想生还。他们的任务完成了：用自己的生命换取了以军副总参谋长亚当的生命。

亚当的死创造了一项纪录：自1948年以来以色列所进行的所有的战争中，他是被击毙的军衔最高的军官。

以色列部队在缓慢地前进。可是他们为这种前进而付出的代价是沉重的。每推进100米、50米、25米，都会有一些以色列青年永远地躺在异国的土地上。

这种损失是以色列最承受不起的。这个只有300万人口的小国对每个男子的使用都要精打细算。

每一批阵亡者的尸体被运走时，以色列的广播车就要这样对巴解阵地高喊："我们将把你们的白天变成黑夜，在中午时候我们要让你们看见星星。我们要把你们的头按到粪坑里去。我们要打碎你们的骨头！"

巴解战士的答复是这样的。"你们来吧！我们将使你们脚下的土地非常烫脚！"

以色列军队的进攻升级了。无情的炮火不仅落在巴解的阵地和据点上，

268

也落到了民房、旅馆、学校、大使馆上。以色列飞机根本无视医院楼顶上那大大的红十字标记,照样投弹、扫射。

无辜的平民们遭到了浩劫。

著名的意大利作家、女记者法拉奇当时就在贝鲁特。目睹这种情景,她愤怒地说:

"我见过1940年的英国考文垂[1],也见过1945年的柏林,可今天贝鲁特的情况,比那两座城市犹有过之。"

一天,当美国总统里根走进他的椭圆形办公室时,有人在他桌子上放了一张摄于贝鲁特的照片:一个被截断手臂的小女孩张着一双失神而可怜的大眼睛望着他。她全身包扎得像一个木乃伊。

里根说:"这就是这场战争的标志!"

法拉奇采访沙龙时,把这张照片交给沙龙,并把里根的话告诉他。他冷然道:"我有什么办法?这是战争。"

她拿出许多照片,全是在以色列的炸弹下死去和受伤的孩子的照片。

"别拿这些来吓唬我,"沙龙说,"我不怕!"

"你不怕世界舆论吗?全世界的人甚至包括许多以色列人都骂你呢。"

"我什么都不怕。"

"你也不怕良心受谴责?你不觉得你这么做太过分了吗?"

"不过分。只要恐怖分子用平民作掩护,我就只能这么做。"

法拉奇冷笑了。

"啊,我忘了,你从来就是最善于对平民进行战争的人。你还记得吉贝亚村吗?"

在历次中东战争中,沙龙多次指挥部队滥杀无辜的平民。

他是著名的"吉贝亚村惨案"的罪魁祸首。

吉贝亚是位于约旦河西岸的一个阿拉伯人居住的小村庄。一次,沙龙率领101突击队袭击这个村子,遭到了约旦部队的伏击,丢下十几具尸体,狼狈而逃。

---

[1] 考文垂于1940年11月遭法西斯德国空袭,全城毁灭。

"你们等着，我会回来的！"他的牙齿咬得咯咯响。

他率领大队人马回来了。约旦军队已经撤离，衬里只剩下手无寸铁的居民，大多是妇女与孩子。

沙龙的脸由于失望和痛苦而扭歪了。他用嘶哑的声音大叫："我要报复，一定要报复！"

沙龙命令士兵把居民们统统赶到村前的广场上。广场附近有一个地窖，他已经注意到了。

"把他们的屋子全部烧掉！"沙龙说。

村庄里燃起了大火。

"天哪，"一个妇女喊道，"今后让我们住在哪里呀！"

沙龙嘟囔道："住在天堂！"

他又叫士兵们从人群中拉出一部分老百姓，驱赶到地窖里去，其中有不少妇孺。

村民们预感到要发生什么变故，母亲紧抱着婴儿恐怖地大叫："不！不！"

沙龙不为所动，无言地伫立着。这个人有一副铁石心肠。60年代初期，他的前妻在车祸中罹难，不久，他的9岁的儿子在玩弄手枪时走火丧生，他连一滴眼泪都没有掉。当69个人被推进地窖以后，他命令士兵们点燃了炸药包。

地窖塌了，里面的人全被活埋而死。

阿拉伯国家被这个残暴的事件震惊了，全世界也被这个事件震惊了。为此，以色列受到了联合国安理会的谴责。

总理本·古里安不得不公开出面道歉。

沙龙没有受到任何处分，反而升了官。

以色列正需要像他这样有着冷酷心肠和残忍手段的铁血人物。

巷战激烈进行着。贝鲁特每一寸土地都在燃烧。

有人把此时的贝鲁特称为"小斯大林格勒"，的确，巴解的战士们就像1941年的苏联红军那样英勇战斗着，所不同的是，他们没有后方，没有援助。

和平时期，他们得到不少援助，可是现在，战争降临了，在他们最需要援助的时候，援助却悄悄消失了。

一位巴解领导人痛苦地说：

"我们的朋友呢？他们究竟在哪儿？"

贝卡大空战

叙利亚人此时在哪儿呢？

战争的第一天，叙利亚就向贝卡谷地增兵，萨姆－6导弹的数量也增加了。那里虽然是黎巴嫩的土地，却是叙利亚的屏障。他们表示：叙利亚绝不从贝卡谷地撤退半步。

他们是充满信心说出这话的。他们有先进的萨姆－6。他们不怕以色列人。但他们没有认真做准备。

以色列人怕萨姆－6导弹。他们做了充分准备。他们准备了近一年：从叙利亚人把萨姆－6部署在贝卡的时候起，他们就开始这项工作了。他们的飞行员无数次在内格夫沙漠里模拟的"贝卡谷地"演练投掷炸弹。

沙龙早就决定在这次战争中摧毁贝卡的叙利亚导弹群，虽然他的对叙作战计划是在最近才得到内阁批准的。

手段自然是闪电战。

闪电战往往与欺骗联系在一起，这已成为一条历史的规律。以色列人也是如此。

6月4日，即以色列决定出兵黎巴嫩的当天，叙利亚总统阿萨德就约见苏联大使，要求苏联在驻黎叙军遭到攻击时援引叙苏友好条约，给予强有力的支持。苏方表示：叙苏友好条约只对叙利亚本土安全承担义务，黎巴嫩发生天大的事，不属于条约范围内处理的问题。

以色列迅速掌握了这一情况，多次向叙利亚传话：只要叙利亚不参战，以色列绝不会主动攻击叙军。

美国也应以色列的要求通知叙利亚，不要干涉以色列在黎巴嫩的事情。以军不会动叙军一根毫毛。

叙利亚政府陷入了犹豫。参战吧，怕惹火烧身；不参战吧，以军侵黎，着实威胁了叙利亚的安全。况且，那样多的叙利亚正规军驻在黎巴嫩仅仅是摆样子的吗？

现在的战争，战机瞬息万变。最宝贵的东西——时间，在犹豫中失掉了。

6月9日，以色列突然对贝卡谷地发动了袭击。

以色列埃齐翁空军基地的美制F—15、F—16战斗机整齐地排列着，停放在被太阳晒得冒烟的跑道上。

这两种战斗机是70年代美国为了争夺新的空中优势而研制出来的，其速度和火力都超过阿拉伯各国使用的苏制米格—21、米格—23战斗机。它们的优越性已在1981年6月震惊世界的炸毁伊拉克巴格达核反应堆的行动中充分显示出来。

肤色黝黑的以色列飞行员们在跑道上列队，像一根根笔直的电线杆。他们在聆听指挥官的战前提示。他们号称是以色列军队的"天之骄子"，一次又一次地在中东和地中海的天空上创造着奇迹。今天他们是否能再创造一个奇迹呢？

他们的素质是人所共知的。这一点也在一年前的那次行动中显示出来。美国一位高级官员说：

"以色列飞行员简直是他们国家的航天员。甄选标准之严格令人难以置信，淘汰率比美国空军高得多。更可贵的是，他们有着丰富的实战经验。"

指挥官指示完毕，举起手来。

"对表！现在是下午……"

突袭时间选择在下午也是经过精心考虑的。按一般惯例，突袭都在凌晨进行，而那时对方的戒备也最严密。到了下午，警惕便会逐渐委顿。

指挥部的命令传来："第一攻击波，起飞！"

战斗警报响彻整个基地。飞行员们快步奔向自己的飞机。指挥官对他们的最后一句话是："重现一年前巴格达的胜利！"

几乎在一年前的同一时刻里，8架F—16和6架F—15也正是从埃齐翁空军基地起飞，去执行轰炸巴格达核反应堆的任务的。

这个被称作"巴比伦行动"的作战任务在一般人看来是无法完成的。以色列与伊拉克并不接壤，中间隔着约旦、沙特阿拉伯、叙利亚，全部是敌对国家。要穿越这些国家的领空，在雷达和防空设施高度现代化的今天，实在是场梦。

但这显示了以色列飞行员的军事素质。

飞机刚离开埃齐翁基地，就开始密集编队，超低空飞行。飞得是那样低。当它们从树林上空掠过时，强大的冲击波几乎把树枝摇断。

指挥部给他们的命令是，全部飞行过程都要保持超低空，只有在接近目标时才可以上升至600米进入轰炸航路。

有经验的人知道，对于超音速飞机，超低空已是极难，同时保持密集编队，便难上加难。偶一不慎，就有相撞的危险。特别是，以色列距巴格达有数千里之遥。

但是以色列飞行员做到了这一点，成功地躲避了那些国家的雷达探测。

不过，在装备有美国最新雷达设备的沙特阿拉伯，他们还是被发现了。由于他们的飞行队形是那样密集，几乎机翼擦着机翼，以致了在荧光屏上显示出来的是一架大型民用航空班机那样大的反射脉冲。

沙特阿拉伯的对空控制官向以色列的机群呼叫："请你们说明国籍。"

一个以色列飞行员用商业航空公司惯用的英语回答："你在雷达上所看到的是一架民用喷气飞机。"

对空控制官相信了，关掉机器。

伊拉克时间下午6点30分，以色列机群飞临巴格达上空。他们就是要在这个时间到达这里，分秒不差。

这时正是落日时分，太阳像一个燃烧的火球一样悬在西方天陲线上。以色列飞机由西而来，背着太阳进行攻击，视野清晰，便于观察和投弹。而伊拉克防空部队则因阳光耀眼，难以发现目标。

飞机一架一架地俯冲，各自飞过目标一次，共投下16吨炸弹，全部命中目标，实现了一次攻击成功。

伊拉克价值4亿美元的核反应堆被彻底炸毁。

巴格达防空部队被这个突如其来的攻击打懵了，完全不知所措。当以机

已全部消失在落日的余晖里，防空火箭还在茫然地转动着细长的脖子，不知该向哪里发射。

现在已经是六月了，贝卡谷地的群山上依然覆盖着一层皑皑白雪。

"到黎巴嫩来吧，一天之内你可以上山滑雪，又可以下海游泳。"一本旅游小册子这样生动地写道。

自从叙利亚驻军贝卡以来，旅游者消失了，甚至连老百姓也很难见到，只有"绿色的大兵"随处可见。

这天下午，萨姆-6导弹阵地上静悄悄的，像一切都死过去一样。这种寂静在大战前并不奇怪，它本身就蕴含着杀机。所有的导弹都威严地对着以色列飞机可能来袭的方向。各种人员都在自己的岗位上严阵以待，一双双眼睛盯住天空。叙利亚军队虽未接到正式参战的命令，但已做好准备。官兵们明白，或迟或早，贝卡地区总要爆发一场恶战。

突然，天空中传来一阵嗡嗡的声音，由小变大，由远而近。

凄厉的战斗警报在山谷里回荡。

叙利亚在这里一共部署了20个导弹连，指令中心位于谷地中央的一座小山上。现在，指令中心的指挥官密切注视着天空。

近了，更近了。终于看清了。那是飞机，以色列的飞机。

指挥官下令："雷达开机！"

雷达是萨姆-6的眼睛。只要"眼睛"捕捉到目标，敌机就休想跑掉。

指挥官事后对别人说，当时他"并不特别激动"，因为他认为萨姆-6有把握使敌机有来无回。这场战斗的结果将是一边倒的。

他万万没想到他犯了一个错误，犯了一个任何人在这种情况下都可能要犯的错误。看见飞机就应打开雷达，这是导弹兵的基本常识。然而他恰恰错在这一点上。从这个角度说，这个错误是不可避免的。

以色列人太狡猾了。

现在叙利亚人看到的飞机实际是一种由无线电遥控的、无人驾驶的"诱饵"飞机。以色列用它们来引诱敌人发射导弹。

叙利亚军队果然中了圈套。导弹相继发射。山谷里红光闪闪。

在距离贝卡相当遥远的地中海上，有几架以色列的E-2C型"鹰眼"预警

与战斗控制飞机在盘旋。这种飞机的模样十分奇特，背部用支柱支撑着一个24英尺的圆盘状整流罩，里面有雷达和敌我识别器。雷达信号由一套电子计算机进行分析，找到敌方静止的或游动的空中目标。

叙利亚的雷达一开机，其无线电电波频率和导弹指令发射频率就源源不断地被"鹰眼"飞机接收了，并迅速运算出来，通知已在空中的以色列战斗机。

以色列空军的空对地导弹和高爆炸弹需要这几种频率。它们拥有能沿着萨姆-6导弹的雷达波束准确攻击目标的激光制导装置。

以色列飞行员在心里欢呼。

叙利亚人也在欢呼。那些"诱饵"飞机接二连三地被击中，坠地。

萨姆-6啊，你果然名不虚传！

当叙军阵地一片欢腾，以色列空军的第一攻击波已悄悄来到贝卡空域。

有几个叙利亚士兵发现坠落的飞机竟是用塑胶制作的，而且既见不到飞行员跳伞，也见不到他们的尸体，连忙将这个怪异现象报告指令中心。

指挥官马上明白中了诡计，叫苦不迭。

"雷达关机！"他下命令。

晚了，一切都晚了。以色列空军已经得到了他们需要的东西。

虽然真正的战斗还未开始，但主动权已无可争议地掌握在以色列人手中：叙军关掉雷达，F-16可以从容地轰炸导弹阵地；雷达开机，以机上的激光制导导弹和高爆炸弹便能沿着萨姆-6的雷达频率准确地、主动地发射，将其摧毁。

这就是"电子战"。

叙利亚空军也得知了以机突袭贝卡的消息，从国内各机场紧急起飞，飞向贝卡。

那些飞机刚刚滑入跑道，"鹰眼"就牢牢地将它们捕捉到了。在几秒钟内，电子计算机已将飞机的航迹诸元计算出来，并算出飞机的距离、高度、方位、速度和其他资料，迅速通知自己的伙伴。

F-15丢掉副油箱，开加力爬高，抢占有利位置，准备空中格斗。

"使人畏惧的能力正是来源于这种由一架预警和战斗控制飞机和若干架高级战斗机组合成一体的系统。"这是许多军事专家从这次空战中得到的经验。

在距离贝卡谷地40公里的地方，一架F—16向导弹阵地的指令中心发射了两枚"百舌鸟"导弹，命中了它。

指令中心被摧毁后，萨姆—6导弹"失明"了，成了以军可以轻取的目标。

数十架F—16恶狼一般地向导弹阵地猛扑。以色列飞行员重演故伎，顺着阳光做低空进入。喷气机大声吼叫着。山谷的回声加强了隆隆的机声。爆炸声震荡着空气。一颗炸弹下去，白色的山头上就出现一个污点。片刻工夫，贝卡的群山变得伤痕累累。

第一攻击波刚过，第二攻击波就紧接着来到。不待你稍稍喘息，黑压压的机群又在天边出现，那是第三攻击波……

贝卡谷地变成了血与火的海洋。叙利亚的二十个萨姆-6导弹连全部被淹没在这个海洋中。

轰炸持续了6分钟。对于叙利亚人来讲，这真是灾难性的6分钟。他们引为自豪的萨姆-6一枚也不复存在了。

轰炸结束了，空战在继续。

叙利亚出动了60架米格—21、米格—23战斗机，以色列飞机有90架。150架世界上最先进的飞机在天空中缠斗。这是中东地区规模最大的一场空战。

好壮观的场面！像蝗虫一般的飞机在空中穿梭往来，以超音的速度相互追逐，恰似一场"车轮战"。飞机不时发射着导弹。飞机发动机的轰鸣声、导弹的呼啸声、飞机爆炸声响彻天空。加上飞机和导弹施放的白烟，空中乱作一团，无法辨认谁在攻击谁。叙利亚的高射炮兵不敢开火，怕在混战中误伤己方的飞机。

在现代化空战中取胜还要有两个重要条件，第一个也是最重要的是飞行员的素质；第二是优良的武器。以色列在这两个方面都占了上风。他们参加今天空战的飞行员都是经过精心挑选的，受过美式训练，在空中有灵活处置的主动性。而叙利亚的飞行员则是按苏联的教范训练出来的，他们多依赖地面指挥所的指挥，而在如此大规模的空战中，地面指挥根本无法控制空中活动，再加上以色列针对叙空军的作战特点，运用电子干扰的战术，使叙机得不到地面的指令。

美国飞机的性能的确要比苏联的优越一些，但以色列并不满足，仍运用

自己的技术力量加以改良，收效甚大。

一架F—15迎着米格—23飞来。叙利亚飞行员猛拉机头，企图绕到以机背后开火。因为空对空导弹是寻热导弹，需要对着敌机的尾喷管发射。他才爬了一半，只见以机机翼下嫣红色的火光一闪，他的飞机猛地一颤，随即燃烧起来。他跳伞了。

后来他才知道以色列的"响尾蛇"空对空导弹已改良为可以迎头发射。

一架F—16在完成轰炸任务后加快速度返航。突然，座舱里的频闪灯不断发出强光。他明白，自己被敌机咬上了。这是以色列新研制的一种传感系统，一旦飞机被敌人雷达探测到，它就会自动报警。

当传感系统发出急促的声音时，这便是告诉飞行员：敌机发射导弹了。他在什么地方按了一下，一枚燃烧火箭射了出去。

这不是攻击火箭，而是引诱敌方导弹的。敌方的导弹一下就被它所发出的强大的热流吸引了过去。

空战结果，以色列获得了胜利，连以色列人都对自己的胜利感到吃惊。据统计，叙利亚有30架飞机被击落，而以色列没损失一架。

6月10日，叙利亚再次越过边界运来了导弹，以色列又去轰炸，第二次空战随之爆发。

这一次，叙利亚出动了50架战斗机。战斗结果令全世界瞠目结舌。50架飞机竟全被击落，而以色列飞机又无一损伤，安然返航。

"这是中东历史上最不平衡的一次空战，"美国空军的达德尼说，"也是近代战争史上最不平衡的一次空战。"

惨烈的贝卡大空战结束了，贝卡谷地渐渐恢复了宁静。飞机从空中消失了，萨姆导弹群从地面上消失了，雷达站也消失了，唯有被击毁的飞机残骸冒出的缕缕黑烟在微风中飘荡，似在向人们叙说一个悲惨故事的结局。

结尾

"以被活活烧死的坦克驾驶员的名义，
　以在火焰中从空中掉下来的飞行员的名义，

　　我答应，

　　这一次已是最后一次战争，

　　最后一次，

　　最后一次，

　　最后一次。"

　　在耶路撒冷的"哭墙"旁，以色列人民高唱这首家喻户晓的歌曲，举行反战示威。许多标语牌上写着：

　　"沙龙＝杀人凶手。"

　　"沙龙，你双手沾满了阿拉伯人和以色列人的鲜血！"

　　"我们讨厌战争！"

　　以色列人民反战情绪日益高涨。

　　自从1948年以来，他们究竟进行了多少次战争，怕是只有专门研究历史的人才能说清楚。在这样一个小国家里，几乎没有一户人家不居丧。大街上，衣服上开着一个口子[1]的人比比皆是。每一个家庭主妇都惊恐地等待着军队三人小组送来死亡通知书。

　　政府里也有人认为，"沙龙应该住手了"。

　　世界各国都对沙龙悍然入侵一个主权国家表示愤怒。抗议以色列侵略和声援巴勒斯坦人民正义斗争的浪潮越来越高。

　　一幅漫画非常形象地描绘了这一事实：里根微笑着阅读以色列入侵黎巴嫩的报道，摩挲着下颏："唔，火药味浓了一些……"

　　里根总统的特使哈比卜飞往贝鲁特，充当黎巴嫩、巴解和以色列之间的调停人。

　　以军围攻贝鲁特西区很不得手，伤亡颇大。沙龙深深懂得每死去一个青年男子对于以色列来说意味着什么。他和贝京都同意停火，条件是巴解撤出黎巴嫩。

　　巴解在这次战争中也遭受了重大损失。特别是，在这样严重的关头内部

1　以色列风俗，象征失去了骨肉亲人。

又发生了分歧。有些平时说得漂亮而在关键时刻总是不够兑现的国家并不真心给予帮助，使他们的处境更加孤立。硬打硬拼是不可能了，只有暂时撤走，以图东山再起。

阿拉法特同意撤出黎巴嫩。

8月下旬，一个阴霾的早晨。

在联合国维持和平部队的监护下，巴解组织的总部和军队开始从贝鲁特撤离。他们要去的地方是突尼斯、阿尔及利亚、摩洛哥、叙利亚……几个世纪以来，他们一次又一次被迫离开他们所栖息的地方。新的流浪开始了。新的斗争开始了。

他们没有被消灭。他们是在抗击了强大的以色列军队两个半月之后昂首阔步离开的。他们赢得了过去不曾得到的国际上的同情。

在巴解总部前的广场上，战士们列队向这个曾经是他们的战斗大本营的地方告别。他们全部身穿军装，背着武器。巴解的红旗在大楼上骄傲地飘扬。

阿拉法特用平静的声音向战士们发表演说。他努力遏制自己的感情，不愿把悲愤的情绪传染给大家。

"你们要记住，我们是作为军队离开贝鲁特的。我们终有一天要回来！"

离别时刻到了。战士们向总部大楼上的红旗行军礼。许多人的眼睛潮湿了，还有一些人哭出声来。

他们的亲属和贝鲁特的市民们赶来送行。女人和孩子们死死拽住战士们的衣角，不让他们蹬车。爱人们紧紧拥抱。此次分手，便是人在天涯，不知何时才能相会？热吻、眼泪、叮嘱、宣誓，还有人高唱巴解的军歌……那真正是一幅悲壮慷慨的图画。

联合国军士兵们漠然地站在一旁注视着他们。

以色列人通过自己的电视实况转播车注视着他们。

全世界的人通过通信卫星转播，注视着他们。

在贝鲁特城郊的巴布达山上，有一个人用望远镜注视着他们。这个人就是沙龙。他的表情冷酷、严肃，还有点掩饰不住的得意。他的周围站满了各国记者。

一个记者发问："巴解组织此次撤离贝鲁特……"

沙龙打断他："不要用'撤离'这个词。这是一种驱逐。如果我们接受

了恐怖分子的要求，例如要我们从贝鲁特撤退，你可以称之为'撤离'。"

"沙龙将军，"一个外国记者说，"您为什么老是用'恐怖分子'称呼他们？这恐怕不太公平吧？特别是您使用这个字眼的时候。"

"我不懂你的意思。"

"您不也是个恐怖分子吗？当然，我指的是你们为建立以色列国而和英国人打仗的时候。您杀了那样多的人。"

"我不是恐怖分子。"

"不，您是。连你们的总理贝京先生都是。1947年，他在耶路撒冷的戴维国王饭店炸死了79个英国人，这难道不是恐怖分子的行为吗？甚至连贝京本人也承认这一点。不久前，在纽约为他举行的一次午餐会上，他站起来讲话，刚一张嘴就说：'我是一个前恐怖主义者'。"

沙龙有些愠怒了。

"那时我是自由战士，是为反对英国占领而战。而现在，我是一个国家的国防部长，请你不要把'恐怖分子'这样的帽子戴在我头上。"

"那么，'战争狂'这顶帽子，您戴上十分合适吧？您最喜欢战争，人人都这么说。"

"不，你错了。这是人们对我最大的误会。我憎恨战争。如果你问我一生中什么时候感到最幸福，我的回答是，在我的农场开拖拉机，看管羊群的那三年。"

记者讥讽地笑了："沙龙将军，您又在骗人了。"

作者补记：1983年2月11日，世界各大新闻社几乎同时发出了这样一条电讯：以色列国防部长沙龙辞职，路透社自阿尔及尔报道说：巴解组织认为这是一个战争贩子的倒台。

以色列内阁2月10日举行了紧急会议，通过了以色列调查贝鲁特难民营屠杀事件委员会的报告，这是自8日起发表这一报告以后的第五次紧急会议了。会议辩论了近五个小时，最后沙龙成了孤家寡人，十六票逼他辞职，只有一票对他表示支持，而这一票是他自己投的。尽管如此，贝京还是很快任命他为不管部长，继续留在内阁里。

王仁先

1984年，中国与邻国爆发了边境冲突。

总政治部组织了一批军队作家到前线采访，我在其中。当时我正在调查军队中婚姻问题，想就此写一篇论文。到参战部队，我也侧重这方面调查。我到了许多单位，吃惊地发现：参战部队中凡有未婚妻的官兵，战前百分之百都吹了。有一个女大学生给未婚夫的信中写了这样一句话："我父母说：你要牺牲了倒也罢了，假如你断了条腿，或少了一支胳膊，那怎么办？"有一个连队进攻作战，异常惨烈，突击排排长等三十多名官兵牺牲。烈士遗体抬下来，突击排排长未婚妻的绝交信正好到了部队。连长集合幸存的官兵，当众念这封绝交信，一旁静静地躺着突击排排长的遗体。全连战士都哭了。我在连队当过兵，知道战士们津津乐道女人。但在这里，情形大变。凡将投入战斗的部队，官兵均不谈女人，仿佛有约在先。只听过一件例外的事：某连组织突击队，连长和指导员争着要率突击队冲锋，争执不下，最后连长怒了："老子是结过婚的，摸过女人！我去！"就是在这种情况下，我听到了王仁先的故事。

王仁先是某部副连长，干部子弟，人生得英俊高大。战前，与他相处了5年的女朋友离开了他。他所在的连队将作为尖刀连进攻L山主峰。他率领一个排驻在L山脚下一个小村庄里。

房东是一个年轻的女人，叫阿岩，已婚，有一个在襁褓中的婴儿。阿岩一见王仁先就喜欢上了这个潇洒的小伙子，向他频送秋波。王仁先虽失去爱人，却也未必就看上阿岩。毕竟一个是干部子弟，一个是农村妇女，中间

隔着鸿沟呢。阿岩是个很有性格的女子，青山咬定不松口。她把自己的想象力发挥到了极致：每天给王仁先做最好的东西吃；每晚为他烧洗脚水；给王仁先洗所有的衣服。她甚至在自己丈夫面前也不掩饰对王仁先的情感。王仁先训练回来，她竟能撇下正在说话的丈夫，迎着王仁先而去，为他拂去一身尘。王仁先起初在抵抗阿岩，但随着阿岩炽热的进攻，也随着战事的一天天激烈，是否也随着笼罩着连队的官兵失爱的阴云一天天浓重呢，总之，他的抵抗渐渐变得软弱。

6月某日，已确定翌晨进攻L山，战斗命令已发出。那一刻，连队一片死寂。王仁先来向阿岩做最后诀别。阿岩为王仁先的军用水壶装了满满一壶水。王仁先喝了一口，哎呀，比蜜还甜。阿岩不知道往壶里放了多少糖。她以为越甜越好呢。王仁先的眼睛潮湿了。这时候，阿岩使用了最后的、也是最原始的手段：撩开衣服奶孩子。她把整个心扉向她所深爱的男人敞开了。在王仁先心中，所有的长城轰然崩坍。他颤抖着走向阿岩。灶里的火熊熊燃烧。他俩也在燃烧。

第二天，情况突变，进攻时间推迟。凡事有第一次，就有一百次。堤已决口，汹涌澎湃。于是，在山脚下，在村边，在树林中，甚至在阿岩家的牛圈里，一个古老的爱情故事被赋予了新的内容。每次二人完事之后，王仁先总是一言不发，闷着头一颗接一颗地抽烟。而阿岩呢，则老是笑，咯咯地笑个不停。她是欢喜呢。她得到了她渴望得到的东西。

这样的事瞒得了世界，瞒不了丈夫。阿岩丈夫向部队告发了。他没有说具体是谁。弄不清丈夫是真不清楚，还是不肯说。发生这种破坏群众纪律的事，那还了得。部队上下极为重视，层层调查。他们在牛圈里搜到许多带过滤嘴的烟头。顿时知道是王仁先所为，因为全连只有他抽这种过滤嘴高级香烟。连长找王仁先谈话。王仁先拒绝承认此事。营长也找他，他还不讲。营长火了，命令："全连集合！"然后请阿岩与她丈夫来指认。打谷场上，一连官兵肃立。阿岩和她丈夫来到队列前。后来该连指导员告我：此时的阿岩，全不似犯了什么错事，毫无颓丧之气，反意气飞扬。指导员说："原来我想她肯定会巡逡一遍后说，没有那人！这样就一了百了了。"万没想到，阿岩径直走到王仁先跟前，指着他说："就是他！"一霎间，空气凝固。一根针掉在地上都能听见。

王仁先冷冷地望着阿岩，而其他上百双眼睛则冷冷地望着王仁先。阿岩的第二句话更令全连震惊："我疼他！"当地人把"疼"当"爱"讲。这是赤裸裸的爱情宣言呀。全连把目光转向她。她勇敢地与全连官兵对视，泪水渐渐涌上了她的眼眶。

三天后，团里下达了对王仁先的处分决定：降为排长，党内严重警告。

又过几日，进攻开始。连队开拔。阿岩又烧了一壶放了糖的水，去找王仁先。连队不让王仁先见她。村口，部队逶迤而前，阿岩站在大树下焦急地张望。有些官兵从她身边走过时，轻蔑地议论，甚至还朝地上吐口水。阿岩均不在意。王仁先过来了，不朝这边瞥一瞥。走过去后，也再未回头。

当夜，L山鏖战通宵。火光映红了南中国的天空。从第一声枪响直到最后寂静，阿岩一直坐在村头，一眨不眨地看着L山方向。她的眼睛在黑暗中熠熠放光。丈夫拽她回屋，她不肯。丈夫气极，打她。下手极重。辫子开了，头发散下来。遮住半张面孔。血和泪一起淌。她整整坐了一夜。部队攻克L山后，王仁先迅即被派到最前沿的"李海欣高地"。那里与敌阵地咫尺之遥。营长事后说："我就是要把他派到最危险的地方。不派他派谁？"

7月12日，敌人以一个加强师反攻。战斗残酷到了极点。王仁先表现十分英勇，除了大量杀伤敌人外，还击毁了敌军一辆坦克。更重要的是，他利用报话机向后方炮兵报了一千多条情况，使我方大炮宛如长了眼睛。直朝敌人窝里倾泻。敌人死伤累累，L山岿然。数月后我登上"李海欣高地"时，仍可见草丛中白骨枕藉。敌人发现"李海欣高地"上的王仁先，全力进攻。战士全部战死。王仁先打光最后一颗子弹。对报话机喊了一声："我走了！"遂被炮弹击中。死时25岁。全连在L山主峰上目击王仁先奋勇冲杀，感慨千万。他死时，大家都摘下钢盔。

一个月后，连队撤下L山，又回到阿岩的村庄休整。部队刚进村口就看见阿岩。她像一株相思树似地伫立在送走部队的地方。连队官兵依然从她身边鱼贯而过。不知怎的却换了一种心情，没一个吭气。连营长都低着头匆匆而过，部队全部过完，天已冥。阿岩的身影依然在暮色中绰约。

根据王仁先在战斗中的表现，团里为他报请一等功，但上级不批，还发下话来："这种人还立什么功？"连队大哗。王仁先被安葬在烈士陵园。为他

立墓碑那天，连队官兵全数来到陵园。远远地，他们看见，一个窈窕的女子的身影在坟前晃动。走近才看清那是阿岩。他们被眼前的情景惊呆了：王仁先的坟头上密密麻麻地插满了香烟，全是过滤嘴的。一片白，仿佛戴孝。后来他们才知道，阿岩卖了家中唯一的一头耕牛，买了十几条王仁先爱抽的那种上等香烟，在坟前全部撕开，一颗颗点燃。她垂泪道："让你抽个够。"

我来到L山前线时，王仁先所在连队又重上L山驻守。我执意要去看望。正值盛夏，大旱。L山地区已有两个月不下雨了。阵地上疟疾肆行，军部派两个女军医带着药品与我一道上山。过了"三转弯"之后，天色渐渐变了。乌云翻滚，电闪雷鸣。当我们接近主峰时，天降大雨。好雨！万千条水柱抽打着皴裂的红土地。已在阵地上驻守一个多月的连队久旱逢甘霖，大喜。官兵们一个个脱得赤裸裸地，冲到山坡上，任凭雨浇。他们坚强的裸体白生生地，把人眼睛刺得疼。一百多人呵，那是一百多件雕塑。他们一个个举手向天，呼喊。喊声惊天地泣鬼神。那是怎样一幅动人的图画。我身后的两个女军医哭了。我也一阵鼻酸。我觉得我触到了大山的心跳。

从L山主峰下来，我特意找到阿岩的村庄。阿岩不在，她出远门了。我问村长阿岩长得什么样，村长说：阿岩是这里最美的女人。